KB097205

선생님들의
이유 있는
북유럽 도서관 여행

아름다운 삶,
아름다운 도서관

선생님들의
이유 있는
북유럽 도서관 여행

아름다운 삶,
아름다운 도서관

2015년 4월 3일 처음 펴냄
2021년 2월 5일 4쇄 펴냄

지은이 전국학교도서관담당교사 서울모임
펴낸이 신명철
펴낸곳 (주)우리교육
등록 제313-2001-52호
주소 03993 서울특별시 마포구 월드컵북로 6길 46
전화 02-3142-6770
팩스 02-3142-6772
홈페이지 www.uriedu.co.kr

ISBN 978-89-8040-689-0 03370

이 도서의 국립중앙도서관 출판시도서목록(CIP)는
e-CIP홈페이지(http://www.nl.go.kr/ecip)에서 이용하실 수 있습니다.
(CIP 제어번호:CIP2015009405)

선생님들의
이유 있는
북유럽 도서관 여행

아름다운 삶,
아름다운 도서관

전국학교도서관담당교사 서울모임 지음

우리교육

사람이 존중받는 사회는 아름답다

자유와 평등이 공존하는 사회가 가능한가? 자유를 강조하다 보면 평등이 위협받고 평등을 강조하다 보면 자유가 제한을 받을 수밖에 없을 듯한데, 어찌 이게 가능할까? 지금까지 우리가 경험하고 보아 온 대개의 자본주의국가들은 '자유'라는 이름을 내세워 '평등'을 무시하기 일쑤고, 반면 여러 공산주의 나라들에서는 '평등'을 기치로 내세워 '자유'를 제한하곤 하지 않았던가? 지금까지 우리가 경험한 세계는 그러했고 특히 '평등'을 끔찍이도 터부시하는 우리 사회에서는 자칫 '빨갱이'라는 누명을 덮어쓰기도 한다. 그런데 이상도 하여라, 북유럽의 핀란드, 스웨덴, 노르웨이, 덴마크에서는 자유와 평등이 다정히 어깨동무를 하고 있다니!

전국학교도서관담당교사 서울모임은 2002년에 처음 만나 '학교도서관'을 통해 모든 아이들이 스스로 배울 수 있는 기회를 공평하게 제공받고 배움의 즐거움을 누릴 수 있는 교육을 펼치고 있다. 나아가 '도서관의 중요성'을 우리 사회에 널리 전파하기 위해 국내외 도서관들을 탐방하여 잡지와 신문에 기고하거나 단행본 책으로 엮어 내는 작업을 하고 있다. 특히 2007년부터는 '외국 도서관 탐방 프로젝트'를 진행하여, 2008년에는 서유럽의 몇몇 학교와 도서관을 탐방하고, 2011년에는 미국과 캐나다, 2014년 1월 12일~1월 25일에는 북유럽을 탐방하고 왔다.

우리는 떠나기 전 1년 동안 우리가 탐방할 나라의 교육과 문화, 역사와 정치, 도서관 관련 책과 자료들을 함께 읽고 토론한다. 또한 여행 기간에도 각자 역할을 정해 짧은 시간에 이뤄지는 인터뷰가 알차게 진행되도록 철저히 준비하고, 이동 중 버스 안에서나 숙소에 돌아와서 서로 보고 느낀 것들을 풀어 놓으며 느낌과 생각을 점검하고 증폭시켰다. 한국으로 돌아와서는 다시 1년 동안 함께 글을 쓰고 토론하고 다듬어 1권 혹은 2권의 책을 세상에 내놓는다.

외국 도서관 탐방 프로젝트의 마지막 여행지를 북유럽으로 선택한 데는 그만한 이유가 있다. 서유럽에서는 '도서관'을 통해 교육과 문화를, 북미에서는 '학교도서관'과 '공공도서관'을 통해 다시 교육과 문화를 이야기하고 싶었다면, 다음에는 '학교'와 '도서관'을 통해 인간의 삶과 아름다움을 이야기하고 싶었다. 그렇기에, 자유와 평등이 공존하고 자연과 사람이 존중받는다는 북유럽은 당연히 우리의 최종 목적지가 될 수밖에!

우리가 '도서관'을 주목하는 것은 이곳에서는 자유와 평등이 공존하고 배움과 성찰이 가능하기 때문이다. 학교도서관에서 모든 학령기 아이들은 평등한 배움의 기회를 제공받으며 자유로운 꿈을 꿀 수 있다. 도서관은 스스로 배울 수 있는 힘을 길러 주고 나와 너를 더 깊이 들여다보고 성찰할 수 있게 한다. 나아가 공공도서관은 모든 사람에게 지식과 문화를 향유할 수 있도록 돕고 나와 세계를 더 깊이 들여다보고 스스로 성장할 수 있는 힘을 준다. 물론 '도서관'에도 한계가 있기 마련이다. 전 세계 도서관 운동가들이 협력하여 가열차게 운동을 펼친다 하더라도 언제나 빠져나가는 사람들이 있고, 지식과 문화의 발달은 되레 갖지 못한 자에게는 열등감만 심화시킬 수 있다. 우리는 도서관이 갖는 한계를 극복하고 '그 너머'를 보기 위해 북유럽을 택했다.

북유럽 나라들은 사회복지 제도가 잘되어 있고 자연이 아름다우며 건축과 디자인에서 빼어나다는 평을 받고 있다. 또한 2000년부터 3년마다 실시되는 국제학업성취도평가PISA에서 핀란드가 연속 최고의 성적을 거둠으로써 핀란드를 비롯한 북유럽의 교육이 세계인의 이목을 끌고 있다. 또한 스웨덴과 핀란드, 덴마크는 독서 강국으로 세계 최고 독서율을 자랑하고 있고 거리마다 도서관이 즐비한 데다 집집마다 서가를 따로 갖추고 있을 만큼 독서에 대한 애정이 지극하다.

어찌 이런 일이 가능한 것일까? 우리가 북유럽을 탐방하며 보고자 한 것은 학교와 도서관만이 아니다. 우리는 그것들을 그처럼 존재할 수 있게 하는 근원적인 시스템과 원리를 알고 싶었고 이로 인해 나타나는 다채로운 현상들을 몸으로 느껴 보고자 했다. 너무 짧은 일정이어서 충분할 수는 없겠지만 최대한 집중하여 온몸으로 그들을 느끼고 이해하고 싶었다.

그곳에서는 진실로, '사람'이 존중받고 있었다. 너무도 마땅한 이 일이 신자유주의라는 광풍 속에서 어느덧 '돈'을 최고로 여기고 '경쟁'을 당연한 듯 받아들이게 된 우리에겐 너무도 낯설어 마치 '꿈'을 보는 듯했다. "우리는 단 한 명의 아이도 놓칠 수 없다."라는 말에서 짐작할 수 있듯이, 그들은 진실로 아이 한 명 한 명의 특성을 잘 살펴 그에 맞는 교육을 하고 있었는데, 이는 교육 내용에서뿐 아니라 공간과 시설물에서도 거듭 확인할 수 있었다. 또한 도서관은 몸을 낮춰 이용자를 우대하고 도서관을 찾아오기 힘든 이들을 위해 버스와 배, 자전거 등 다양한 형태의 이동도서관을 적극적으로 활용하고 있었다.

이들은 어른에게 존중받고 자란 아이가 남을 존중하는 사람이 된다는 사실을 잘 알고 이를 그대로 실천하고 있었다. 도서관을 중시하되 도서관을 사람 위에 올려놓지 않았으며 책의 가치를 인정하되 책에만 매몰되어 있지 않았다. 이런 사회에서는 자유와 평등의 공존이 가능하고, 남을 짓밟지 않고도 높이 날아오를 수 있으며, '경쟁'이 아닌 '협력'을 통해 진실로 고귀한 아름다움의 세계를 창조해 낼 수 있을 듯했다.

　1부에는 핀란드, 스웨덴, 노르웨이, 덴마크에서 방문한 도서관을 실었다. 도심에 우뚝 서 있는 대형 도서관으로부터 마을 모퉁이에 자그마하게 자리 잡고 앉아 있는 마을 도서관에 이르기까지, 3층 가득 사방팔방 책이 넘쳐 나는 전통적인 도서관에서부터 단 한 권의 책도 찾아볼 수 없는 신개념 도서관에 이르기까지, 우리가 보고 듣고 느낀 이야기들을 제각각의 빛깔로 정성껏 풀어 놓았다.

　2부에는 학교 이야기를 담았다. 핀란드, 스웨덴, 노르웨이, 덴마크의 종합학교와 특수학교 및 초등학교와 에프터스콜레(중학교 졸업 후 고등학교 입학 전, 자신의 적성과 취향에 따라 선택해서 다닐 수 있는 특기 적성 자유학교)의 교육 내용과 학교 공간 및 시설물을 소개하였다. 서유럽과 북미 탐방 때와 달리 '학교도서관'이 아닌 '학교' 자체를 보고자 한 것은 앞선 두 차례의 탐방과 책 출간을 통해 '학교도서관'은 웬만큼 얘기했거니와 북유럽은 워낙 공공도서관이 발달되어 있고 가정마다 서가를 갖추고 있어 상대적으로 '학교도서관'의 위상이 그리 크지 않기 때문이다. 또한 이들은 읽기와 쓰기 및 토론 교육을 절대시 하는 미국과 달리, 이러한 교육을 매우 중시하면서도 이 못지않게 노작교육과 예술교육 등에도 심혈을 기울이고 있어 이 점을 더 자세히 들여다보고 싶었기 때문이다.

　3부에는 북유럽에서뿐 아니라 세계인들로부터 많은 사랑을 받고 있는 아스트리드 린드그렌의 유니바켄과 안데르센 도서관과 동화 마을을 소개하고, 알바르 알토의 건축물로 유명한 아카데미 서점과 베르겐의 아름다움을 담아내었다. 곧 그들 생활 속에 깊이 스며들어 일상이 된 독서 문화를 보고자 한 것이다.

　우리가 열심히 노력했다고는 하지만 전문 작가가 아닌 탓에 보고 듣고 느끼고 깨닫고 감동받은 이야기들을 온전히 전할 수 있을지 염려된다. 글을 쓰며 우리는 되도록 말을 아끼고 많은 것들을 사진을 통해 직접 보여 주고자 했다. 또한 무엇을 하나로 단정 짓기보다는 독자들이 자신의 경험과 생각에 따라 각기 판단하고 상상할 수 있도록 본 그대로 사실을 전달하려고 노력하였다. 그럼에도 우리의 감동이 워낙 컸던 탓에 곳곳에서 흘러넘치는 감정을 주체하지 못한 흔적을 발견할 수 있을 터이니 애교로 봐주시면 감사하겠다.

　이 책의 출간을 위해 처음부터 끝까지 우리와 함께 호흡을 맞춰 준 우리교육 장원 팀장님과 신명철 대표님을 비롯한 우리교육 식구들께 감사한 마음을 전한다. 20명이나 되는 필자들의 갖가지 요구에 응대하고 400쪽이 넘는 글과 사진을 일일이 손봐 가며 작업하기란 여간 번잡스럽고 고된 일이 아니었을 것이다. 이들의 손을 거치지 않았더라면 이렇게 멋진 책의 출간은 불가능했을 것이다.

　또한 북유럽 탐방 내내 우리 곁에서 가이드 역할과 통역 및 자문을 맡아 주었던 《열다섯 살 하영이의 스웨덴 학교 이야기》의 저자 이하영 학생과 이하영 씨 아빠인 이재식 씨에게도 감사드린다. 특히 이하영 씨는 25명이나 되는 우리들을 고등학생 신분으로 어쩜 그리 야무지고 지혜롭게 이끌어 주었던지 지금 생각해도 아주 놀랍고 고맙다. 스웨덴 교육의 힘을 이하영 씨를 통해 경험할 수 있었던 것도 우리에겐 큰 수확이었다.

그리고, 이 자리를 빌려 특히 강애라 선생님께 모임원 모두의 이름으로 감사의 말을 전하고 싶다. 강애라 선생님은 북유럽 탐방을 준비하던 때로부터 여행 및 책 출간 작업을 마칠 때까지 우리 모임의 대표를 맡아 궂은일을 도맡아 해 주고, 25명 일행 모두를 하나하나 알뜰히 챙기며 여행에 불편함이 없도록 살펴 주었을 뿐만 아니라, 밤늦도록 회의를 주재하고 다음 일정을 준비하느라 온몸이 녹초가 되었을 텐데도 단 한 번도 얼굴을 찌푸린 일 없이 언제나 웃음으로 우리를 이끌어 주었다. 강애라 선생님의 이러한 헌신과 지도력이 없었더라면 우리의 여행은 행복하지 못하고 좋은 글도 나올 수 없었을 것이다.

  마지막으로, 2007년부터 2015년까지 9년에 걸친 '외국 도서관 탐방 프로젝트'를 무사히 마친 우리 스스로에게 축하의 말을 하고 싶다. 곗돈을 붓고 젖먹이를 떼어 놓고 식구들의 눈치를 살펴 가며 시작했던 프로젝트를 진행하는 동안, 우리는 12명으로 시작하여 25명의 대가족이 되었고, 우리가 함께 지낸 시간만큼 서로에게 소중한 존재가 되었으며, 책 4권을 출간하며 어느덧 도서관과 독서 교육 전문가로 훌쩍 성장하기에 이르렀다. 또한 어설픈 책이지만 많은 이들이 이 책을 읽고 도서관과 우리 교육에 더 깊은 관심을 보이고 우리가 지적한 문제들을 진지하게 토론해 주었다. 모두에게 진심으로 감사드린다.

  많이 부족하지만, 우리가 함께 만든 이 책이 '사람'이 존중받는 사회, 한 명 한 명 모든 아이들이 소중히 대접받는 교육을 일구는 데 조금이나마 보탬이 될 수 있기를 간절히 소망한다.

  2015년 3월
  전국학교도서관담당교사 서울모임

책을 펴내며 **사람이 존중받는 사회는 아름답다** 4

:: 도서관

○ 공공도서관

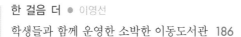

:: 학교

:: 문화

아름다운 삶을 살아간다는 건 어떤 의미일까.

자유와 평등의 이념이 사회 전반에 내재된 나라, 사람을 중시하는 북유럽 사회의 모습이 도서관을 통해 고스란히 드러난다.

그들은 미래를 향한 새로운 도서관을 이용자와 함께 창조하고 있다. 그러면서도 전통적 역할을 잃지 않고 과거와 현재를 아우르며 끊임없이 살아 움직인다.

또 사회적 합의를 거친 사람 중심의 생명력 넘치는 도서관을 만들어 가고 있다.

그들의 도서관은 미래 사회의 민주 시민이 될 아이들을 길러 내는 데 손색이 없음을 확인시켜 준다.

함께하는 삶, 사람이 중심이 되는 삶이 얼마나 아름다운가를 그들은 도서관으로 책으로 우리에게 울림을 주고 있다.

우리는 15일간의 일정 동안 도서관 12곳을 탐방하였다. 도서관은 관종에 따라 공공도서관과 국립도서관으로 나누고 탐방 일정에 따라 소개하였다. 다만, 공공도서관의 의미와 방향성을 깊이 있게 모색하고자 마지막 '생각거리를 던져 주는 도서관'에 도서관 10, 어반 오피스, 헬싱키 이동도서관 본부와 쿨트후셋을 배치하였다.

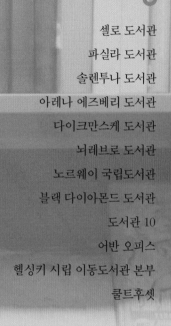

도서관

핀란드

도심에 우뚝 선

셀로 도서관 Sellon Kirjasto

한명숙 강원 인제중학교 교사

홈페이지 www.helmet.fi/sello

주소 Albergagatan 9, 02070 Esbo

이메일 sellonkirjasto@espoo.fi

연락처 358 9 81657603

대형 쇼핑센터와 함께 개관한 시립도서관

북유럽의 겨울 해는 짧다. 우리 일행이 눈발이 날리는 에스포Espoo(헬싱키 서쪽에 위치한 위성도시)에 들어섰을 때는 오후 4시가 가까운 어스름 녘이었다. 수차장을 겸한 광장을 사이에 두고 상호들로 가득 찬 조명이 화려한 대형 쇼핑센터와 마주한 셀로 도서관이 노란 불빛으로 따뜻하게 우리를 맞았다. 전면이 모두 유리벽으로 이루어져 1, 2층이 환하게 들여다보이는 다소 큰 규모의 도서관 건물에는 이민자 주민들을 배려한 듯 여러 언어로 표기된 '도서관'이라는 거대한 펼침막이 내리 걸려 있다.

대형 쇼핑센터 전경

에스포 시 중심부에 위치한 셀로 도서관은 2003년에 대형 쇼핑센터와 함께 개관한 곳으로 '도서관+쇼핑몰' 형식의 이벤트 도서관이다. 대형 쇼핑센터 못지않게 커다란 규모의 도서관이 도심의 한복판에 자리 잡아 시민들은 쇼핑과 책 읽기를 한 곳에서 할 수 있다. 우리나라 공공도서관 대부분은 주로 한적한 도시 외곽의 숲이나 강가에 자리 잡고 있고, 도서관은 늘 조용해야 한다는 전

도서관 1, 2층 내부

도서관 입구 열린 공간

통을 고수하는 정적인 공간인 데 비해, 핀란드의 공공도서관은 끊임없이 움직이고 있다. 이는 헬싱키에 있는 '도서관 10'이나 '어반 오피스'는 물론, 이들이 2017년 완성한다는 핀란드 중앙도서관 역시 헬싱키 시내 한복판에 세워질 것이라는 계획에서도 느낄 수 있다. 바로 도서관은 도시의 심장으로 누구나 언제든지 자유롭고 편리하게 드나들고 활용해야 한다는, 이들이 지향하는 가치를 그대로 보여 주고 있다.

이곳에서 일하는 도서관 직원은 100명 정도인데 사서만 40~50명이다. 육아 문제로 시간제로 근무하는 직원들도 많고, 자원봉사자는 수습사원으로 1~2개월씩 근무하기도 한다. 우리를 친절하게 안내한 직원은 사서 파이비 미에투넨과 청소년 지도사 레일라 라사넨이었다.

자유롭고 활기찬 어린이 · 유아 공간

중앙 출입구의 회전문이 유난히 널찍하다 싶었는데 우리 일행을 뒤따라 아이를 태운 커다란 유모차가 그대로 밀고 들어온다. 양탄자가 깔린 중앙의 열린 공간은 자유롭게 휴식을 취할 수 있는 소파와 탁자, 이동식 의자들이 있다. 입구 바로 옆에는 작고 아담한 공간에 작가 토베 얀손이 만든 캐릭터 '무민'을 주

도서관 입구 쉼터 – 전시 공간　　　　　흔들의자 풍경 – 전시 공간

유아 공간을 이용하는 부모와 아이들

유아 공간을 이용하는 부모와 아이들

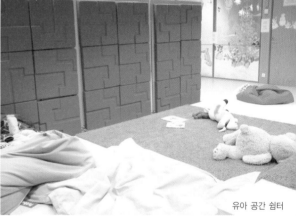
유아 공간 쉼터

유아 공간 서가

유모차 보관소

어린이 공간을 이용하는 사람들

제로 한 전시회가 열리고 있다. 아기자기한 전시물과 아늑한 쿠션들과 작은 나무 의자, 나무 책상, 흔들의자가 푸근하다. 매주 직원들이 돌아가며 '무민 동화 읽어 주기' 활동을 하고 있다.

중앙 입구의 열린 공간을 중심으로 왼편은 만 12세 미만의 어린이, 유아 공간이다. 노랑, 주황, 연두색으로 어우러진 색감이 아늑하다. 낮은 서가와 키를 낮춘 책상, 은은한 조명과 조형물들, 아이들이 좋아하는 동물 인형들이 양탄자 위에 함께 뒹굴고 있다. 저녁 시간임에도 많은 아이들이 부모와 함께 포근한 양탄자 위에서 맨발이나 혹은 양말만 신은 채 책을 보고, 놀이를 하고 있다. 어린 아이를 무릎에 앉히고 책을 함께 보는 엄마 아빠의 모습이 일상인 듯 다가온다. 놀이 공간 바로 옆까지 유모차를 밀고 올 수 있도록 접근성을 배려하여 커다란 유모차 여러 대와 겉옷을 보관하고 있는 보관소도 눈에 띈다. 아이들이 아늑한 공간에서 자유롭게 즐기는 동안 부모는 옆에서 따로 대출한 책을 한가로이 읽기도 한다.

가끔 유치원에서 단체로 방문하여 독서 시간을 갖기도 한다. 작은 방을 빌려 활용하기도 하는데 도서관이 열려 있는 시간은 언제나 이용 가능하다. 조금 더 나이 든 어린이들은 학교가 끝나고 도서관에 와서 방과 후 숙제를 하기도 한다. 사서들은 이민자 아이들을 위해 여러 언어로 동화 읽어 주기도 한다. 어린이 서가에는 실제로 다양한 언어의 외국어 도서를 나라별로 정리해 두었는데

◀
어린이 공간에 있는
조형물
◀◀
어린이 공간에 있는
서가와 낮은 책상

▶
이글루 모형 조형물
아크로폴리스
▶▶
어린이 공간에 있는
조명등

이민자 수와 비례한다고 한다. 종이를 길게 말아 설치한 '아크로폴리스'라고 불리는 이글루 모양의 조형물도 아이들을 위해 특별히 설치한 것인데 무척 좋아한다고 한다. 어린 시절 누구나 한 번쯤 가졌을 법한, 나만의 공간을 찾아 오래 머물고 싶었던 기억이 새삼스럽다.

실용과 아름다움이 만나다

셀로 도서관은 에스포 시에 있는 15개 도서관 중 명물이며, 실용과 아름다움을 겸한 공간이기도 하다. 도서관 곳곳의 조명과 전시물들은 자연스럽게 조화를 이루어 이용자들의 편리를 추구하면서도 아름답게 연출되어 있다. 1층 중앙의 탁 트인 열린 공간은 휴식 장소이며, 만남의 장소이고 각종 이벤트 행사 진

▲ 1층 도서관 내부
◀ 도서관 조명

▼ 자전거 이동도서관
▶ 에스포 센터(민원실)

아름다운 삶, 아름다운 도서관

행 안내문과 소식, 광고판 등도 있다. 또한 입구의 한쪽에 자리 잡은 에스포 센터는 관광 안내, 정보 제공 등 각종 민원 잡무를 처리해 주는 곳으로, 관광 정보 제공 등은 셀프서비스를 통해서도 가능하도록 되어 있다. 우리나라의 시청 민원실 업무 일부까지도 도서관이 나서서 기꺼이 봉사하고 있는 듯했다. 에스포 센터의 바로 옆에는 자전거 이동도서관도 보인다.

예약 도서 코너

콘서트 무대

중앙 입구의 책, 음악 CD, DVD 예약 도서 코너에는 예약물들이 가득 꽂혀 있었는데 알파벳 이름순으로 정리하여 이용자들이 쉽게 스스로 찾아갈 수 있다. 이 도서관에 없는 자료는 도서관 협력 네트워크를 통해 에스포 시 전 지역이 상호 대차 시스템으로 연결되어 있다. 때로는 헬싱키 중앙도서관과 연계하여 지원하기도 한다. 도서관 한쪽에 마련된 아담한 무대에서는 지역 주민을 위한 공연이 지속적으로 이루어지며 누구나 언제든지 피아노 연주, 콘서트 등 문화생활과 여가 시간을 자유롭게 활용할 수 있다.

음악, 잡지 관련 서가에는 국내에서 발행되는 일간지와 잡지가 모두 구비되어 있다. 음악 섹션은 포크, 컨트리, 소울, 랩, 록 등 장르별로 그리고 작곡가별로 관련 잡지와 CD, DVD, 일부 영화 DVD 들이 관심 분야에 따라 찾기 쉽게

음악 서가 ▲
오페라 서가 ▶

영화 서가

정리되어 있다. 음악 레코딩실, 스튜디오실은 방음 시
설을 철저히 갖춘 연습실을 구비하여 예약하면 누구
나 이용할 수 있다. 음악과 영화 자료는 온라인에 접
속하여 볼 수 있도록 데이터베이스화 되어 있다. 신
문, 잡지도 데이터베이스화 되어 지면과 동일하게 모
니터로 볼 수 있다. 그러나 사람들은 도서관에 직접
와서 보는 걸 더 선호한다. 서가 사이 곳곳에는 개인
별로 편안한 의자와 탁자가 마련되어 잡지를 보거나,
헤드폰으로 음악 감상을 하는 사람들이 보인다.

미술 갤러리 공간에서는 사진 전시회가 열리는 중
이다. 그림과 조각 작품을 전시하기도 하며, 예약을
통해 누구나 전시 공간을 이용할 수 있는데, 연중 예
약이 꽉 차 있어 순서 잡기가 힘들다고 한다. 모든 서
가에는 바퀴가 달려 언제든 필요에 따라 이동하여 공
간을 재배치하도록 되어 있고, 도서관의 구석진 공간
에도 멋스러운 조명과 탁자가 아름다움을 더하여 특
별한 모양의 작품처럼 돋보인다.

천장 일부를 유리창으로 만들어 하늘을 내다보게
하고 채광도 훌륭하다. 그뿐인가. 더러는 누군가의
손뜨개질로 정성이 깃든 의자 덮개가 장식되어 있고,
통로에는 조각품이 전시되어 도서관 전체가 자연스
러운 갤러리 분위기를 자아내고 있다.

2층의 널찍한 공간에서는 아늑한 개인 공간을 곳

개인 휴식 의자

개인 독서 의자

갤러리 공간 의자

실내 조명등

손뜨개질 덮개 의자

곳에 배치한 배려들이 눈에 띈다. 좌우에 차단 유리 벽이 설치된 개인 의자며, 이용자들이 가끔 낮잠이나 휴식을 취할 수 있도록 누울 수 있는 휴식용 의자도 마련되어 있다. 상반신 덮개가 있고 편안하게 누워 버튼을 누르면 20분 정도의 전신 안마 마사지도 받을 수 있다. 도서관이란, 시민들이 지식과 정보를 습득하는 역할을 하는 곳만이 아닌 휴식과 평화를 얻는 공간임을 다시금 느낀다.

유리 벽으로 안이 들여다보이는 워크숍 공간은 원래 컴퓨터실을 개조하여 2013년 10월부터 이용하고 있다. 3D 프린터, 재봉틀이 갖춰져 있고, 노트북 10개는 도서관 내부에서 빌려 쓸 수 있다. 벽면에 전시된 티셔츠 장식들, 성탄절 트리의 장식품과 다양한 문양들은 모두 3D 프린터로 뽑은 것인데, 새롭게 시도할 물건들을 계속 모색 중이라고 한다. 바로 옆의 별도 공간은 20~30여 명이 이용할 수 있는 강연회나 협의 공간이며 누구나 예약하여 자유롭게 이용할 수 있다. 우리가 방문한 시간에는 청소년들이 담당자의 도움을 받으며 작업에 몰두하고 있었다.

국제 섹션은 이민자들이 에스포 시에 계속 모여들면서 필요에 의해 만들어진 공간으로, 20여 개 언어의 서가가 있는데 러시아어가 가장 많다. 또한 개인 용도로 이용하는 자그마한 협의실도 마련되어 있다. 저녁 무렵인데도 유리 벽

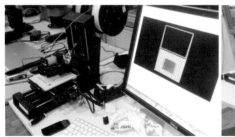

3D 프린터

아름다운 삶, 아름다운 도서관

으로 차단된 별도 공간의 열람실에는 많은 사람들이 독서와 컴퓨터 작업에 열중하고 있다.

3D 프린터 작업

청소년 센터, 도서관에 스며들다

핀란드 청소년 센터는 지역 서비스에 관한 조례 9조 '지역 서비스부는 젊은 사람들의 삶의 관리와 그들 사이의 사회적 관계를 지원한다.'에 의거하여 청소년들을 위해 아낌없이 지원하고 있다. 청소년기, 특히 사춘기 때 에너지를 발산할 수 있는 다양한 시설을 국가가 무상으로 제공하는 제도가 잘되어 있다. 수도 헬싱키에는 전천후 청소년 활동 공간이 사방에 존재하는데, 무려 60개에 이른다. 청소년 센터, 특수 활동 공간, 청소년 활동의 집, 청소년 활동 센터, 청소년과 사무실, 스웨덴어 청소년 사업 등이 그러한 공간들이다.

셀로 도서관의 중앙 열린 공간 오른편에는 포인티 청소년 센터가 별도의 독립 공간으로 마련되어 있다. 에스포 시에 있는 청소년 센터 15개소 중 도서관과 직접 연계되어 설계된 유일한 곳이다. 2003년 8월부터 청소년 지도사 3명을 배치하면서 이전의 청소년 코너가 청소년 센터로 자리 잡게 되었다.

청소년 센터는 만 12세 이상부터 21세까지 이용할 수 있는 공간이다. 따뜻함

청소년 센터의 화사한 벽면

청소년 센터 입구

청소년 센터에 있는 해먹

이 감도는 노란 바닥과 붉은 양탄자, 주황과 노랑, 빨강의 벽면과 환한 베이지 색감의 천장 조형물과 조명이 밝고 환하다. 햇살이 드는 유리 벽 창가에는 화사한 해먹이 걸려 있다. 누구든지 고단할 때 누워 해먹의 자연스러운 흔들거림에 몸을 맡기고 싶은 충동이 일 듯하다.

청소년 센터의 서가 공간은 핀란드어, 스웨덴어, 러시아어 책들이 주를 이루고 판타지, 공상과학소설, 만화 등의 장르별 서가도 있는데 대출이 가장 많은 것은 만화이다. 청소년들은 학교를 마치고 이곳에 와서 방과 후 활동이나 여가 시간을 자유롭게 활용한다. 가끔은 지역 내 교사가 학급 학생들 전체를 인솔하고 이용하기도 한다.

청소년 지도사는 학생들에게 학교 안에서 왕따, 음주, 흡연, 마약 등의 문제가 생기면 개입하는데, 학교 상담사와 연락하여 먼저 가정사를 파악하는 등 사

아름다운 삶, 아름다운 도서관

▲ 청소년 센터 내부
◀ 청소년 센터 쉼터

전 정보를 얻어 대화를 통해 해결한다. 이 도서관의 주변에는 청소년 센터가 3개 더 있다고 한다. 지역마다 전담 청소년 지도사가 있어 7학년 대상 모든 학생들을 관리한다. 청소년 지도사들은 지역 내 학교에 각자 담당하는 학급이 2개 반씩 있고, 한 달에 1~2회 정도 반 아이들과 정기적으로 만나며, 학교 상담사와 긴밀하게 연락한다.

청소년 센터가 된 이후 웹사이트, 페이스북을 활용해 요리 동호회 등 다양한 클럽이 만들어졌다. 청소년 지도사와 사서들은 서로 협력하여 긍정적인 청소년 활동을 장려하고 있다. 주로 학교 프로젝트 과제를 스스로 수행하도록 돕거나, 정보 검색 교육을 돕는다. 에스포 시 전체 고1 학생들은 의무적으로 정보 검색 교육과정을 이수해야 해서, 이 도서관과 연계된 3개 학교와 주변 학교들은 도서관의 사서가 직접 방문하여 학생들에게 필요한 교육을 한다.

도서관이 키우는 아이들

에스포 시에서는 학생들이 직접 공공도서관을 찾아오는 것이 기본이다. 거의 모든 학생들이 도서관을 잘 이용하며, 어떤 책을 읽어야 하는지 사서들에게 도움을 받는다. 교사들이 신간 도서나 좋은 책을 확인하러 오기도 하지만, 사서들이 학교를 방문하여 강의하기도 한다. 우리가 방문한 북유럽의 학교도서관에 특별히 사서 교사가 없는 이유를 이해할 수 있었다. 기타 독서 교육은 교사들의 재량에 맡기는데 주로 책 읽기 활동을 근간으로 하며 영화 만들기 프로젝트 등을 진행하기도 한다.

우리가 탐방한 시간이 방과 후 저물녘이어서인지 청소년 센터에는 많은 아이들이 북적대고 있었다. 이민자가 많은 지역의 특성 때문인지 다문화 아이들이 많이 눈에 띄었다. 끼리끼리 모여 보드게임, 체스 게임, 포켓볼, 비디오 콘

솔 게임을 하거나 드럼 연주를 하기도 하고, 한쪽에서는 헤드폰을 끼고 텔레비전 모니터로 스포츠 경기를 관람하는 아이들도 있다. 여자아이들은 아늑한 소파에 앉아 담소를 나누고, 몇몇 소년들은 창가에 모여 기타를 신나게 연주하며 즐겁게 노래하고, 음악에 맞춰 가볍게 몸을 흔드는 아이들도 있다.

귀엽고 활달한 성격의 열두 살과 열여섯 살이라는 남자아이들은 학교가 끝나면 이곳에 와서 친구들과 어울리는데, 학교도서관보다 이 도서관이 크고 여러 친구들과 만날 수 있어서 좋다고 하며, 보통 도서관을 닫는 시간인 밤 10시까지 이곳에서 지내다 귀가한다고 한다. 한 남자아이는 학교를 다니지 않는데, 학교보다 이곳이 좋아 온다고 한다. 우리와 인터뷰를 한 청소년 지도사는 핀란드 청소년들의 요즘 고민으로 자퇴나 흡연 문제가 있는데, 이 학생들은 무기력

청소년 센터의 모습

청소년 센터에 있는 놀이 기구들

청소년 센터 내부

과 무관심으로 학교 교육과정을 이어 나갈 의지가 없거나 가정의 돌봄에서 멀어진 학생들이며, 고등학교에 지원했는데 성적이 안 좋아 떨어진 경우도 있다고 했다. 이런 상황에 처한 아이들은 10학년에 재학하면서 1년 동안 성적을 보완하기도 하고, 워크숍을 열어 필요한 도움을 받거나 학생들이 스스로 극복할 수 있도록 장려한다고 했다.

우리 일행이 한꺼번에 몰려와 자신들의 공간을 휘둘러보고 사진 촬영도 하고 인터뷰가 이어지는데도, 단 한 명의 아이도 어색해하거나 망설임도 없이 당당하게 즐기는 모습이 인상적이다. 우리가 청소년 지도사와 사서와 함께 꽤 오랜 시간 진지하게 인터뷰를 하는데, 바로 옆에서 기타를 치며 노래하는 아이들도 어느 누구의 간섭을 받거나 제지를 받지 않고 자유롭게 노래하고 즐긴다. 다양한 아이들이 모여 시끌벅적한 공간에서도 서로를 존중하며 각자 자신들의 활동에 몰두하고 있다.

만남과 소통이 있는 도서관

도서관이 만남과 소통의 공간으로 거듭나 살아 꿈틀대는 모습이 아름답다. 문득, 시험 공부하는 청소년들과 취업 준비생들의 열기로 정적만이 흐르는 우

리네 공공도서관의 모습이 대비되어 떠오른다. 아침 일찍부터 늦은 밤까지 딱딱한 교실 의자나 학원가를 전전하며 문제 풀이에 매달리거나, 지역 내에 청소년을 위한 변변한 공간 하나가 없어 후미진 공원의 주변을 떠도는 우리 아이들이 안쓰럽게 떠오르는 것은 무얼까.

　사서는 핀란드 청소년들의 지속적인 독서의 힘을 한마디로 정리한다. '아이들이 어릴 때부터 책 읽기를 강요당하지 않는 것'이라고. 이 도서관처럼 '편안한 분위기에서 자연스럽게 책을 집어 들도록 하는 것'이라고……. 또래 아이들이 함께 어울려 놀고, 친구를 만나 관계를 형성하고, 관심 있는 분야를 함께 즐기며, 궁금한 내용이나 필요한 정보는 바로 옆 서가에서 관련 자료를 찾거나 컴퓨터 정보를 검색하여 스스로 해결할 수 있도록 모든 환경이 갖추어져 있다. 새삼스레 책 모임을 할 때마다 함께 읽으며 시작하는 오랜 고전의 한 구절이

실감 나게 떠오른다.

'읽다'라는 동사에는 명령법이 먹혀들지 않는다. 이를테면 '사랑하다'라든가 '꿈꾸다' 같은 동사들처럼, '읽다'는 명령문에 거부 반응을 일으킨다.[*]

책 읽기의 필요성과 당위성만을 강요하는 강압적인 상황이 오히려 아이들의 책 읽기를 방해한다. 책 읽기 자체에 흥미를 갖고 자연스럽게 읽을 수 있는 기회와 환경을 조성하며 진정한 소통과 만남의 공간으로 거듭나야 할 도서관의 소중한 의미를 다시 새긴다. 대중교통의 중심지인 기차역과 버스 터미널 옆에 대형 쇼핑몰과 함께 나란히 개관한 공공도서관. 유아, 어린이부터 청소년, 성인에 이르기까지 주민들의 생활 속에 깊숙이 밀착되어 도서관이 자연스럽게 삶의 일부가 되어 버린 핀란드의 저력이 다시금 느껴진다. 밖은 그새 차가운 어둠이 내리고 도서관 맞은편의 쇼핑몰에는 화려한 조명등이 밝혀지는데, 아이들의 해맑은 모습으로 도서관은 더욱 환하고 따스하다.

[*] 다니엘 페낙 지음, 이정임 옮김, 《소설처럼》, 문학과지성사, 2004, 15쪽.

　　　　　　　　　　　　　　　　　　　아름다운 삶, 아름다운 도서관

자연을 품은 나라, 사람을 품은 도서관

파실라 도서관 Pasilan Pääkirjasto

김은정　서울 중앙대학교사범대학부속고등학교 교사

홈페이지 www. helmet.fi/fi-FI/kirjastot_ja_palvelut/Pasilan_kirjasto

주소 kellosilta 9 00520 Helsinki

이메일 tietopalvelu.pasila@hel.fi

연락처 09 3108 5001

추운 겨울, 해가 짧은 헬싱키에서 햇살을 맞이하기란 쉽지 않다. 모두가 분주히 움직이는 아침임에도 헬싱키 도심은 아직도 새벽녘의 어둠으로 둘러싸여 있다. 지금 우리가 탄 버스는 헬싱키 시립 이동도서관 본부가 위치한 파실라 도서관으로 향한다.

인구 530만, 핀란드는 12세기부터 스웨덴의 지배를 받았는데, 19세기에 러시아가 핀란드 전쟁에서 스웨덴을 이겨 핀란드를 정복하면서 더 가혹한 수탈에 시달렸다. 1917년, 핀란드는 러시아혁명으로 국내 정국이 혼란해진 틈을 타 러시아로부터 겨우 독립했다. 그러나 유럽이 전쟁의 소용돌이에 휘말리면서 2차 세계대전이 끝난 뒤에야 비로소 독립국가로서 안정을 찾게 된다. 현재는 국가 경쟁력 1위의 위엄을 갖추고 다른 나라들의 부러움을 사고 있다. 아픈 역사를 이겨 내고 신생 독립국 핀란드가 찾은 '작지만 강한 나라'가 되는 방법은 바로 '교육'이다. 핀란드는 막대한 국가 예산을 교육에 투자하고 있다. 교육을 학교와 공공도서관으로 이원화하여 두 기관을 서로 긴밀하게 연계시키고 교육 인프라 시설을 확충하여 생활 속에서 도서관 문화를 체현하고 있다. 이것이 핀란드가 국제학업성취도평가PISA에서 상위권 성적을 놓치지 않는 이유이자, 도서관 분야의 선두 주자로 국제적으로 인정받고 있는 이유가 아닐까 싶다.

차창 밖으로 보이는 가로등이 유난히도 환하게 빛을 낸다. 30여 분을 달려 파실라 도서관에 도착했다. 눈발이 흩날리는 싸늘한 날씨가 더해져서일까. 회색빛의 콘크리트 건물 사이에 위치한 남색 타일의 도서관 외벽이 더욱 또렷하게 시야로 들어온다. 우리는 헬싱키의 혹독한 겨울바람을 피해 도서관 안으로 발길을 재촉했다.

도심 속 힐링 도서관

살을 에는 차가운 공기를 뚫고 들어간 파실라 도서관은 고요하고 평온하다. 긴 겨울, 짧게 스치듯 지나가는 햇살이 아쉬워 실내로 최대한 끌어들이려는 듯 천장 깊이 창문이 나 있다. 창문으로 쏟아지듯 들어온 자연의 빛과 천장과 서가에 달린 인공의 빛이 조화롭게 어우러져 도서관의 구석진 곳까지 환하게 비춘다. 무엇 하나 눈에 거슬림 없는 탁 트인 공간이 무척이나 밝고 환하다.

사람의 일생을 보여 주는 조형물

도서관 1층 이곳저곳

파실라 도서관의 상징 '지식의 샘'

아름다운 삶, 아름다운 도서관

토성 모양의 램프

파실라 도서관의 중앙에는 '지식의 샘The Well of Knowledge'이라는 커다란 원형의 분수대가 있다. 도서관을 설계한 건축가 카를로 레패넨Kaarlo Leppänen은 도서관의 분위기를 멋스럽고 독특하게 하고자 토성 모양의 램프와 은하수를 연상시키는 천장 조형물을 분수대 주변에 설치해 '우주적 분위기'를 자아내게 했다. 분수대에 걸터앉아 주변을 둘러본다. 마치 평온한 '지식의 우주'에 들어선 기분이다. 책과 전자기기로 둘러싸인 도서관 안에서 퐁-퐁-퐁 물기둥을 솟아올리는 분수대는 도서관의 소음을 잡아 주는 마스크 효과와 실내 습도를 조절하는 과학적 원리가 담겨 있다. 도서관의 상징이 된 분수대 주변은 평상시 이용자들이 책을 읽는 공간으로 활용되지만, 연주회, 작가와의 만남 등 도서관 행사가 진행되면 문화 공연의 장이자 나눔과 소통의 장소가 된다.

분수대에서 도서관 안을 바라보면 나뭇결의 서가가 줄지어 서 있다. 핀란드는 전체 국토의 75퍼센트가 삼림으로 뒤덮여 있을 만큼 목재가 풍부하다. 파실라 도서관은 공간에 따라 소재와 디자인이 조금씩 다르지만 자연에서 쉽게 접할 수 있는 나무로 된 가구를 도서관에 배치해, 자연스럽고 편안한 느낌을 준다. 사서에게 물어보니 서가와 가구는 헬싱키 모든 도서관에서 사용하는 규격품이라고 한다. 어디에나 어울리는 실용성이 강조된 핀란드의 디자인이 도서관에서도 빛을 발한다. 서가 옆에 스툴(등받이와 팔걸이가 없는 서양식 작은 의자)

여러 서가의 모습

서가 측면에 놓인 북 트럭과 스툴과 탁자

이 귀엽게 놓여서 이용자들을 유혹하고 있다.

우리는 누구나 추운 겨울이 지나고 따뜻한 봄이 되면 산과 들로 나가고 싶어 한다. 몸에 와 닿는 따스한 햇살과 코끝으로 스며드는 신선한 풀꽃 내음, 귀를 간질이는 바람결에 부딪치는 나뭇잎 소리, 자연이 만들어 낸 이 모든 것들이 어우러져 나의 감각을 어루만져, 편안하게 치유해 주는 느낌을 좋아하기 때문이 아닐까. 파실라 도서관 분수대 옆에 앉아 책을 펴 들면 마치 자연의 품속에 앉아 있는 듯한 편안한 느낌이 든다.

회사와 대학이 밀집한 지역에 위치한 파실라 도서관은 접근성이 용이하여 이용자가 편안한 분위기에서 책을 읽고 쉴 수 있도록 공간을 구성했다고 한다. 파실라 도서관은 조명의 온기로, 물소리의 편안함으로, 그리고 나무가 가진 생명력으로, 과도한 업무에 지친 사람들에게 편안한 공간을 제공하고 있다. 분수대에 걸터앉아 물소리를 듣고 있으니, 핀란드에 도착하자마자 폭풍우처럼 몰아치며 여기저기 탐방을 다녔던 우리의 마음도 편안해진다.

헬싱키 시립도서관의 심장

파실라 도서관 건물에 있는 헬싱키 이동도서관 본부를 방문하고 다른 지역으로 이동하기 위해 다시 파실라 도서관으로 돌아왔다. 이동 버스를 기다리며 도서관 구석구석을 살피는 우리를 계속해서 눈여겨보던 한 직원이 조용히 다가왔다. 헬싱키 시립도서관의 모토인 '큰따옴표'가 적힌 조끼를 입고 있는 그녀는 파실라 도서관 직원 하리 안나라다. 처음 우리를 봤을 때 '이 외국인들은 뭐지?'라는 의심의 눈초리로 주의를 주기 바빴던 그녀가 우리에게 도서관을 소개시켜 주겠다며 손을 내민다.

파실라 도서관이 속한 헬싱키 시립도서관은 핀란드에서 가장 큰 규모의 공공도서관으로 핀란드 전체 공공도서관의 중앙도서관이자 59만 5천 헬싱키 시민의 홈 라이브러리 역할을 한다. 헬싱키 시립도서관은 현재 건축 중인 헬싱키 중앙도서관을 포함한 공공도서관 37개소와 공공 생산 공간인 어반 워크숍 Urban Workshop, 병원 도서관 10개소와 마지막으로 도서관이 없는 지역에 도서관 서비스를 제공하는 이동도서관 2곳으로 구성되어 있다.

헬싱키 시립도서관이 핀란드 전체 공공도서관의 중앙도서관이라면, 1986년에 설립된 파실라 도서관은 헬싱키 시립도서관의 심장과 같은 역할을 한다. 파실라 도서관은 1층에는 20만 권 이상의 책을 보관하는 '책 창고'를 두고 핀란드의 다른 지역 도서관들이 새로운 책을 주문하면 파실라 도서관에서 책을 구입해 핀란드 전역으로 책을 보내 준다.

핀란드는 시민들에게 필요한 정보를 제공하고, 문화생활을 즐기도록 하기 위해 공공도서관을 운영한다. 시민들은 거주지에 상관없이 모든 공공도서관을 이용할 수 있으며, 원칙적으로 모든 자료의 대출과 이용은 무료이다. 파실라 도서관은 이용자에게 헬멧 도서관 서비스HelMet (Helsinki Metropolitan Area Libraries)를 제공하고 있다. '헬멧 도서관'은 헬싱키, 에스포, 반타Vantaa, 카우니아이넨Kauniainen 이렇게 네 도시들로 구축된 도서관 협력 네트워크로 스칸디나비아 국가에서 가장 큰 전자도서관이다. 네 개 시 도서관은 헬멧을 통해 도서 검색 데이터베이스를 공유하고 있으며, 이용자는 도서관 카드 헬멧 하나로 네 도시에 속한 어느 도서관에서나 자료 검색과 대출, 반납을 할 수 있다.

헬멧으로 연결된 대출 시스템

한 지붕 세 도서관

우리가 파실라 도서관을 찾은 것은 헬싱키 이동도서관 본부를 방문하기 위함이다. 흥미롭게도 파실라 도서관 건물에는 공식 방문지인 헬싱키 이동도서관 본부와 다국어 도서관Monikielinen Kirjasto까지 세 개의 서로 다른 헬싱키 시립 도서관이 한 건물에 위치해 있다.

핀란드를 지칭하는 수오미Suomi를 뜻하는 파실라 도서관의 'S point'는 핀란드어 교재와 사전을 모아 둔 다문화 공간이다. 핀란드에는 이민자가 많아서 파

실라 도서관에 핀란드어를 공부하러 이민자들이 찾아오면 이곳으로 데려와 도
서관 사용법을 안내하거나, 간단한 핀란드어를 가르쳐 준다. 매주 수요일에는
언어 카페 '수오마Suoma'를 열어 토론으로 핀란드어를 쉽게 배울 수 있도록 도
와준다. 이때, 파실라 도서관은 1층에 위치한 다국어 도서관도 이민자들이 쉽
게 이용할 수 있도록 지원한다. 80여 개 이상의 언어로 된 장서와 기타 자료를
보유하고 있는 다국어 도서관과 다문화 공간 'S point'가 있는 파실라 도서관
은 하나의 건물에 공존하면서 서로 협조하고 있다.

　도서관 직원의 설명에 의하면 헬싱키 시에 있는 어느 도서관은 독립된 도서
관 두 개를 관장 한 명이 한 공간에서 운영하고 있다고 한다. 우리는 이러한 운
영 방식에 대해 되물으며 놀라워했다. 도서관 직원은 놀라워하는 우리가 오히
려 의아하다는 듯, 도서관 36개소는 독립되어 있지만 헬싱키 시립도서관을 중

다문화 공간 'S point'

파실라 도서관 1층에 위치한 다국어 도서관

심으로 산하 도서관이 유기적으로 움직여야 하기 때문에 당연하다는 듯이 대수롭지 않게 말한다.

　헬싱키 시의 도서관 협업 시스템은 도서관 직원을 통해서도 나타난다. '어반 오피스'와 '도서관 10'에는 전문 사서 교육을 받은 사서 외에 IT 전문가, 미디어 보조, 음악 사서, 이벤트 기획자, 도서관 이용 안내 보조 등 분야별 전문가가 모여 이용자에게 정보 서비스를 제공한다. 핀란드는 도서관 직원의 역량을 중시하는데, 이것은 도서관 직원의 역량이 곧 도서관의 질적 수준으로 나타나기 때문이다. 전문 사서는 도서관 운영의 방향을 모색하고 시민들의 요구를 파악하여 수렴하고 실제 도서관에 적용시키는 일을 하고, 각 분야의 전문가들은 시민들에게 직접 프로그램을 구현하는 역할을 한다. 즉, 도서관의 서비스 분야가 확대되면서 사서만으로는 이용자에 맞는 모든 서비스를 제공할 수 없게 되었기 때문에 컴퓨터 전문가, 음악 전문가, 악기 전문가가 함께 도서관 운영에 참여하게 된 것이다. 이러한 이유로 서로 다른 분야의 전문가가 도서관이라는 공간에서 공존하면서 긴밀하게 협력하고 있다. 이 모든 것은 이용자에게 제대로 된 맞춤 서비스를 제공하겠다는 생각에서 나오는 유연함이다.

사람들의 삶을 담은 IT 기기

파실라 도서관으로 들어서면 입구 오른편에 상설 전시장이 있다. 전시장은 외부에서 무료로 공간을 빌려 여러 가지 분야의 제품을 전시하는 곳으로 사용된다. 우리가 방문했을 때는 이용자가 첨단 IT 기기를 만져 보고 이용할 수 있도록 IT 기기를 상설 전시하고 있었다. 우리는 도서관에서 IT 기기를 정보 자료의 탐색과 활용을 위한 도구로 사용한다. 특히 3D 프린터와 같은 첨단 기기의 활용은 기술 공학적 입장에서 경제적 생산 가치에 의미를 두고 과학관을 중심

상설 전시장

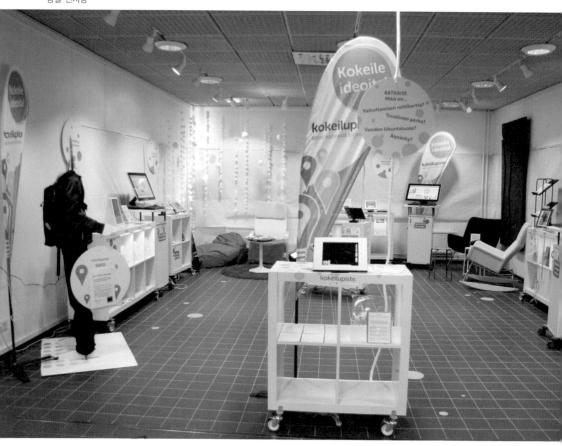

으로 활용되고 있다. 헬싱키 시립도서관은 자료의 보관과 활용을 넘어, 누구나 원한다면 첨단 기기를 자유롭게 활용해 자신만의 생산물을 창조해 내는 공공의 생산 공간이 되고 있다. 어반 오피스나 셀로 도서관에 3D 프린터가 있다면, 파실라 도서관에는 사람들의 삶에 대한 이야기를 풀어 놓고 녹음할 수 있는 컴퓨터가 있다. 도서관은 책을 읽고 자료를 탐색하는 공간뿐 아니라 이용자가 스스로 IT 기기를 활용해 나와 가족의 히스토리를 만들고, 나의 삶, 나의 문화, 나의 이야기를 새롭게 만들어 가는 공간이 되고 있다.

과거 도서관이 책을 통해 새로운 정보와 문명을 전하고 개개인의 삶의 발전을 도왔다면 미래 도서관은 책을 뛰어넘어 악기 등의 예술 도구나 첨단 기기를 통해 개개인의 창조적인 삶을 지원할 수 있음을 핀란드에 와서 배운다.

나와 가족의 히스토리를 만드는 기기

추억이 담긴 책

학습과 놀이 기기

전자 혈압기

2층의 모습

개인용 의자   2층 난간에 줄지어 놓인 컴퓨터

　전자 기기의 활용은 원형 계단을 따라 올라간 도서관 2층에서도 이어진다. 연속간행물, 헬싱키 컬렉션이 비치된 2층은 둥근 원형의 난간을 따라 컴퓨터가 놓인 1인용 책상이 줄지어 있다. 이용자들은 시간에 구애 없이 업무용 컴퓨터를 이용하고, 컴퓨터로 사진까지 스캔할 수 있다. 도서관에 있는 게임기는 남녀노소 상관없이 이용이 가능하며, 집으로 빌려 갈 수도 있다.

마이크로필름실

잡지, 신문 코너는 인쇄물로 된 연속간행물을 상당수 비치하고 있다. 검색 탁자 위에 태블릿 컴퓨터를 설치해 헬싱키에서 발행되는 일간지를 비롯한 여러 언어로 된 신문, 잡지 등을 제공하여 이용자가 필요로 하는 웬만한 연속간행물은 한 곳에서 탐색하도록 지원하고 있다.

다수의 연속간행물과 연결된 태블릿 컴퓨터

잡지, 신문 코너

주제별 책방

꼬불꼬불 재미난 놀이 길의 끝에 위치한 어린이실은 작은 숲 속 놀이터같이 가족이 함께 게임하고 책을 읽고 놀 수 있는 공간으로 꾸며져 있다. 핀란드의 가정집은 가족이 생활하는 거실을 서가로 꾸민다고 한다. 그래서 공공도서관도 사람들이 집에서처럼 편하게 책을 읽을 수 있도록 거실처럼 꾸민다. 긴 겨울밤, 창문 너머로 비친 따스한 불빛 아래, 책을 읽고 있을 핀란드 어느 가정의 모습이 머릿속에 그려진다.

거실처럼 꾸며진 어린이 청소년 코너

이야기 방

놀이 방

어린이실 소품

어린이 청소년 코너 서가

아이들의 눈높이에 맞춘 대출대

만화 방

시집만을 모아 둔 방

한편, 도서관 안쪽에 시집만 모아 놓은 방과 만화만 모아 놓은 방이 따로 있다. 이곳은 단순히 칸막이만 설치한 것이 아니라 문이 있어 열고 들어가야 한다. 안쪽 공간의 이용자를 배려하는 것이다. 어른들은 조용히 시집을 읽고, 아이들은 오순도순 이야기하며 만화를 즐겁게 읽을 것이다.

짧은 시간 우리는 우연한 기회로 운명처럼 헬싱키 시 중앙도서관인 파실라 도서관을 만났다. 파실라 도서관의 서가에 꽂힌 책들은 중요한 임무를 맡고 있다고 한다. 현재 파실라 도서관이 새로운 도서 분류를 시도

아름다운 삶, 아름다운 도서관

새로운 분류법을
시도하는 중이다

하고 있기 때문이다. 핀란드의 다른 도서관들과 같이 UDC 분류법을 따랐던 파
실라 도서관은 1년 전부터 시범 적용 기간을 두고 주제에 따른 분류법을 시도
하고 있다. 파실라 도서관의 이런 시도는 2017년 완공 예정인 헬싱키 중앙도서
관에 적용 가능한지를 알아보기 위함이다. 어반 오피스는 헬싱키 중앙도서관
에서 실시할 서비스를 시민 공모를 통해 선정하였고, IT 기기를 이용한 미래 지
향적 도서관 프로그램을 시범 운영하고 있다. 헬싱키 중앙도서관 건립은 단순
히 도서관 하나를 새로 세우는 것이 아니다. 헬싱키 시립도서관들이 함께 만드
는 거대 프로젝트가 진행 중인 것이다. 우리는 거기에서 기존의 시스템에 안주
하고 기다리는 것이 아니라, 미래 지향적으로 한발 앞서 도서관을 이용할 시민
들에게 다가가기 위해 노력하는 헬싱키 시립도서관의 위대한 정신을 만날 수
있었다.

사람이 주인인 아름다운 도서관

솔렌투나 도서관 Sollentuna bibliotek

박영옥 (전)초등학교 사서

홈페이지 www.Sollentunabibliotek.se

주소 Aniaraplatsen Box 63 191 21 Sollentuna

이메일 biblioteket@bibl.Sollentuna.se

연락처 08 579 219 00

대기를 누르는 무거운 잿빛마저도 환상의 배경으로 자리 잡는 곳, 시간의 묵직함으로 더욱 단단해진 건물이 즐비한 곳, 스웨덴. 이들에게 도서관은 무엇으로 존재할까? 그 유의미성을 찾기 위한 발걸음은 빨라지고, 눈은 구석구석을 살피기에 바쁘다.

나는 영화 속에서 외국 도서관을 처음 보았다. '닥터 지바고'. 모스크바를 떠난 지바고는 시골 마을 유리아틴의 도서관에서 사서로 일하는 라라를 만난다. 믿기지 않는 만남에 놀라 다가서지 못하는 두 사람을 감싼 칙칙한 어둠의 도서관은 풍경이 되었다. 작고 볼품없는 도서관이 얼마나 매력적인 공간으로 다가왔던지…… 그리고 1900년대 초 광대한 러시아의 시골 마을에 도서관이 있다는 사실 역시 문화적 충격이었다.

그렇다면 북유럽 도서관은 어떨까? 북유럽 탐방 일정의 첫 번째 나라인 핀란드에서 북유럽 도서관에 대한 환상이 더욱 정밀하게 다가오는 것을 경험한 후, 또 다른 기대로 스웨덴의 솔렌투나 도서관을 찾았다.

도서관 직원의 휴식 공간 '스태프 라운지'를 살피다

솔렌투나 도서관은 솔렌투나 코뮌의 주 도서관이다. 관할 도서관으로 아레나 에즈베리 도서관Arena Edsberg bibliotek, 노르비켄 도서관Norrvikens bibliotek이 있다.

솔렌투나 코뮌은 스톡홀름에서 차로 15분 정도 걸리는 교외 지역으로 인구는 6만 7천여 명이다. 지역 중심에 있는 솔렌투나 센트룸에서 점심을 먹고 솔렌투나 도서관을 방문하기로 했다. 솔렌투나 센트룸 바로 옆에 솔렌투나 도서관이 있다. 스웨덴은 동네와 동네 사이가 멀어, 지역마다 센트룸을 만들어 버스정류장, 상가, 은행, 도서관 등 편의 시설을 집중시켜 놓는다. 도서관 위치가 이

도서관 로비

아동 청소년 안내 데스크

용자의 접근성 면에서 볼 때 이보다 더 좋을 수 없다. 교통이 편리하고 사람의 동선 거리가 짧은 곳, 도서관 위치로는 최적의 장소다.

도서관 직원의 안내를 받아 들어간 곳은 전체 직원 35명의 휴식 공간인 스태프 라운지. 천장에서부터 늘어뜨린 빨간색 장식물이 눈에 띈다. 멋진 조명, 주방 시설, 의자와 테이블을 갖추었다. 도서관에서 제일 좋은 위치에 햇빛이 잘 들어오고 널찍한 데다 전망도 좋다. 사무실이라기보다 가정집 거실 같다. 스태프 라운지를 잘 갖추는 것은 직원들이 긴장을 풀고 충분히 휴식을 취해야 이용자들을 친절하게 응대할 수 있기 때문이라고 한다. 결국, 이용자에 대한 질 높은 서비스를 위함이다. 또한 도서관 직원을 위한 배려다. 우리 눈에는 배려로 보이는데 그들은 당연한 것으로 받아들인다. 직장을 가정의 연장선에 놓고 쾌적한 환경의 근무 조건을 만드는 것은 사람에 대한 존중일 것이다. 북유럽 도서관은 아무리 작아도 스태프 라운지를 갖추고 있다고 한다.

수잔나 올스트룀 관장은 "관장의 역할은 특별한 것이 아니라 직원들에게 도움을 주는 것이며, 업무량도 직원들과 똑같이 나누고, 가장 중요한 것은 계급 없는 집단으로 최대한 평등을 지향한다."고 말한다. 스웨덴을 비롯한 북유럽

스태프 라운지에서 브리핑하고 있는 도서관 직원

사람들에게는 '라곰lagom'과 '얀테라겐jantelagen'이라는 규범이 있다. '라곰'은 많지도 적지도 않은 적당함을 의미하며, '얀테라겐'은 평등과 평준화 문화의 일부인데 '튀어서는 안 된다'는 뜻으로, 이들의 생활 속에 '평등'이 암묵적인 규범으로 자리 잡고 있다고 한다.

　라곰과 얀테라겐은 노르웨이 소설가 악셀 산데무세Aksel Sandemose의 소설 《도망자는 지나온 발자취를 다시 밟는다En flyktning krysser sitt spor》(1933)에 나오는 말로 이야기 속 '얀테'라는 마을 사람들이 지키는 11가지 지침이다. 이 지침을 보면, 당신이 다른 사람보다 중요한 인물이라고, 다른 사람만큼 선하다고, 똑똑하다고, 나은 존재라고, 더 많이 안다고, 위대하다고, 잘한다고, 모두가 당신을 배려해야 한다고, 가르칠 수 있다고 생각하지 말라고 한다. 그리고 다른 사람을 비웃지 말라고 한다. 결론은 사람은 모두 같다는 평등주의를 말하고 있다. 수잔나 올스트룀 관장의 간단한 인사말에서 언급된 '계급 없는 집단', '평등'라는 말에서 이들의 의식에 자리 잡고 있는 정신을 엿볼 수 있었다.

높은 시민 의식과 믿음을 바탕으로 한 '연장 운영'

솔렌투나 도서관 3곳은 통합 서비스로 자유롭게 도서를 반납하고, 성인·아동용 도서, 여러 언어로 된 자료와 CD, MP3, 오디오북이 비치되어 있으며, 컴퓨터와 무선 인터넷을 사용할 수 있다. 또한 영화와 컴퓨터 게임을 대여할 수 있고, 예약 가능한 단체실, 오디오북을 내려받을 수 있는 미디어 주크박스 서비스가 제공된다. 여기까지는 우리와 별반 다르지 않다.

하지만 아레나 에즈베리 도서관에서 실시하고 있는 '연장 운영Meröppet'은 다르다. 365일 개방하는 '연장 운영'은 도서관 직원 없이 이용자가 연장 운영 기능이 있는 대출 카드로 도서관 문을 열고 들어와 책을 보거나, 직접 대출 반납한 후 문을 잠그고 가는 제도다. 도서관은 요일별로 다르긴 하지만 새벽 6시부터 저녁 9시까지 15시간 동안 개방하는데 직원은 12시에 출근해 오후 4~6시(요일별로 퇴근 시간이 조금 다르다)에 퇴근한다. 도서관 직원이 없는 10여 시간을 이용자가 운영하는 셈이다.

도서관 입구에 있는 연장 운영 안내문

'연장 운영'을 실시하면서 도서관 측에서는 '도서관을 나가실 때 문이 제대로 잠겼는지 확인해 주세요', '뒷정리를 잘하고, 우리 모두의 도서관을 조심스레 다뤄 주세요'라는 안내문을 나눠 줄 뿐이다. 그다음은 이용자 몫이다. '연장 운영'은 이용자가 주인이라면 권리와 편리만을 주장할 것이 아니라 스스로 책임져야 하는 시스템의 실현을 보여준다. 즉, 이용자면서 관리자도 되는 것이다. 직원이 없는 도서관이 가장 우려하는 것은

아름다운 삶, 아름다운 도서관

도서 분실이나 훼손, 시설물 파괴, 정리되지 않은 채 여기저기 놓여 있는 도서, 쓰레기 등에 대한 우려일 텐데, 서로의 믿음과 높은 시민 의식을 담보하는 '연장 운영'이라는 낯선 제도에 사람 냄새가 물씬 풍긴다.

스웨덴은 1860년대부터 1930년대까지 극심한 빈곤에 시달렸다. 가난을 벗어나기 위해 미국으로 떠난 이민자가 150만 명에 이른다(당시 인구는 450만 명 정도였다). 국민의 3분의 1이 이민을 하였으니 그들의 궁핍한 삶이 어느 정도였는지 짐작할 수 있다. 이런 나라가 세계에서 가장 잘사는 나라로 손꼽히는 이유는 무엇이었을까? 국민 행복지수 1, 2위를 다투는 근간은 어디에서 나오는 것일까? 그중 하나가 사회 전반에 깔린 믿음이 아닐까 한다. 그들은 고되고 지친 역사의 소용돌이 속에서도 '믿음'이란 보편적 가치를 놓지 않았다. 국민은 국가를 믿고, 국가는 국민을 믿고, 사람은 사람을 믿는 사회. '연장 운영'은 스웨덴 사람들의 믿음을 근간에 둔 대표적인 제도로 볼 수 있다.

'연장 운영'은 도서관이 삶 일부가 된 스웨덴 사람에게나 가능한 일일까? 도서관의 시설과 책을 잘 관리할 수 있는 이용자의 수준이 담보된다면 우리도 한번 해 볼 만하지 않을까? 실현 가능성에 대한 기대를 머릿속에 그려 본다.

구석구석까지 닿은 세심한 손길

도서관은 단순히 책을 대출하고 반납하는 기능을 벗어난 지 오래다. 이제 장시간 머물며 책을 보거나 문화 시설을 이용하는 체재형 도서관으로 바뀌었다. 휴일이면 가족 모두 도서관으로 나들이하여 각자의 공간에서 책을 보거나 비디오를 시청하는 모습도 낯설지 않다. 긴 겨울 동안 도서관에서 하루를 보내는 것이 일상화된 북유럽의 도서관은 이 같은 기능을 충분히 하고 있다.

눈발이 흩날리던 추위를 헤치고 들어간 솔렌투나 도서관은 겉모습에서도 획

높은 천장에서 내려온 조명

일적 언어가 아닌 다양한 언어를 맛깔스럽게 쏟아 내고 있다. 이용자 중심의 공간 배치, 실용적이고 안전한 가구, 감성을 자극하는 색깔, 공간에 맞게 꾸민 디자인 등 구석구석까지 닿은 세심한 손길은 정서적으로 안정감을 주어 아늑하다.

　일단 도서관을 휘익 돌아보고 싶은 충동을 느낀다. 이유는 이용자의 눈길을 사로잡는 도서관 디자인에서 찾고 싶다. 솔렌투나 도서관에 들어서면 먼저 높은 천장이 시원하다. 천장에서부터 내려온 조명은 자칫 휑할 것 같은 분위기를 멋진 풍경으로 바꾼다. 눈을 끄는 멋진 의자, 책상, 커튼까지도 공간에 따라 색과 모양을 달리하여 굳이 책을 보지 않더라도 멋진 미술관이나 건물을 구경하

아름다운 삶, 아름다운 도서관

듯 돌아보기만 해도 기분 좋아진다. 도서관을 이용하거나 이용하지 않거나 오고 싶은 곳. 결국, 이런 자극은 도서관 이용자로 연결된다.

스웨덴의 실내는 대부분 어둡다. 대신 조명의 천국이다. 다양한 모양의 조명은 실내 디자인의 완성인 듯하다. 감탄할 만한 디자인의 조명만 살펴봐도 볼거리가 풍부하다. 도서관 역시 전체를 밝히는 천장 조명의 조도는 낮고, 대신 데스크 램프가 있어 이용자가 책을 볼 때 집중할 수 있도록 한다. 서가 맨 윗부분에도 형광등이나 할로겐 조명을 달아 책을 찾는 데 도움을 준다.

맨 아래 칸을 비워 둔 서가, 바퀴 달린 서가

사람의 본질적 요구를 배려한 합리적인 가구 선택은 서가에서 돋보인다. 서가는 맨 아래 칸을 비워 두거나, 맨 아래 칸 선반 경사를 깊게 두어 고개를 숙이지 않고 위에서 내려다만 봐도 책 제목을 편하게 볼 수 있다. 이런 서가 모양은 서점도 마찬가지다. 일반적으로 서가의 아래 선반은 아무리 좋은 책이 있어도 이용자의 외면을 받는다. 사람들은 도서관에 꼭 원하는 책만 보러 가는 것이 아니다. 서가를 거닐며 눈에 띄는 책을 골라 읽는 경우도 많다. 이때 아래 칸에 있는 책은 이용자의 시선을 벗어날 수밖에 없다.

바퀴를 단 서가도 있다. 도서관을 운영하다 보면 서

천장에 매달린 도서관 장식물

아래가 뚫린 서가

하단 선반의 경사를 깊게 둔 서가
(감라스탄에 있는 만화 서점)

바퀴 달린 서가

가를 1센티미터만 옮기려 해도 모든 책을 빼고 여러 사람이 들어 움직여야 한다. 바퀴를 단 서가는 이런 문제를 단번에 해결한다. 아레나 에즈베리 도서관의 경우 바퀴 달린 서가를 사용하는데, 도서관이 큰 편이 아니라서 주민들의 발표나 공연이 있을 때는 서가를 한쪽에 밀어 놓는다. 얼마나 효율적인가.

　서가는 꼭 움직일 일이 있다는 것을, 사람들이 꼭 원하는 책을 찾기 위해서만 도서관을 찾는 것이 아니라는 것을 누구나 다 안다. 북유럽의 도서관은 이런 이용자의 심리를 서가 하나에도 고스란히 담고 있다. 이들은 이렇게 만드는

아름다운 삶, 아름다운 도서관

것을 깊게 생각하지 않았을 것이다. 당연하니까. 이들이 당연하게 생각하는 것을 왜 부러움의 눈으로 봐야 하는지…… 내가 바라보는 시선의 끝에 우리 도서관이 있다. 조금만 고개를 숙이면 볼 수 있는데 뭘 그리 신경 써 서가를 만드느냐고 하겠지만, 현실은 다르다. 도서관에 근무하면서 보면 아래 칸의 책은 키가 작은 초등학교 1학년에게조차도 외면당한다.

1~2인용 열람석, 프라이버시 존중 문화를 느끼다

사람의 심리를 배려한 열람석 배치도 돋보인다. 사람들은 낯선 장소에 앉을 경우 사람이 있는 곳을 피한다. 가까이에 모르는 누군가 있다는 것에 심리적으로 방해받는 느낌을 가진다. 잠깐 앉을 경우에도 그런데 도서관처럼 오랫동안 머물 경우는 더욱 그렇다. 한 조사를 따르면 6인용 직사각형 열람석의 경우 제일 먼저 온 사람은 가장자리 좌석에 앉는다. 그다음 사람은 먼저 앉은 사람의 대각선 가장자리에 앉고, 그다음 사람은 빈 좌석 중 가장자리에 앉고, 가운데 자리에는 앉지 않는다고 한다.

내가 다닌 고등학교는 지방이었지만 단독 건물인 도서관이 있었다. 도서관 서가는 벽면을 따라 배치하고 가운데가 열람석인 전형적인 갤러리형이다. 따라서 사서 선생님이 계신 데스크에서는 물론 사방팔방에 내가 노출되어 있다. 그런데 어느 날 사서 선생님이 데스크에서 가장 먼 쪽에 서가 하나를 열람석을 가로질러 놓았다. 그러니 그 안쪽으로 책상 하나가 들어갈 만한 공간이 생겼다. 도서관에서 보이지 않는 비밀의 공간이 생긴 것이다. 이곳은 누구든 일찍 온 사람의 자리다. '나만의 자리'로 인기 만점이었다.

'나만의 자리'로 정하고 싶은 좌석들이 솔렌투나에는 즐비했다. 열람석을 한곳에 모아 놓은 것이 아니라 서가 사이나 창문 가에 다른 사람의 방해를 받지

1인용 열람석

자연스럽게 띄엄띄엄 배치된 컴퓨터 열람석

다양한 의자들

주제별로 정리된 서가(철학, 윤리, 심리)

주제별로 정리된 서가(청소년 판타지)

주제별로 정리된 서가(애완동물 관련)

나이별로 분류된 어린이 책

알파벳순으로 정리된 그림책

작가별로 정리된 그림책

아름다운 삶, 아름다운 도서관

않을 만큼 띄엄띄엄 배치하고, 이용자끼리 마주 보기보다 등을 보게 한다. 크기는 1인용 책상이나 2인용 책상이 많다. 개인 공간을 확보한 이용자들은 프라이버시를 충분히 살려 지적 활동을 방해받지 않고 장시간 이용할 수 있다.

도서 배가는 소설, 음악, 영화, 환경, 애완동물 등 주제별로 정리하고, 주제명을 서가 위쪽에 크게 명시하고 있다. 또 청소년용 서가를 따로 마련하고, 어린이 도서는 어린이 나이별로 분류하고, 그림책은 책 제목을 알파벳순으로 정리하고 있다. 유명 작가의 경우는 작가별로 따로 비치한다.

▶
페이스 아웃 방식으로
정리된 어린이 책
▶▶
다른 언어로 된
같은 책을 묶어 보기
쉽게 정리된 어린이 책

그림책 배가는 책 표지가 앞으로 보이게 하는 페이스 아웃Face-out 방식 디스플레이를 최대한 활용하여 이용자의 시선을 끈다. 그림책을 세워서 배가할 경우 아이들은 힘이 없어 책을 빼기가 쉽지 않고, 또 책 두께가 얇아 제목이 잘보이지 않기 때문에 아이들의 시선을 끌기 어렵다. 솔렌투나 도서관 어린이실에서는 페이스 아웃 방식 이외에도 주제별로 상자에 담는 방법으로 쉽게 책을 찾을 수 있도록 했다. 상자에 담는 방식은 분류도 쉽게 할 수 있지만, 아이들의 특성에 맞춰 바닥에 앉아 책을 고를 수 있는 장점도 있다. 또 같은 책의 스웨덴어 책과 다른 나라 언어 책을 묶어 비치하고 있다. 이 방법은 스웨덴어와 다른 언어를 비교하면서 볼 수 있어 언어교육에 효과적이다.

도서관은 시끄러운 곳, 조용히 책 읽을 사람은 집중 독서방으로

솔렌투나 도서관의 구조는 도서관을 여러 개의 방으로 나누는 것이 아니라 벽을 없애고 도서관 전체를 몇 개의 영역으로 나누는 오픈 플랜open plan 방식을 취하고 있다. 즉 한 공간에 열람석, 정보 검색 공간, 어린이 공간이 함께 있다. 오픈 플랜 방식은 한 곳에서 지식 정보를 얻을 수 있는 장점이 있지만 소음에 그대로 노출되는 단점이 있다. 특히 유아 코너는 어머니들이 아이에게 책을 읽어 주기도 하고, 아이들이 뛰어놀기도 하므로 시끄러울 수밖에 없다. 초등 저학년 때까지도 책을 보는 방법은 서로 읽어 주기도 하고, 퀴즈를 내기도 하며, 놀이처럼 보는 것이다. 이런 방법은 아이들이 책을 즐기면서 보기 때문에 더 좋은 결과를 얻을 수 있으므로 무조건 조용히 책을 읽으라고 할 수 없다.

엄밀히 따지면 도서관은 시끄럽다. 출입문 여닫는 소리, 사서와 이용자 간의 대화, 서가 사이를 걷는 이용자의 발걸음, 책을 뒤적이는 소리, 컴퓨터 자판 소리까지 소음이 끊이지 않는다. 그래서 분수를 설치하거나 음악을 작게 틀어 소음을 잡아 주는 역할을 하도록 한다.

우에마스 사다오는 《도서관 건축의 이해》 (2005)에서 일본은 '도서관은 조용해야 한다'는 것을 전제하고, 미국, 영국은 '도서관은 시끄럽다'는 것을 전제하고 도서관 시설을 건축한다고 한다. 따라서 일본은 휴게실

그룹 스터디 방

을 마련하여 이야기하고 싶은 사람은 휴게실로 이동하고, 미국과 영국은 '정숙한 독서실'을 만든다고 한다. 우리나라는 일본과 비슷하고, 스웨덴은 미국, 영국과 비슷하다. 그래서 대체로 우리는 휴게 공간을 마련하고, 스웨덴은 집중 독서나 공부하고 싶은 사람을 위한 개인 독서 공간을 따로 만든다. 솔렌투나 도서관 역시 개인 독서 공간이 따로 있어 이용자의 호응을 받고 있다.

'책과 함께하는 사람'을 만드는 다양한 독서 클럽

솔렌투나 도서관은 독서에 어려움을 겪는 아동과 장애인, 노인을 위한 다양한 서비스를 마련하고 있다. 글자를 읽기 어려운 이용자를 위한 오디오 신문(CD에 녹음된 지역 뉴스)을 제공하고, 시각장애인이나 유아를 대상으로 한 낭독 테이프Talking Book도 전국 도서관에 보급되어 있다. 특히 시각장애인을 위해 1988년 스웨덴 점자도서관에서 개발한 데이지DAISY(Digital Accessible Information System) 플레이어, 촉각 그림책, 장애 아동을 위한 컴퓨터 게임 등을 이용자의 컴퓨터에서 바로 내려받을 수 있다. 장애인, 시각장애인, 환자들에게 무료로 책을 배달하는 '집으로 찾아오는 책 서비스'를 운영한다. 노인을 위한 낭독회도 있다.

다양한 독서 클럽 역시 책과 가깝게 하는 동시에 지역 주민의 사회 활동을 돕는다. 점심을 먹으면서 모이는 '문학 오찬', 이민자 독서 클럽인 '스웨덴어 카페', 노인들을 대상으로 한 '노인 북클럽', 쉬운 스웨덴어로 된 책을 읽는 청소년 대상인 '쉬운 책 독서 클럽', 제인 오스틴을 좋아하는 모임인 '제인 오스틴 독서 클럽', 대상자를 9~12세로 한정한 '비밀 독서 클럽' 등이 있다.

이 가운데 '스웨덴어 카페'는 이민자를 위한 카페로 이민자의 언어교육을 주목적으로 한다. 특히 어린이들에게는 스웨덴어뿐만 아니라 자국어를 배우는 기회를 제공하기도 한다. 솔렌투나 도서관은 수시로 독서 클럽 회원을 모집하여 신청자에게 맞는 독서 클럽을 추천해 주고 있다. 조직은 사서가 하지만 그 다음부터는 클럽별로 자율 운영된다.

청소년을 위한 활동 중 눈에 띄는 것이 있다. '퀴어 이야기'. 이 프로그램은 LGBT(성 소수자)들이 쓴 글을 낭독하는 시간이다. 이 프로그램의 목표는 '평소에는 보이지 않고 들리지 않는 것에 주목하는 것'이라고 한다. 성 소수자를 이해하는 프로그램을, 그것도 청소년에게 들려준다는 것이 의아했다. 하지만 프로그램의 목표를 곰곰이 생각해 보면 이들의 저변에 깔린 '인간에 대한 존엄성'의 발로라고 단정해 본다.

자유로움 그대로 '어린이실'

솔렌투나 도서관의 어린이실은 시끄럽다. 동화 속 그림이나 설치물, 다양한 인형이 놓여 있다. 작은 무대 장치가 있는데 옆에 인형, 손가락 인형, 의상 등 놀이 도구가 준비되어 있다. 이곳은 어른이나 사서가 이야기나 연극을 해 주는 것이 아니라 하고 싶은 아이들이 직접 하면 다른 아이들이 듣는 방식이다. 누군가 듣지 않는다 해도 혼자 연극 놀이를 하는 아이들의 특성을 잘 살린 공간이다. 인형과 책들은 어질러진 채로 둔다. 마치 놀이에 열중하고 있는 아이들 방 같다. 한쪽 옆에는 셔츠, 치마를 담아 둔 바구니가 있다. 이 또한 아이들이 역할 놀이를 하면서 입고 놀 수 있

어린이실의 모습

아름다운 삶, 아름다운 도서관

어린이실의 연극 놀이 공간

어린이실 모습

다양한 의자

무민 의자

자동차 의자

도록 한다. 얼핏 보면 산만한 듯 보이지만 예쁜 레이스 커튼으로 꾸미고, 무민 등 동화 속 주인공 모양의 의자와 책상, 그 속에 앉아 책도 볼 수 있는 모형 자동차로 아이들의 감성을 자극한다. 그리고 방향감각을 잃지 않도록 바닥 패턴을 만들어 두는 것도 잊지 않았다. 이런 도서관에서 자란 아이들은 창의적 감각을 자연스럽게 몸으로 배우고, 이렇게 체득된 미적 감각은 디자인 강국의 뿌리가 되고 있다. 솔렌투나 도서관은 인체 공학적 메커니즘을 보여 주는 공간 배치와 디자인, 가구들이 도서관 직원의 따뜻한 손길과 만나 마치 편안한 집인 듯하다. 도서관의 기본 기능인 지적 탐구 활동 이외에도 휴식 공간으로도 손색이 없다. 사람들의 정신이 반영된 도서관은 합리적이고, 실용적이고, 격이 있는 아름다움을 고스란히 담고 있다. 높은 시민 의식은 도서관이 물리적 건물이 아닌 따뜻한 살아 있는 유기체로 만들고 있다. 온종일 도서관에 있어도 지루하지 않은 곳, 책을 보다, 잡지를 보다, 피곤하면 잠깐 소파에 앉아 눈을 감아 볼 수 있는 곳. 창문 밖을 바라보며 사색할 수 있는 곳, 그들의 도서관은 그런 곳이었다.

스웨덴

지역 주민과 밀접하게 연결된

아레나 에즈베리 도서관 Arena Edsberg bibliotek

박영옥 (전)초등학교 사서

홈페이지 www.bibliotekenisollentuna.se
주소 Arena Edsberg finns i Edsbergs Centrum, Edsbergs Torg 3
이메일 edsbergsbibl@bibl.sollentuna.se
연락처 08 579 219 27

아레나 에즈베리 도서관은 아파트 단지 내의 가장 큰 상가와 학교 사이에 위치하여 주민의 접근성이 좋다. 주민들은 쇼핑하러 나왔다가 도서관에 들러 책을 보거나 대출해 간다. 특히 에즈베리 중학교 학생들도 다른 시민들과 마찬가

도서관 내부

어린이실. 이곳에서 '동화 들려주기 시간'을 진행한다

지로 자유롭게 이용한다. 도서관이 우리 안방처럼 깨끗하다. 알고 보니 이 도서관은 신발을 벗고 들어가거나 신발 싸개를 준비해 두었다가 이용자들이 신도록 하고 있었다. 예고 없이 찾아간 도서관인데도 친절하게 맞이하는 사서가 도서관을 상세하게 소개해 주었다.

아레나 에즈베리 도서관은 솔렌투나 도서관의 분관으로 솔렌투나 도서관에서 소개한 '연장 운영'(자세한 내용은 이 책 60~61쪽 참조)을 실시하고 있는 도서관이다. '연장 운영'은 365일 개방하며, 월~목, 일요일은 새벽 6시부터 밤 9시까지 15시간, 금~토는 새벽 6시부터 저녁 6시까지 12시간 개방하는 주민 편의형 운영 방법이다. 앞으로 '연장 운영'은 솔렌투나 본관과 노르비켄 도서관으로 확대할 예정이라고 한다. 직원은 6명인데 하루에 2명 정도가 4~6시간을 근무하며, 출근은 일주일에 네 번, 그중 한 번은 본관인 솔렌투나 도서관에서 근무한다.

어린이실은 밖을 내다볼 수 있도록 시원하게 창을 내고, 그림책을 정갈하게 정리해 두었다. 한쪽 편에는 괴물 모양을 한 설치물이 있는데 아이들이 괴물의 입 안으로 드나들며 놀이에 빠진다. 널찍한 어린이실에서는 정기적으로 아이들에게 책을 읽어 준다.

매년 5월 한 주 동안 '여름에 읽을 책 구매'란 이름으로 일반인에게 저렴하게 판매하고 있다. 판매 도서는 도서관에서 이용 빈도가 낮거나, 복본이 많은 도서에 해당한다. 도서관에서는 책을 정리하고, 주민들은 싼값에 좋을 책을 살 수 있는 일거양득의 효과가 있다. 우리나라 도서관에서는 책을 판매하지 않는데, 아레나 에즈베리 도서관처럼 오래된 책을 저렴하게 판매하면 도서관과 이용자 모두에게 도움이 될 것 같다.

도서관은 지역 주민과 밀접하게 연결되어 있다. 지역 쿨투르스콜란kulturs

어린이실에 있는 괴물 모양 설치물

kolan(문화 학교, 스톡홀름 시에서 운영하는 일종의 방과 후 학교)의 음악실과 댄스실을 도서관 내에 두는 등 지역과 협력하고 있다. 댄스실에서는 유치원 아이들이 엄마들과 같이 와서 춤을 춘다. 음악실에는 피아노를 비롯하여 다양한 악기를 갖추고 있다. 다목적 공간에서는 학생들이 1학기에 2, 3번 정도 연극이나 음악 공연을 올린다.

지역에 노인이 많아 노인을 위한 도서 낭독과 노인 독서 모임을 운영하며, 3~5세 아이들을 위한 '동화 들려주기 시간'도 있다. '오후 차와 함께하는 책 수다' 시간에는 사서와 함께 차를 마시며 본인이 좋아하는 책을 추천한다. 사서가 소개하는 '그림책 소개' 시간도 있다. 이외에 스포츠 방학과 부활절 방학에는 '특별한 공예품 만들기'를 진행한다. 이처럼 아레나 에즈베리 도서관은 아이, 어른, 노인 모두를 위한 프로그램으로 지역 주민과 호흡을 같이한다.

한 사람 한 사람에게 최선을 다해 봉사하는

다이크만스케 도서관 *Deichmanske bibliotek*

전선미 경기 세교초등학교 교사

홈페이지 http://www.deichman.no/filial/hovedbiblioteket

주소 Arne Garborgs plass 4 0179 Oslo

이메일 postmottak.deichman@kul.oslo.kommune.no

연락처 47 23 43 29 00

유럽 전통의 대리석 건물이 웅장하게 서 있는 이곳은 오슬로 공공도서관인 다이크만스케 도서관이다. 눈발이 제법 날리고 난 이후여서인지 주변에는 우리 일행만 있을 뿐 눈에 띄는 사람도 없다. '혹시 오늘이 휴관일일까?' 긴장하며 눈 쌓인 계단을 미끄러지지 않으려고 힘주어 오른다. 3층 건물 도서관의 입구를 찾느라 한 바퀴를 빙 돌고 나서야 드디어 입구를 찾아 들어간다. 우리는 도서관 이용자 입장이 되어 도서관을 방문해 보기로 했다. 사전에 연락된 공식 방문지가 아니기도 했지만, 외국인 이용자 입장에서 순수하게 도서관과 맞닥뜨리고 싶었다.

노르웨이 장관이었던 카를 다이크만Carl Deichman(1705~1780)의 저택에서 발견된 구약성서 등을 포함해 기증된 도서 6천여 권을 바탕으로 세워진 다이크만스케 도서관은 오슬로 전역을 서비스 대상으로 하며 오슬로 내 18개 도서관의 중앙도서관 역할을 한다.

처음 만난 도서관의 공공 서비스

입구에 들어서자 도서관 봉사자가 우릴 반긴다. 도서관 사서는 아니고 학위 공부 중이라고 자신을 소개하는 봉사자는 입구에서 가장 잘 띄는 위치에 서 있다가 이용자에게 그에 맞는 정보를 찾아 주거나 이용자의 질문에 도움을 주는 일을 하고 있었다.

베르겐 도서관이 진행하는 '숙제 도움' 프로그램이 생각나서 이곳에도 있는지 물어보니 사서들이 직접 도와주지는 않고 책을 찾아 주고 정보를 제공해 주는 정도의 서비스를 하고 있다고 한다. 이곳 도서관은 학생들이 주로 숙제를 해결하거나 책 대출 서비스를 이용하고 있으며, 이민자들과 외국인들도 많이 오는 편이라고 덧붙인다. 또한 학교에 제공하는 서비스로, 오슬로 시내의 초등학교를 대상으로 책과 기타 자료의 주문을 받아 전달해 준다고 하였다. 이것은 일정한 주문 양식에 원하는 배달 날짜, 학생 수, 읽기 수준, 원하는 관련 주제 등을 기록하여 제출하면 학교로 직접 배달해 주는 서비스이다. 물론 원한다면 노르웨이어 이외의 다른 언어로 된 자료도 대출을 받을 수 있다.

학급 내 대출인 클래스 라이브러리의 경우는 나이 수준에 맞는 35권 이내의 소설과 논픽션 등을 1학기 또는 원하는 경우에는 1년 동안 대출 가능하다고 한다. 역시 이중 언어 학습자를 위한 외국어로 된 책도 대출할 수 있으며 그 외 오디오북, DVD, 교육 프로그램이나 영화, 음악 자료 등 미디어 자원도 대출 항목에 포함된다. 또한, 학생들의 과제 및 프로젝트 작업에 대한 자료도 지원하고 있다.

1층 로비에 전시된 건축 조감도가 눈에 들어와서 봉사자와 눈을 마주치니 2018년에 완공 예정인 새로운 도서관으로 현재 노르웨이 오페라하우스 부근에 세워지고 있다고 했다. 이 미래의 도서관은 시민들의 복합 문화 공간으로 계획된 신개념의 도서관이 될 거라며 도서관과 문화가 만나는 현장에 대한 기대를 그녀의 목소리에서 느낄 수 있었다. 도서관과 음악, 미술과의 접목은 익히 알고 있지만, 그 외 또 다른 무엇이 도서관으로 들어올 수 있을지 나 역시 궁금하다.

2018년 완공 예정인 도서관 조감도

날짜와 시간이 적힌 대기 번호표
우리의 은행 번호표와 아주 흡사하다

'번호표를 당기시오'

사서를 만나려면 대기 번호표를 뽑아야

로비를 지나 2층 입구 쪽으로 발걸음을 옮긴다. 은행에서 많이 봤던 대기 번호표 기계가 눈에 띈다. 도서관 내의 '은행 업무를 보는 곳?'이라는 추측을 깨고, 이곳은 번호표를 뽑아 대기하고 있다가 호출이 되면 사서에게 질문을 하거나 정보 서비스를 받을 수 있는 서비스 장소이다. 도서관에서 차례를 기다리는 대기 번호표를 운영할 정도로 이용자가 많다고 한다.

사서 3명은 컴퓨터가 놓인 각각의 책상에 앉아 있는데, 사서들 간의 공간 사이는 칸막이가 없이 열려 있다. 대기 번호표를 뽑고 기다리던 나이 지긋한 할머니는 순서가 되자 호출한 사서 앞으로 가서 자신에게 필요한 정보를 상담한

아름다운 삶, 아름다운 도서관

후 사서와 함께 서가로 이동해 책 한
권을 뽑아 같이 제자리로 돌아온다. 오
는 중에도 서로 오랫동안 이야기를 주
고받는 모습이 참 정감 있어 보인다.
낯선 이곳에서 나 역시 이용자가 되어
번호표를 뽑고 앉아 기다렸다. '북 보
트book boat'에 대한 정보와 한국 책을
찾아 읽어 볼 수 있는지를 물으니 컴퓨
터 검색을 하면서 바로 그 자리에서 북
보트 사이트도 알려 줌은 물론이고 원
하던 책도 찾아 준다. 이 지역 주민이
아닌데도 아무 거리낌이 없이 일상적
인 모습으로 편하게 서비스해 주었다.
이것은 이곳에서만이 아닌 노르웨이에
서의 일반적인 도서관 모습이다. 베르
겐 공공도서관에서도 그랬듯이 여기서
도 정보 서비스 제공이 생활화된 모습
을 눈으로, 몸으로 확인할 수 있었다.

❶ 번호표 순서가 되자 사서에게 다가가는 이용자

❷ 필요한 서비스를 상담하는 이용자

❸ 서가에서 책을 찾아 돌아오는 사서와 이용자

서비스의 이원화 [정보 서비스 VS 대출 반납 서비스]

앞서 말했듯이 이곳은 대기 번호표를 갖춰 놓을 정도로 많은 이용자가 정보
서비스reference service ('참고 서비스'로 번역되나 현재 우리나라에서는 '정보 서비스'
안에 '참고 서비스'가 포함되어 '정보 서비스'로 통용한다)를 찾는다. 정보 서비스는

사서가 바로 알려 준 북 보트와 관련된 사이트　　　서가에서 찾아 준 한국 문화 사전

전문 교육을 받은 사서가 담당하는데, 이들은 정보 검색뿐 아니라 컴퓨터 관련 능력이 뛰어나며 매우 친절하다. 그래서 이용자의 질문에 바로 응하여 대답하면서, 재빠르게 서가까지 인도해 주기도 한다. 그리고 정보 서비스는 담당 업무 시간을 정해 교대로 하고 있었는데, 우리가 잠시 다른 곳을 둘러본 사이 역시, 새 얼굴의 사서들이 교대하여 이용자와 마주하고 있었다. 이는 교대 근무시간을 둠으로써 이용자들에게 친절하고 질 좋은 서비스를 제공함과 동시에 사서들의 집중도를 높여 주는 두 마리 토끼를 잡기 위함이다.

이렇게 다이크만스케 도서관은 대출과 반납 처리를 담당하는 카운터의 어시스턴트와 이용자의 문의를 담당하는 전문 사서의 정보 서비스로 이원화시켜 전문적인 사서의 역할이 좀 더 부각된 느낌을 받았다.

매주 토요일이면 나는 딸 아들과 함께 동네 공공도서관을 찾는다. 주로 읽고 싶은 책을 찾아 대출과 반납 서비스만을 받아 왔기에 응당 아이들도 그러는 줄 알고 있으며, 간혹 대출 반납에 문제가 생겼을 때라야 사서와 얼굴을 맞대고 이야기를 하는 줄로만 알고 있다.

이제까지 도서관을 들락날락하면서도 사서의 전문적인 정보 서비스를 받아 볼 수 있다는 생각은 해 보지 않았던 것이다. 만약 다른 서비스를 받고자 하는

아름다운 삶, 아름다운 도서관

생각이 있었을지라도 책 정리와 대출 반납 업무, 그리고 월별 도서관 행사로 이리저리 바쁜 사서들에게 오히려 폐를 끼쳐 업무에 지장을 줄까 싶어 말을 아꼈을 것 같다는 생각도 든다.

초등 4학년인 아들이 과학 조사 숙제가 있다며 내게 도움을 요청할 때, 비치된 백과사전을 찾아보거나, 자연과학 400번대 서가 사이를 오가며 숙제와 관련 주제를 언급하는 책이 혹시 있나 목을 빼고 두리번두리번하던 일이 떠오른다. 왜, 사서에게 참고 도서를 요청할 생각은 하지 못했을까?

필요하지만, 우리는 아직 어려운 정보 서비스

현재 우리나라의 도서관 내에서는 정보 서비스와 대출 반납 서비스가 확연하게 구분되어 있지는 않지만, 사이버 공간에서 정보 서비스를 따로 두어 운영하고 있는 도서관은 쉽게 찾아볼 수 있다. 차츰 서비스 이원화의 필요성을 느끼기 시작하면서 한 걸음 한 걸음씩 발걸음을 떼고 있는 중이다.

그중에서도 서울도서관은 온라인 지식 정보 서비스를 잘 운영하고 있는 곳 중의 하나이다. 서울도서관에서는 온라인 지식 정보 서비스를 통하여 서울 행정과 정책 연구, 서울학에 관한 지식 및 정보에 대해 사서가 도서관 소장 자료를 중심으로 답변을 제공하는 정보 서비스를 운영하고 있다. 서울 지식 정보 서비스를 통해 이용자의 자료 요구에 관련 단행본, 학위 논문, 학술 기사, 데이터베이스 안내 등을 꼼꼼히 답변해 주고 있다. 또한, 도서관 본연의 기능과 정보 제공의 중요성을 알리기 위해, 일정한 시간에만 대출과 반납을 하고 나머지 시간에 정보 서비스를 시도한 곳도 있다. 용인의 느티나무도서관이 바로 그곳이다.

느티나무도서관은 지난 2013년 여름부터 오전 10시, 오후 1시, 오후 6시, 오후 9시 총 4차례, 각 1시간씩만큼을 대출 반납 서비스를 제외한 정보 서비스 시간으로 운영했다. 그러나 이용자들의 측면에서 볼 때, 생소한 운영 방식이 조금은 낯설기도 하고, 아무 생각 없이 대출 반납하러 왔다가 1시간을 기다려야 하는 이용자들의 불편함이 피부에 와 닿아 현재는 기존 운영 시간을 줄여 하루 두 차례로 축소하여 운영하고 있으며, 한발 더 내디뎌 앞으로는 아예 정보 서비스 코너를 따로 만들어서 이용자 편의를 고려한 도서관으로 거듭날 계획도 그려 보고 있다고 한다.

영화 '로렌조 오일'은 불치병에 걸린 아들을 구하기 위해 부부가 백방으로 노력한 끝에 치료약을 만들어 내는 감동적인 실화 이야기로 알려져 있다. 여기에서 부부는 병의 치료 방법은커녕 병의 원인조차 정확하게 밝혀지지 않는 극한 상황에서도 매일같이 도서관을 드나들면서 의학과 생화학 서적을 뒤지고, 논문을 독파하여 '부신백질이영양증ALD'에 대한 자료를 수집하는데, 여기에서 부부가 당연히 받은 사서의 정보 서비스는 답을 찾아가는 과정에서 없어서는 안 될 조력자의 역할을 톡톡히 해 주었다.

필요하다 여기지만, 역시 가장 어렵다고 여기는 정보 서비스. 진정한 정보 서비스는 도서관과 사서의 일방적인 노력과 연구보다는 이용자와 사서의 소통이 활발하고 정보 서비스에 대한 이용자의 요구가 일상적인 모습으로 인식 될 때 비로소 이루어지는 것이 아닐까 싶다. 우리에게도 '로렌조 오일'에서 본 도서관 모습이 펼쳐질 날이 언젠가는 오지 않을까?

실용의 미를 살린 도서관의 틈새 공간

입구의 직원 서비스 공간을 지나쳐 들어가면 높다란 도서관 천장을 따라 자연히 시선이 하늘로 올라간다. 낮에는 태양의 빛을 내뿜어 추위에 익숙한 이

3층 도서관 입구의 전경

한 사람 한 사람에게 최선을 다해 봉사하는
다이크만스케 도서관

2층에서 내려다본 도서관 모습

아름다운 삶, 아름다운 도서관

들에게 따스함을, 밤에는 별빛이 쏟아져 내릴 듯한 낭만과 꿈을 도서관을 찾는 이들에게 선물로 주려는 걸까? 하늘의 모양을 본뜬 듯 둥그런 천장이 그대로 들어온다. 순간 김제의 지평선학교 도서관이 오버랩되었다. 도서관 이름인 '지혜의 숲'에 걸맞게, 나무 모양 기둥 10개가 천장을 떠받치고 천장으로 난 창을 통해 햇볕이 도서관을 비춰 따스함이 전해지도록 설계된 지평선학교의 도서관. 천장이 열린 건축에 대한 충격, 그리고 우주와 소통하는 별들이 쏟아지는 듯한 느낌에 감격했던 것이 엊그제 일 같았는데, 멀고 먼 오슬로에서도 다른 듯 닮은 모습이 눈앞에 그려지니 참으로 반갑고도 정겹다.

천장에서 시선을 바로 내리면 배 두 척이 지식의 바다를 항해하듯 돛을 펴 자리 잡고 있는 것으로 착각하기 십상이다. 그 모양새가 배의 돛을 형상화한 듯 보이기 때문인데, 마치 두 손으로 모은 듯 조명 기둥이 둘러 있고, 기둥 안

3층 벽면 양쪽으로 전시용 고서들이 꽂혀 있다

한 사람 한 사람에게 최선을 다해 봉사하는
다이크만스케 도서관

▲ 중앙의 열람실 모습
◀ 바깥쪽에서는 여러 종류의
　신문을 볼 수 있다

아름다운 삶, 아름다운 도서관

부담 없이 책이나
잡지를 볼 수 있는
개인 공간

쪽으로는 테이블과 의자를 두어 이용자가 활용할 공간을 만들었다.

2층 일반 자료실 한쪽에는 인터넷을 이용하여 자료를 검색할 수 있도록 하였으며, 3층 벽면은 유럽 전통의 서가를 두어, 대출 불가인 고서들을 전시용 책으로 채워 놓았다. 양 벽면 안쪽으로 간단한 탁자와 의자를 배치하여 부담 없이 신문이나 잡지를 볼 수 있도록 개인 공간을 여러 곳 두었다. 또한 서가 뒤쪽에 있는 자투리 공간을 활용해 배낭이나 개인 짐들을 따로 정리하고, 걸 수 있게 하여 외관상으로도 깔끔하다.

기본 공간의 배치가 층이나 벽 중심이 아니라 방 중심으로 이루어지며, 보이는 공간과 보이지 않는 공간 사이, 즉 틈새 공간의 활용도가 눈에 띄게 좋았다. 이런 점은 또다시 우리나라 정읍에 있는 기적의 도서관을 떠오르게 한다.

정읍 기적의 도서관은 아이들의 역동성을 끄집어내기 위한 환경으로 구성되

어린이실 입구
노르웨이어 낱말들이 양쪽 문에 붙어 있다

었다. 튀어나오기도 하고, 구부러지기도 한, 입체적인 공간을 구성하여 어린이들이 자유로운 상상과 발견의 즐거움을 경험하며 자랄 수 있도록 설계했다는 관계자의 설명이 아직도 머릿속에 선명하게 남아 있다. 또한 자투리라 할 수 있는 건물 옥상조차도 새로운 공간의 개념으로 활용하였다. 이 두 곳은 일반적인 도서관이 주는 사각형 구조의 닫힘과 딱딱함에서 벗어나 이용자들에게 편안함과 자유로움을 줄 수 있다는 점에서 앞으로 지어질 도서관 구조의 방향성을 제시해 준다.

다양한 방문자의 목적을 충족해 주는 도서관

1층 어린이 자료실로 자리를 옮겼다. 초등학생 아이들이 삼삼오오 그룹을 지

도서관에 비치된 다양한 보드게임　　　　　비디오게임 공간　　　　　컴퓨터 게임을 하고 있는 어린이들

어 함께하고 있다. 여자아이 두 명은 블로그를 검색하기도 하고, 남자아이들도
핸드폰 게임을 하고 있다. 심지어 대형 텔레비전 앞에서 비디오게임을 하는 모
습에 놀랐다. 안쪽에는 함께 숙제를 하는 그룹도 있었다.

　그중 우리와 외모가 비슷해 보이는 아이가 있어 '혹시 한국인이 아닐까' 하
는 기대로 말을 건넸다. 반갑게도 역시 한국인! 하지만 네 살 때 이곳으로 이민
와서 우리말은 전혀 못 했다. 도서관에는 책 보는 것만이 아니라 친구를 만나
서 함께 음악을 듣고, 보드게임을 하거나 숙제를 하고, 또는 방과 후에 쉬고 싶
어서 방문하는데, 숙제하다가 모르는 부분에 대해서는 사서에게 도움을 요청
하고 있다고 한다.

　'아이들이 도서관에서 참으로 다양한 일들을 하고 있구나!' 하고 생각했는
데, 옆에 준비된 팸플릿을 보니 우리가 방문한 그날도 진행되는 도서관 프로그
램이 있었다. 보드게임 프로그램이 그것이다. 책 읽는 프로그램이거나 책 관련
프로그램이 아닌 보드게임이라니 생소하여 나도 모르게 웃음이 난다. 이 역시
아이들을 도서관으로 이끌기 위함인데 '새로 짓는 도서관에는 복합 문화 공간
의 기능이 강조될 것'이라고 말했던 자원봉사자의 설명이 떠오른다.

음악실 전경.
CD를 케이스 없이 각각 비닐에 담아 주는 것이 특징이다

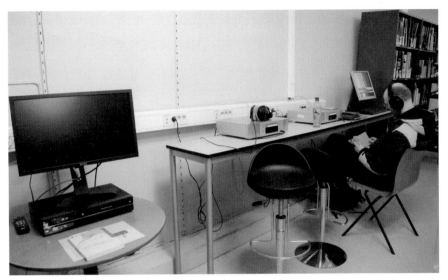

음악실 한편에 마련된 음악 감상 공간

음악가 관련 서가

음악가에 관한 책뿐 아니라, 작곡가별 악보도 비치되어 있다

아이의 말을 따라 들어가 본 음악 서가에는 유명 음악가들의 책뿐만이 아닌 악보들과 더불어 그들의 음악을 직접 감상할 수 있는 CD 자료와 감상 시스템이 잘 갖추어져 있고, 문화 관련 각종 홍보 포스터가 게시되어 있었다.

우리는 도서관을 방문한 몇몇 사람들에게도 방문 목적을 물어보았다. 중국 이민자였던 한 남자는 자신이 하는 가구 만들기에 대한 디자인을 구상하고자 왔다고 했고, 아이를 데리고 왔던 어느 부인은 도로와 관련된 업종에 종사하고 있는데, 그와 관련된 기초 조사 자료를 찾고자 사서를 만나려 한다고 했다.

이처럼 다이크만스케 도서관은 다양한 연령층과 목적이 다른 이용자들에게 필요한 욕구를 충족시켜 주고 있었으며, 이를 위해 부드러운 미소와 편안한 말을 건네는 사서는 이용자의 요구에 따라 한 사람 한 사람에게 최선의 서비스를 제공하고 있었다. 다 함께 잘 살자는 사민주의와 행복 추구의 가치가 도서관에서도 잘 스며들어 있었다. 오늘도 편안한 서비스와 개인의 다양한 욕구를 충족시켜 주는 도서관이 사람들을 모이게 한다. 외모와 언어가 다른 나 같은 이방인이라 할지라도 말이다.

아름다운 삶, 아름다운 도서관

지역의 특성을 반영한 도서관

뇌레브로 도서관   Nørrebro Bibliotek

기정아   경기 신천고등학교 교사

Nørrebro Bibliotek

홈페이지	http://demo.bibliotek.kk.dk/biblioteker/norrebro
주소	Bragesgade 8, 2200 København
이메일	bibnoe@kff.kk.dk00
연락처	45 35 85 68 53

덴마크 방문 일정 중 미리 섭외한 중등학교가 방문 하루를 남겨 놓고도 일정에 대한 확답이 없다. 여행 중에도 계속 마음을 졸이며 연락을 기다렸지만, 현재 논의되고 있는 교육개혁 때문에 어려울 것 같다고 한다. 결국 방문 전날 부랴부랴 코펜하겐에서 우리가 갈 수 있는 이동 거리 내의 공공도서관을 검색했다. 약 20여 곳 정도의 도서관 중 일정상 방문에 무리가 없으면서도 특색 있는 곳으로 찾아본 곳이 뇌레브로 도서관이다. 홈페이지에서 살펴본 바로는 숙제 도우미 서비스, 법률 지원 서비스, 경제 관련 상담, 유아를 위한 책 가정 방문 서비스 등 다양하고도 다소 이색적인 도서관 사업이 이루어지는 역동적인 도서관일 것 같은 느낌이 들었다. 급히 방문을 요청하는 전화를 걸어 인터뷰는 어렵겠지만 방문은 괜찮다는 허락을 받은 후에야 가슴을 쓸어내렸다. 이렇게 해서 탐방 계획에 없었던 덴마크 공공도서관 한 곳을 방문하게 되었다.

지역의 특성을 고스란히 반영하다

우리가 도착한 곳은 차로에서 접근성이 좋은 길가에 있었다. 깨끗하고 쾌적한 주변 경관과 인구의 40퍼센트가 자전거를 이용한다더니 도로와 경계가 없

은은한 조명이 있는 도서관 외부

넓은 창문으로 도서관 내부가 보인다

는 도서관 앞 자전거 거치대에는 자전거가 즐비하게 세워져 있었다. 한쪽 벽면 위쪽에 있는 그래피티와 삼각 지붕 4개 아래 커다란 창 안으로 환하게 밝힌 전등과 가지런한 서가의 책들, 자유로이 다니는 사람들이 훤히 들여다보인다. 도서관 입구 양편의 작은 등은 오전인데도 은은한 노란빛을 내고 있었다. 일찍 어두워져 늘 창가에 양초와 램프로 은은하게 밝힌 북유럽 가정에서 느껴지는 특유의 온기가 느껴진다. 건물은 깔끔하면서도 편안한 느낌을 주었다.

내부에 들어서니 단층으로 길게 이어진 공간은 굵고 큰 기둥이 없어 그런지 시원스레 한눈에 다 들어왔다. 삼각 모양의 높은 지붕 덕인지 천장이 높고, 길게 줄 서듯 이어진 전등으로 인해 공간이 더욱 넓고 밝게 느껴졌다. 지붕 위에 뚫린 창으로 채광이 잘되어 도서관 안은 편안하고 아늑했다.

구분은 따로 하지 않았지만 양 끝에는 어린이실과 조용히 공부를 하거나 노트북 작업을 할 수 있는 공간이 마련되어 있었다. 전체적으로 모던하고 심플한 느낌이었다. 앉으면 엉덩이가 쏙 들어갈 것 같은 아르네 야콥센Arne Jacobsen의 디자인으로 보이는 의자들과 벽면을 둘러 전시된 그림과 서가의 한쪽 면에 규칙적으로 걸려 있는 그림들의 원색적인 색깔. 서가에 꽂힌 책등의 색깔들은 어쩜 이렇게 알록달록 색감이 예쁜지. 붉은색의 북 트럭. 페이지를 구긴 책들을 모아 붙여 놓은 패널. 작은 화분들과 소품들. 평범한 도서관 내부에 하나하나가 개성 있는 포인트가 되고 있었다. 넓은 서가 사이사이에 드문드문 놓인 테이블과 의자에 편안하게 앉아 책을 보는 사람들. 물리적 환경과 그것을 이용하는 사람들이 한데 어우러져 따뜻하고 편안한 분위기를 만들어 내고 있었다.

곳곳에 히잡을 쓴 여성들과 덴마크인은 아닌 것 같아 보이는 남성들도 여럿 보였다. 다양한 인종의 사람들이 눈에 띄어 그런지, 우리 일행도 카메라를 들고 곳곳을 호기심 있게 다니는 것만 아니었다면 피부색이 다르다고 크게 주목

도서관 내부

어린이실 모습

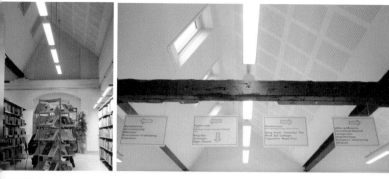

도서관 내부 천장

빨간 북 트럭과 서가에 있는 알록달록 예쁜 책들

도서관 벽면에 전시된 그림들

모던하고 심플한 느낌의 의자와 작은 화분들과 소품

도서관을 이용하는 이민자들

인터뷰에 응해 준 도서관 직원

받을 것 같지는 않았다. 10명 남짓한 낯선 이방인들의 분주하고 산만한 동선과는 달리 도서관 내부는 평안하기만 했다. 누군가 이 도서관에 대해 안내해 줄 사람을 애타게 찾던 우리는 직원 한 사람을 찾았고, 그는 전혀 당황하거나 싫은 내색 없이 반갑게 우리를 맞았다. 우리의 갑작스러운 방문에도 불구하고 3시 미팅이 있기 전까지는 인터뷰에 응할 수 있다고 했다. 북유럽 사람들은 그다지 친절하지 않은 무뚝뚝하고 덤덤한 성격이라고 들었는

아름다운 삶, 아름다운 도서관

여러 나라 말로 환영 인사가 쓰인 도서관 입구

데, 우리가 탐방 중 들른 도서관에서 만난 사서들은 꼭 예약된 방문이 아닌 경우에도 우리의 질문과 방문을 귀찮아하는 기색을 보이지 않았다. 늘 도움을 요청하는 이용자들에게 익숙해져 그랬을 수도 있지만, 이 직원 역시 넘치는 친절은 아니지만 자신이 할 수 있는 범위 내에서 성심성의껏 우리의 질문에 답해 주었다.

도서관 벽면의 포스터

뇌레브로는 코펜하겐 북서쪽에 위치한 도시로 코펜하겐 전역에서 가장 이민자가 밀집된 지역이란다. 그제야 곳곳에 히잡을 쓴 여성들과 중동인인 듯한 남성들이 많이 보였는지 이해가 갔다. 그리고 무심히 지나쳤던 도서관 입구에 있는 다양한 언어들로 쓰인 인사말도 눈에 들어왔다. '환영'이라 쓰인 우리말도 보인다. 벽면에 걸린 포스터의 인물들도 다양하다. 도서관 한편에 다양한 언어로 된 책들이 구비된 국제 도서관 코너는 이민자들이 많은 이 지역 주민을 위한 것이다. 이곳은 대학생들에게도 살기 좋은 곳이라 젊은 대학생 이용자도 많다고 한다.

　이민자들의 낯설고 새로운 문화와 젊은 문화가 함께 어우러지는 활기찬 도시의 느낌이 연상되지만, 과거에는 불법 이민자들이 가장 많이 사는 곳이었다고 한다. 그래서 이민자들이 빚어낸 문화의 충돌과 갈등이 큰 지역이었다고 한다. 지금은 많은 노력으로 도시가 밝고 활기차졌는데, 코펜하겐의 중앙역 근처 바나나 공원이 그 사실을 잘 보여 준다. 실용적 디자인으로 유명한 덴마크는 도시 공간을 개선하는 데 디자인을 적극 활용하여, 어둡고 범죄의 온상으로 여겨지던 공간을 바나나 모양의 노란색의 밝고 따뜻한 공원으로 탈바꿈하는 데 성공하였다. 이들의 디자인이 환경과 삶을 위한 공간 구성에 얼마나 크게 기여하고, 생활 저변에까지 깊숙이 영향을 미치고 있는지를 잘 보여 준다.

이민자들을 위한 다양한 서비스

　이 도서관은 책 4만 권, DVD 2천 개, CD 6500개, 잡지 200여 종과 신문이 구비되어 있으며, 이민자들을 위한 다양한 서비스를 제공하고 있었다. 과거 이민 자율화 정책으로 난민과 망명자 수가 증가했던 덴마크는 세계 최초로 사회 통합법을 제정할 정도로 다문화 사회에 적극적으로 대처하였다. 그 이후 이민 제한 정책을 추진하기도 했으나 덴마크 사회 통합 정책의 핵심은 이민자들을 위한 덴마크어 교육과 직업교육이다. 도서관에서는 숙제 도우미, 법률 상담, 유아를 대상으로 한 북 스타트 활동 등으로 이민자들을 지원하고 있다.

　숙제 도우미 서비스는 3학년에서 7학년을 위한 시간이 따로 배정되어 있고 나머지 사람들을 위한 시간이 따로 있다. 주로 자원봉사자들이 돕는데 월요일에서 목요일까지 매번 시간이 되는 만큼, 대개는 2시간 정도인데 더 오래 하기

서가를 이용하는 이용자와 DVD, CD코너

도 한다. 자원봉사자들은 덴마크의 난민들을 위한 단체에서 지원된 사람들이고, 도서관에서는 필요한 장소와 시간만 알려 주면 지원받을 수 있다고 한다. 4시가 넘어 가자 갑자기 아이들 이용자가 많아졌다. 아이들은 컴퓨터를 하기도 하고, 자료를 검색하기도 하고, 책을 보는 등 제각각 분주했다.

이곳에서 말하는 숙제 도우미 서비스는 학교에서 내는 숙제 풀이가 아니라, 아이들이 스스로 공부할 수 있도록 돕는 것을 의미한다. 학교에서도 토론과 질문식으로 수업을 진행하니 숙제 도우미 역시 엄숙하고 조용한 열람실같이 폐쇄된 공간을 제공해 주는 것이 아니라 전자도서관의 데이터베이스 시스템과 책을 이용할 수 있는 방법을 알려 준다. 요즘에는 자신의 것을 가져와 많이 사용하기는 하지만 노트북도 구비되어 있다. 학교와도 연계하여 활동하는데, 학교 측에서 필요하면 연락해서 학생들을 도서관으로 데려오기도 한다. 가령 지리, 생물 숙제를 해야 한다면 필요한 책을 상자에 담아 가져갈 수 있도록 하고 있다.

숙제 도우미 서비스와 함께 인상적인 것은 유아를 대상으로 하는 책 가정방문 서비스였다. 이곳에는 만 2세 미만의 아이들이 있는 집에 전화를 해서 아이들이 독서를 하도록 권해 주는 직원이 있다. 12명 정도 되는 직원 중에 책 가정방문 서비스 담당자는 사서 업무는 하지 않고 그 일만 한다고 한다. 부모와 태어난 아이들을 대상으로 책을 권해 주는 일은 우리나라에서도 11년째 그 뿌리를 탄탄히 이어 오고 있는 북 스타트 활동이 있었기에 그리 낯선 이야기는 아니었지만, 사서가 직접 가정방문을 한다는 말에 흥미로움과 궁금증이 가득해졌다. 안내해 준 직원이 우리 일행의 호기심 가득한 연이은 질문에 책 가정방문 서비스 담당자를 직접 만나게 해 주겠다고 한다. 잠시 후 그 담당자는 굉장히 밝은 표정과 어투로 우리를 반겨 맞았다.

사서가 가정방문을 한다?

가정방문을 하는 사서라는 말에 몹시 놀라웠는데, 미리 약속도 되어 있지 않은 상황에서 이렇게 쉽게 만날 수 있다니 완전 행운이었다. 우리의 계속되는 질문에 직접 책 상자를 가져 와서 책상 위에 펴 놓고 설명해 주었다. 아이들마다 네 박스를 받게 되는데, 일단 태어나고 6개월 때 직접 방문해서 부모에게 축하 인사와 함께 책 읽어 줄 것을 조언하고, 1년 차에 새 책으로, 18개월 때 편지를 보내 이제는 도서관에 올 것을 초청한다. 세살 때는 가정 또는 아이가 다니는 유치원에 전달하는 책 박스가 있다고 한다.

각 시기별로 받는 책 상자 안의 책들은 다들 색감이 무척 예뻤다. 그 안에는

아이들에게 전해지는 책 상자와
그 안에 들어 있는 책과 장난감

냉장고에 붙여 놓고 볼 수 있는 안내서가 있다. 아이들에게 책을 어떻게 읽어
주는 것이 좋은지, 부모들이 덴마크어를 못하거나 발음이 안 좋을 수 있는데
어떻게 책을 읽으면 좋을지에 대한 팁이 담겨 있다. 책 상자에 있는 책들은 특
별히 제작된 것은 아니고 시중에 나와 있는 책들로 선정한다. 공감할 수 있는
이야기를 하나 정도 갖추고 있으면 충분하단다. 하지만 주로 백인 중심으로 구
성되어 있어 이민자 아이들도 공감할 수 있도록 조금 교체했으면 한다는 바람
을 보였다.

　가정방문을 어떻게 하는지 궁금해하는 우리에게 책을 직접 읽어 주었다. 우
리의 반응을 요구하는 부분에서 만국 공통어인 '맘마'를 연신 따라 하며 우리
모두 책 내용에 흠뻑 빠져들어 버렸다. 우리말로 '엄마, 엄마' 하기도 했다. 딱

직접 책을 읽어 주는 사서

딱하고 어렵지 않아 어느 나라 사람이라도 아이하고 자연스럽게 동화되어 읽을 수 있는 그런 책 내용이었다. '엄마, 맘마'를 따라 하며 읽어 가다 보니 마음 한구석이 뭉클해졌다.

《불행한 프레디》라는 책을 한 권 더 읽어 주었다. 책 내용은 이렇다. 우울해 보이는 프레디에게 신발을 사 주면 행복해지지 않을까 생각한 엄마가 새 신발을 사 준다. 책을 읽어 주면서 "새 신발은 어쩜 좀 크지 않나요?" 하며 물으니, 이야기를 듣는 우리는 "커요."라고 말했다. 책 내용에 대한 반응을 묻기 위해 중간에 읽기를 멈추면 부모와 아이들이 '커요'라고 말할 수 있도록, '새로운 의자를 주면 행복해하지 않을까'라고 물으면 '어떻다'라고 답하는, 묻고 답하는 식으로 읽어 주었다. 실제 방문 가정에서도 물음에 대한 답으로 여러 가지 단어로 반응을 볼 수 있어, 이들이 답한 내용에 대해 함께 이야기하면서 대화를 이어 나간다고 한다. 덴마크어를 모르는 우리도 충분히 읽고 공감할 수 있는 내용과 구조로 이야기가 구성되어 있었다. 무엇보다 적극적이고 활발한 태도와 내용에 어울리는 다양한 표정, 몸짓, 손짓 등에 저절로 동화되어 버렸다.

이 프로그램은 국가적 프로젝트로 다른 지역보다 낙후된 지역을 대상으로 덴마크 전역에서 시행하고 있다. 담당자는 아이들의 데이터베이스를 이용하여 만 2세 된 아이들이 있는 가정에 편지를 보낸다. 책 박스들은 선정된 지역의 아이들

《불행한 프레디》

에게 주기적으로 전해지는데, 오디오북은 직접 읽지 못하는 부모 대신 이용한다. 이런 활동을 시작한 지는 국가적으로 4년이 되었고, 이것과 비슷한 간소화된 프로그램은 2003년부터 진행되었는데 현재는 연구진들이 이 효과에 대해 연구 분석 중이라 한다. 효과가 있는 것 같냐는 질문에 확신에 찬 목소리로 굉장히 효과가 좋다고 했다. 부모를 설득해서 아이들의 교육에 동의하도록 하는 점에서 그렇다 한다. 덴마크에 오래 살지 않은 외국인들이나 다른 문화권에서 온 이민자들은 덴마크어를 잘하지 못하며 이것이 나중에 아이에게까지 영향을 미치기 때문에 중요하단다.

낯선 가정에 방문하는 것이 얼마나 어색하고 어려울지. 게다가 언어도 잘 통하지 않아 방문 목적과 용건을 설명하는 길고 지루한 과정이 반복된다면 더욱 그럴 것이다. 방문 전부터 의욕이 떨어질 테지만, 일단 아이들을 만나 책을 읽으면 달라지는 부모의 눈빛이 그녀에게 지난 6년 동안 700여 가정을 방문하도록 하는 힘이 나게 만들었을 것이다. 담당자의 열정에 우리는 다들 놀라고 말

았다. 가정방문 시 6개월에서 1년 차 방문할 때는 한 시간 정도, 마지막 단계의 방문은 잠시 들르는 정도라 하지만 그 노력과 정성이 대단하다. 방문 전에 편지를 먼저 보내는데, 읽어도 이해를 못 하거나 방문 일시를 잊는 가정도 많다고 한다. 그래도 대부분은 들어와 차 한잔 나누도록 초대를 한다고. 자신의 일에 대한 열정으로 얼굴에 환한 미소가 가득한 이 낯선 덴마크인의 따뜻함이 이민자 가정에도 그대로 전해져서겠지. 이뿐만이 아니다. 이 사람은 뭔가 언어에 남다른 애정과 전문가적인 능력을 가지고 있다 생각되었는데 역시 단순한 사서가 아닌 덴마크 문학을 전공하고 오랫동안 이민자들에게 덴마크어를 가르쳐 왔던 경험이 있었다. 모국어도 잘 사용하지 못하는 완전 문맹인 여성들을 위한 센터에서 그곳 여성 또는 그 아이들과 책을 읽는 것이 가장 큰 보람이라 한다.

이민자들을 덴마크 시민으로 만들어 가는 북 스타트 운동

도서관을 돌아보며 느낀 것은 도서관이 굳이 책이 아니어도 찾게 되는 그들의 일상적인 공간이라는 것이다. 많은 CD를 구비하여 음악을 듣고 싶을 때 찾을 수 있고 학교 숙제를 해결하고 싶을 때, 법률 상담을 받고 싶을 때, 컴퓨터나 프린터를 이용하고 싶을 때 등. 이민자들도 낯선 곳에 와서 가장 쉽고 편하게 찾을 수 있는 곳, 또 그들에게 가장 필요한 것을 주기 위해 적극적으로 움직이는 도서관. 전 세계적인 추세가 책에 매여 있는 도서관의 이미지는 벗어난 지 이미 오래지만, 이곳 뇌레브로 도서관은 시민들에게 더 특별할 것도 없는 가장 일상적이고 일반적인 문화 공간으로 일상생활에 긴밀하게 연결되어 있었다.

우리가 만났던 사서는 도서관의 역할이 바뀌고 있어 예전에는 사서와 사무 중심으로 이루어졌었다면 이제는 문학, 커뮤니케이션을 전공한 사람들도 도서관에서 중요한 역할을 담당하고 있다고 한다. 또한 뇌레브로 도서관은 근처 스포츠 문화 센터와 문화의 집과 연합하여 함께 여러 가지 프로그램을 만든다. 코펜하겐에서 여러 문화 기관들이 함께 연합하여 다양한 프로그램이나 행사를 진행하는 것은 흔한 일이라 한다.

행복 지수 1위 하면 떠오르는 나라. 국민들의 기본적인 의식주에서부터 생활 저변을 복지라는 그물이 탄탄히 받치고 있어, 고민이 무엇이냐 물으면 한참을 고민해야 한다는 사람들. 덴마크는 이민자들 역시 한 사회의 일원으로 행복하고 안전한 생활을 누릴 수 있어야 한다는 생각으로 다문화 사회의 문제를 언어교육을 기반으로 한 북스타트 운동으로 풀어 가고 있었다. 언어라는 소통의 가장 중요하고도 기본인 수단을 유아 때부터 자연스럽게 접하고 배울 수 있도록 직접 찾아가는 서비스를 하는 도서관. 이민자들을 이방인이 아닌 한 사회의 구성원으로 자립할 수 있도록 하는 데 물질적인 보조와 함께 언어교육의 중요성도 놓치지 않은 이민 정책에서 사람을 중심에 두는 그들의 복지 정책의 정신을 엿볼 수 있었다. 다문화 사회 문제를 풀어 가는 그 중심에 도서관을 둔 것은 어쩌면 당연한 것인지도 모르겠다.

문화유산을 물려주기 위해
모든 자료를 디지털로 전환한

노르웨이 국립도서관 Nasjonalbiblioteket

이찬미 인천 청천도서관 사서

홈페이지 www.nb.no

주소 Henrik Ibsens gate 110, Oslo | Finsetveien 2, Mo i Rana

이메일 nb@nb.no

연락처 810 013 00

2014년 1월 22일, 노르웨이 국립도서관을 방문했다. 오슬로 도심 길가에 인접한 사각형 회색 건물은 입구에서 한참 걸어가야 나오는 권위적인 국가 공공 기관과 달라 보였다. 로비에 들어서니 정면에 노란 조명을 받는 둥그런 안내 책상과 제복을 입은 직원이 도서관 내부로 들어가는 이용자를 맞이한다. 이곳에 오기

얼마 전, 노르웨이 국립도서관은 모든 자료를 수집하고 디지털화 한다는 기사를 접했다. 무엇을 어떻게 하기에 왜 당당한 뉴스거리가 되는 걸까 궁금했다.

보관과 제공이 분리된 국립도서관

노르웨이 국립도서관은 2개 지점으로 나뉘고 직원도 절반씩 근무한다. 우리가 방문한 곳이 오슬로에 있는 지점으로 일반 도서관처럼 대출 반납, 참고 봉사 외에 전시회, 세미나 등도 진행한다. 반면 모이라나Mo i Rana에 있는 도서관은 산속 금고처럼 일부러 산에 지어 대중에 공개하지 않고 납본, 디지털화, 목록화, 보관의 역할을 한다. 약 1천 킬로미터나 떨어진 거리를 트럭으로 자주 오가는데, 시간이 이틀 정도 걸리며 모이라나에 있는 자료를 요청하면 즉시 오슬로로 이동한다. 두 도서관 모두 자료를 보관하는데 차이점이 있다면 오슬로에서는 직접 역사적인 유물을 관리하고, 모이라나에서는 새로 발간하거나 발견되는 자료를 맡는다.

오래전부터 여러 나라에서 공간 부족으로 인한 해결 방안으로 자료 보존에 대한 논의가 활발한데, 모이라나에 있는 국립도서관은 보관만을 위해 설치한 도서관이다. 모이라나라는 처음 들어보는 지명과 지도를 보고 왠지 사람이 거

각 도서관 위치 안내 지도   모이라나 도서관 내부 모습

의 살고 있지 않을 것 같은 어두컴컴한 동굴을 상상했다. 이 안에는 대체 얼마나 많은 자료가 숨어 있을까. 게다가 이곳에서는 자료 정리를 사람이 아닌 거대 로봇이 담당한다.

문득 대만 국립고궁박물관이 생각났다. 그곳도 아무도 모르는 산속 여기저기에 유물을 감추고 6개월마다 교체해 전시한다. 소장품이 너무 많아 다 보려면 30년이 걸린다고 할 정도이니 모이라나에 위치한 도서관도 그런 역할을 하는 게 아닐까. 방대한 자료를 사람 손이 닿지 않는 장소에 보존하고 철두철미한 보안과 관리로 지키는 역할 말이다.

노르웨이의 문화유산을 물려주는 특별한 납본

노르웨이는 책뿐만 아니라 악보, 음악, 방송, 인터넷 등 모든 종류의 출판물을 수집한다. 납본이 단지 법으로만 존재할 뿐 유명무실한 경우와 달리 노르웨이는 모든 종류의 출판물을 중앙 집중적으로 수집한다. 사실 납본법 내용으로 보자면 책만 수집해도 되는데 국립도서관이 나서서 모든 자료를 디지털화 하는 중이다. 비용도 많이 소요되고 끝이 보이지 않는 것 같은 험난한 길을 먼저 자처하다니! 이렇게 모든 매체를 납본하는 목적은 잘 보호하고 널리 퍼뜨려 노

아름다운 삶, 아름다운 도서관

르웨이 국민에게 이 나라의 문화유산을 남겨 주기 위해서다. 흔들리지 않고 단언하는 직원의 진지한 얼굴에서는 뭉클한 감동이 전해졌다.

이를 위해 노르웨이 국립도서관은 출판사, 방송사, 신문사 등 다른 기관과 긴밀히 협력할 뿐만 아니라 정당한 비용을 지출한다. 협력 기관도 도서관에서 가공하고 축적한 자료를 자유롭게 사용할 수 있어 서로 유익하다. 원활한 작업을 위해 기계에도 많은 비용을 투자하는데 스캐너 34대, 시청각 스캐너 19개를 보유하고 있다. 다른 도서관과 달리 국립도서관은 다른 기관에 위탁하지 않고 직접 스캔을 한다. 장기적 안목으로 보면 오히려 비용이 더 저렴하고 효과도 높다. 스캔하는 자료마다 장당 비용이 책정되는데 작년에는 약 100만 유로(한화 약 14억)가 소요됐다. 오직 디지털화에 소요되는 엄청난 비용인데도 직원은 이 모든 게 노르웨이 문화유산이기 때문에 마땅한 것이라고 다시 한 번 힘주어 말했다.

신화가 살아 숨 쉬는 도서관

노르웨이 국립도서관은 북유럽 신화에 대한 모티프로 구석구석을 장식한다. 각 내부 구조는 북유럽 신화의 등장인물을 인용했는데 예컨대 식당은 전사가 죽으면 가는 천당인 발할라Valhalla의 주방장 이름이고, 메뉴는 그가 즐겨 만든 멧돼지 음식 이름을 딴 것도 있다.

본관 2층에서 1층으로 내려가는 복도와 좌우 정면 벽에는 그림 3개가 걸렸다. 먼저 왼쪽 그림은 1933년 파리에 주재하는 노르웨이 대사가 기증한 작품이다. 그린 이는 1차 세계대전 당시 위생병이라고 한다. 그림 속 내용은 노르웨이 신화를 가리키는데 라그나뢰크Ragnarök를 예언한 점쟁이 노파와 토르, 오딘의 까마귀, 위그드라실Yggdrasil이 등장한다. 생소한 용어가 많이 나와 조사해 보니

도서관 왼쪽에 증축된 서고와 사무실

아름다운 삶, 아름다운 도서관

도서관 카페 겸 식당 ｜ 도서관 천장, 채광창이기도 하다

라그나뢰크는 북유럽 신화에 나오는 세계 종말의 날을 가리키는데 여러 신과 악마들의 싸움으로 온 세상이 멸망한다고 한다. 반대로 위그드라실은 세계를 지탱하는 생명수다. 정면 그림에는 1차 세계대전과 히틀러의 정원, 기계화된 사람, 잠수복, 비행기 등이 나타나 전쟁과 관련된 부정적인 느낌을 주는데 이는 곧 새로운 라그나뢰크를 의미한다. 마지막 오른쪽 그림에는 인형처럼 보이는 벌거벗은 남녀가 나오는데 라그나뢰크 이후 첫 인류의 탄생이자 새로운 시작을 의미한다. 그림 속 여자가 보고 있는 석판의 글자는 학자들 사이에서 의견이 분분한데 100퍼센트 해석이 불가하다. 그중에 가장 지지를 얻는 설은 텅 비어 사람들이 새로 채워 나가는 타불라tabula라고 하는데 이 말은 라틴어로 '아무 의미도 없는, 시작'을 뜻한다.

북유럽 신화는 다른 나라 신화에 비해 좀 더 어둡고 잔인하면서도 독특한 색채를 띤다. 어쩌면 춥고 캄캄한 기후에서 비롯된 것일까. 그중에서도 영화 주인공으로도 익숙한 번개의 신 오딘, 토르 등 노르웨이를 배경으로 삼은 것이 많다. 또한 북유럽 신화는 국립도서관에 걸린 그림처럼 천지창조와 종말을 주제로 한 것이 많다. 그림을 보며 신화를 통해 세상을 예언하고 새로운 미래를 기대하는 열망이 느껴졌다.

　보통 신화는 한 나라 최고의 문화 정수로서 민족의 정체성을 드러낸다. 국가 공공 기관인 도서관, 박물관 등에서 신화로 내부를 꾸미고 자랑하는 일은 당연한 일일지 모른다. 여기 노르웨이 국립도서관도 마찬가지 사례 아닐까. 오늘날 북유럽 신화는 영화와 게임의 주요 소재로 쓰인다. 스토리텔링이 강력한 힘을 발휘하는 시대에 과거에서 이야기를 꺼내어 미래를 바라보는 북유럽 신화가 노르웨이의 발전의 힘이 되고 자부심이라는 사실을 체감했다.

복도에 있는
북유럽 신화 그림

그리그를 기억하는 음악 살롱

오슬로 대학 도서관을 모태로 삼은 국립도서관은 납본법이 개정되면서 지금의 국립도서관으로 옮겨져 탄생했는데 고풍스러우면서도 낭만적인 분위기가 돋보인다. 국립도서관 곳곳에는 동상과 그림이 중요한 사람인 것처럼 눈길을 사로잡는다.

우리가 처음 안내된 세미나실은 피아노와 동상, 그림과 악보, 고서가 벽면을 채우고 있는데 원래 일종의 문화 살롱으로 음악 컬렉션이 여기에서 시작됐다

도서관 이곳저곳에 있는
고풍스러운 분위기를 더하는 동상들

아름다운 삶, 아름다운 도서관

고 한다. 동상은 노르웨이의 작곡가 그리그를 가리
키고 악보는 대부분 노르웨이 전통 멜로디다. 특히
이곳에 소장된 장서는 스웨덴 왕인 오스카르 2세가
노르웨이에 선물한 것으로 오스카르 2세를 필두로
스웨덴 베르나도테 왕조와 노르웨이 초대 국왕 칼
요한이 함께 수집한 컬렉션이다. 앞쪽에 있는 그랜
드피아노는 스웨덴 작곡가인 그리그의 친구가 기증
한 것이다.

노르웨이 초대 국왕 칼 요한의 초상화

노르웨이의 음악이 세계적으로 알려지게 된 데에
는 그리그의 영향이 크다. 〈페르 귄트 모음곡〉과 그
안에 있는 〈솔베이지의 노래〉 등을 비롯해 많은 곡
에는 노르웨이의 민족적 선율과 리듬이 많이 쓰이
고 있다. 그리그의 업적과 음악 컬렉션이 모인 이곳
은 국립도서관이 사랑하는 또 하나의 중요한 공간
이 아닐 수 없다.

세계기록유산, 인형의 집을 만나다

곧 이어 우리가 이동한 장소는 특별관으로 보물,
귀중한 컬렉션, 그리고 노르웨이 극작가인 입센의
원고와 편지를 보관한 곳이다. 특히 입센의 컬렉션
은 부인과 가족이 기부하거나 도서관에서 구입했다.
유네스코 세계기록유산이자 여성 해방과 평등을 주
장한 입센의 희곡 〈인형의 집〉 필사본은 이곳에서

고서들과 전통 멜로디 악보

〈인형의 집〉 필사본

소장하고 있는데 본래 원본과 이를 다시 깨끗이 베껴 인쇄한 필사본의 결말이 다르다고 한다. 원본은 주인공 로라가 집에 그대로 남는 장면으로 끝나지만 우리가 알고 있는 결말인 필사본은 집을 떠나는 장면으로 마무리된다. 이렇게 여성의 가출로 발표된 작품은 당시 가부장제 사회에 충격을 안겨 주면서 입센의 사상을 더욱 분명히 보여 준다. 이곳은 입센에 대한 자료를 모두 수집하는데, 2012년 한국에서 미국 극단이 자막을 삽입해 상연한 〈인형의 집〉조차 디지털화 한 자료로 소장하고 있다.

　원래 〈인형의 집〉 필사본은 일반에 공개하지 않는데 이 날은 특별히 멀리서 온 우리를 위해 특별관 담당 사서가 장갑을 끼고 꺼내 보여 주었다. 사진은 얼마든지 찍어도 좋으나 플래시만 터뜨리지 말아 달라, 행여 말하느라 침이 튈까 걱정이라며 웃기도 했다. 바스라질 것 같은 종이에 묻은 낡은 손때는 당대 역사적인 인물과 조우하고 있다는 기분을 안겨 주기에 충분했다. 흐릿한 글씨에서 거장의 숨결이 밀려오는 듯했다. 재미있는 사실은 이 필사본에 쓴 필체는 10년 전 입센의 필체와 달리 읽기 쉬운데 중간에 마음을 고쳐먹고 바꾼 것이라고 한다.

　노르웨이 국립도서관은 자국의 세계기록유산 3점 중 2점을 소장하고 있다. 가히 명성을 떨칠 만하다. 나머지 하나는 탐험가 아문센이 최초로 남극을 정복

　　　　　　　　아름다운 삶, 아름다운 도서관

각종 열람 장비가 가득한
도서관 자료실 내부

한 사건을 촬영한 필름으로 노르웨이 필름 보관소(영상 연구소)와 나누어 보관하고 있다.

모든 자료를 무료로 제공하는 디지털 서재

도서관 견학을 마치고 본격적으로 디지털 서재(bokhylla.no)에 대한 설명을 들었다. 디지털화 한 자료는 웹사이트 디지털 서재를 통해 전파하는데 이곳에서 1900~2000년대 자료, 즉 저작권이 소멸된 약 25만 개의 자료 전문을 무료로 열람할 수 있다. 저작자 사후 70년이 지나지 않으면 저작권이 유효해 함부로 제공할 수 없지만 저작권 협회와 협정을 맺어 2000년대 이전 자료까지 열람할 수 있다. 물론 PDF 파일로도 내려받을 수 있다. 작가들이 가입한 조합과 협정을 맺었는데 만약 작가가 자료 공개를 원하지 않으면 거부권을 행사할 수 있다. 하지만 지금까지 수거된 자료는 약 2천 권밖에 되지 않는다. 2001년부터는 개정된 저작권법 때문에, 모든 자료가 무료는 아니지만 2000년대 이후 자료는 열람은 가능하고 다운로드나 출력은 불가하다. 납본법은 모든 자료에 대해 보관 의무를 명시하지만 공개 권한까지 보장하지 않는다. 그러나 디지털 서재를 통해서라면 저작권법 때문에 공개할 수 없는 자료도 찾아볼 수 있다.

이를 위해 포괄적인 저작권 관리 단체인 코피노르Kopinor와 공식 허가 계약을 맺었다. 다른 디지털 도서관의 경우 저작자 1명마다 저작권 계약을 체결하는 데 반해 국립도서관은 코피노르를 통해 일일이 절차를 밟지 않아도 된다. 더구나 코피노르에 가입하지 않은 저작자의 자료도 서비스할 수 있는데 이곳이 회원, 비회원, 국외 작가뿐만 아니라 작가 미상과 지망생까지 한 번에 관리하고 저작자에게 요금을 나눠 주기 때문이다. 디지털 서재는 노르웨이 IP만 접근할 수 있다.

직원은 직접 스크린을 통해 디지털 서재를 어떻게 사용하는지 보여 주었다. 어떤 작가의 이니셜을 입력하자 그 사람의 이름이 나오는 책, 기사, 편지, 라디오 등 모든 종류의 자료가 검색됐다. 이를 위해 1860년대부터 발행한 노르웨이 기사는 모두 수집하고 스캔해서 단어, 문장만으로도 검색이 가능하도록 구현했다. 즉 어떤 사람이 무슨 말을 했는지까지

다 찾을 수 있다. 이렇게 하면 연구자에게 큰 도움이 되는데, 1970년대 시대상이 궁금하면 어떻게 보도됐는지 당시 영화, 신문 등으로 모든 내용을 확인할 수 있다. 실속 있는 자료를 이렇게 쉽게 찾을 수 있다니 연구자에게 정말 든든한 백그라운드 아닐까. 공부할 맛이 절로 날 것 같다.

디지털 서재에서 찾은 작가명 검색 결과

우리나라에는 오아시스(OASIS, Online Archiving & Searching Internet Sources)라는 프로젝트가 있다. 국립중앙도서관이 나서서 가치 있는 인터넷 자료를 수집하고 보존해 미래 세대에 제공하는 것이 목적이다. 2001년부터 추진해 2006년 홈페이지를 열고 지금까지 시행하는 중이다. 수집할 자료는 저작권을 소유한 기관이나 개인에게 동의를 얻거나 기증을 받는다. 키워드를 검색해 보니 웹사이트, 웹페이지, 웹 자료(PDF)가 검색되지만 종류가 그리 많지 않다. 홈페이지에 공개된 바로는 우리나라 오아시스의 추진 경과는 2011년에 멈춰 있는 상태다.

이 밖에 호주는 판도라PANDORA, 미국은 미네르바MINERVA, 영국은 TNA 등 프로젝트를 추진하고 뉴질랜드, 오스트리아, 크로아티아, 체코 등에서도 자국과 관련 있는 모든 웹사이트를 수집하고 보존한다. 그럼에도 노르웨이 국립도서관이 주목받는 이유는 역시 2006년, 모든 국민이 노르웨이 국립도서관 전 장서

우리나라 오아시스 프로젝트 홈페이지

를 온라인으로 볼 수 있는 프로젝트를 발표하면서 중세부터 현재에 이르기까지 소장 중인 장서 하나하나 모두 디지털화를 감행하기 때문 아닐까. 노르웨이 국립도서관이 소장한 가장 오래된 문서는 문화유산으로도 가치가 높은 14세기 초 교회의 기도서인데 이것조차 디지털로 전환해 웹사이트에서 이용할 수 있다. 물론 우리 눈으로 확인한 〈인형의 집〉 필사본도 디지털화 되어 개인 컴퓨터로 열람할 수 있다.

디지털화 과정과 아낌없는 인력 구성

사실 노르웨이 국립도서관을 방문하기 전부터 모든 자료를 디지털화 하는 게 어떤 방법인지 감이 잡히지 않았다. 막상 머릿속에 그려 보자니 알 듯 말 듯 정확히 떠올리지 못했다. 직원은 디지털화 방법에 대해 몇 단계로 나누어 설명했다. 먼저 자료 본래 상태 그대로 사서가 목록 작업을 한 다음 해당 자료를 스캔한다. 이렇게 스캔한 자료와 목록은 자동으로 연결된다. 디지털화 과정이 완료되면 스캔한 자료는 보관 장소로 이관한다. 노르웨이 국립도서관에는 약 440명이 근무하는데 이 중

노르웨이 국립도서관의 디지털화 과정

120명은 스캔을 한다. 그리고 대다수가 정규직이다. 이러한 인프라를 구축하는 데 도움을 주는 검색 엔지니어도 이 중에서 상당수 근무한다. 국립도서관이 납본과 디지털화에 집중하고 여기에만 대거 정규직 사서 인력을 투입해 직접 관리하고 감독한다는 사실이 참 놀랍고 인상 깊다. 과연 우리는 얼마나 그런 인력을 배치할 수 있을까.

뚜벅뚜벅 제 갈 길을 가는 도서관

노르웨이 국립도서관을 보며 국가 도서관으로서 전통적인 역할에 지극히 충실하다는 느낌을 받았다. 진보나 혁신 등 다른 키워드에 괜히 눈 돌리지 않고, 비용 절감에 대한 잔꾀도 부리지 않고 누가 알아주든 말든 묵묵히 소리 없이 제 갈 길을 걸어간다고 할까. 당연히 어떤 조바심이 묻어날 리 없고 여유롭다. 아니다. 어쩌면 가장 첨단에 가까운 미래 지향적인 도서관일지도 모른다. 먼 미래를 바라보고 하나하나 차곡차곡 자료를 쌓아 가는 의미에서 그렇다. 도서관이란 게 본디 그런 게 아닐까.

북해 유전이 개발되면서 노르웨이가 유럽 강대국으로 성장한 바탕과 국립도서관의 이면에는 어쩌면 모든 종류의 출판물을 수집하고 제공한다는 자부심이 있을지도 모른다. 하지만 마땅히 해야 하니까 정석대로 운영하는 모습에서 오만함은커녕 오히려 우직하고 순박한 뚝심이 느껴진다. 도서관이라면 반드시 잊지 말아야 할 모습이다.

세상에서 가장 아름다운 이름을 가진 도서관

블랙 다이아몬드 도서관 The Black Diamond(The Royal-
Library The National Library of Denmark and Copenhagen University Library)

구본희 서울 관악중학교 교사

홈페이지 www.kb.dk/en/dia/

주소 The Royal Library Post box 2149 1016 Copenhagen K

이메일 Kb@kb.dk

연락처 45 33 47 47

핀란드와 스웨덴, 노르웨이보다 남쪽에 위치한 덴마크는 우리 몸을 녹여 주리라 기대했건만 코펜하겐의 겨울 날씨는 생각보다 따뜻하지 않았다. 흐린 날씨 덕에 더 춥게 느끼는 건지 모르겠지만, 고풍스러운 거리는 우중충함과도 제법 잘 어울렸다. 열네 살 소년 안데르센도 이런 도시를 쏘다니며 자신을 후원해 줄 사람을 찾아다녔을 것이다. 코펜하겐 항구를 내려다보며 바닷가에 외롭게 앉아 있는 인어공주 동상처럼 외로움에 떨었을 것이다.

'블랙 다이아몬드'라는 이름을 처음 본 것은 어느 웹사이트였다. 짙푸른 밤을 배경으로 미끈한 검은 건물이 서 있었다. 건물 가운데를 가로지르는 유리 사이로 반짝반짝 조명 빛이 쏟아지고 있다. 검은색 다이아몬드라는 말을 바로 이해했다. 우리가 찾아갔을 때는 오전이라 안타깝게 그 광경을 마주하지는 못했지만, 잔잔하게 흐르는 운하 옆 너른 광장, 그 광장 끝에 날렵하게 운하 쪽으로 기울어져 있는 마름모꼴의 건물 모습은 충분히 아름다웠다. 무채색의 광장과 회색빛 하늘을 배경으로 까만색의 미끈한 건물은 '블랙 다이아몬드'라는 이름에 걸맞아 보인다.

같은 장소에 계속 서 있다

블랙 다이아몬드는 덴마크 왕립도서관으로 코펜하겐 대학 도서관이자 국립도서관이기도 하다. 처음 시작은 왕립도서관이었다. 왕립도서관은 1648년에 프레데리크 3세가 세웠다. 소장 작품을 위해 만든 왕의 개인 도서관이었다가, 유럽을 휩쓴 혁명의 물결을 타고 1793년 모든 사람들에게 개방하는 공공도서관으로 바뀌었다. 코펜하겐 대학 도서관은 1482년에 세워졌는데 따로 운영되다가 1989년 왕립도서관과 합쳐졌다. 경상북도 면적의 약 2배 정도(그린란드 제외) 되는 좁은 덴마크 땅에 특별한 도서관이 많다고 생각해서였을까, 이 도서

창문 너머로 보이는 옛 덴마크 왕립도서관 전경

옛 덴마크 왕립도서관의 내부 모습

관은 2005년 과학과 의학을 전문으로 다루는 국립도서관과도 합쳐졌다.

블랙 다이아몬드는 크리스티안스보르 궁전으로 유명한 슬로츠홀멘 섬에 있다. 이 궁전은 왕실 및 정부의 영빈관으로 사용되고 있으며, 의사당, 내각, 최고 재판소 등 덴마크의 삼권이 모여 있는 '권력의 성'이다. 덴마크 왕립 도서관은 1648년 크리스티안스보르 궁전 한쪽에 자리 잡았다. 지금은 문서 보관소로 쓰이는 건물에 있다가 1906년 옆자리에 새 건물을 지어 옮겨 왔다. 도서관이 좁아지자 1968년, 길고 좁은 현대식 직육면체 건물을 붙여 공간을 늘렸다. 이후 길 건너에 1999년 덴마크의 건축가 슈미트 함머 라센Schmidt Hammer Lassen의 작품, 블랙 다이아몬드가 들어선다.

1990년대는 새로운 정보화 시대에 발맞추어 세계 각국에서 멋진 도서관을 짓던 때였다. 프랑스는 1995년 신개발 지구에 미테랑 국립도서관을 지었고, 영국은 대영도서관을 1997년 도심지 한가운데로 옮겨 새로 만들었다. 21세기를 맞아 새롭게 신축한 도서관이긴 했으나 프랑스나 영국의 예와는 달리, 덴마크의 도서관은 언제나 처음에 자리한 슬로츠홀멘 섬을 떠나지 않았다. 덴마크 사람들의 기억 속에 '도서관'은 1648년 이래 언제나 모든 권력의 중심이 모여 있는 이 자리였던 셈이다. 필요에 의해 두 번이나 새롭게 건물을 덧붙였지만 다른 나라처럼 자리를 옮기거나 옛 건물을 부수고 새로 짓지도 않아, 장소가 갖는 상징성을 파괴하지 않았다. 우리로 따진다면 정조가 창덕궁에 세운 왕실도서관인 규장각이 좁아지자 해방 후쯤 그 옆에 건물을 덧대어 국립중앙도서관을 만들었고, 또 좁아지자 그 옆에 현대적인 건물을 덧붙인 셈이 될 테다.

　대한제국이 멸망한 이후 규장각 장서들은 조선총독부로, 경성제국대학에서 서울대학교로 옮겨졌다. 국립중앙도서관은 해방 후 지금의 소공동 롯데백화점 자리에 번듯하니 자리를 잡았다. 시청이나 경복궁과도 그리 멀지 않으니, 그 정도면 나라를 대표하는 국립도서관 자리로 괜찮은 셈이다. 그러나 국립중앙도서관은 1974년 남산으로 옮겨야 했다. 경제개발에 총력을 기울이던 박정희 대통령 시절, 정부는 자본을 끌어오기 위해 국립중앙도서관 자리를 롯데에 헐값에 내어주었기 때문이다. 국립중앙도서관은 다시 1988년 서초동 고속버스 터미널 근처로 옮겼다.

맨 왼쪽 붉은 건물이 1906년 건물, 그 옆에 1968년 건물, 구름다리 건너에 1999년 지어진 블랙 다이아몬드 건물

두 건물 사이인 구름다리에서 바라본 도로 전경

옛것을 없애지 않고 새것을 얻다

앞서 말했듯 덴마크 국립도서관은 건물 세 개가 이어져 있다. 찻길 쪽에서 보면 1906년 옛 건물, 그 옆에 딱 붙은 좁고 긴 1968년 건물, 도로 건너편 1999년 새로 들어선 블랙 다이아몬드가 나란히 붙어 있다. 짐바브웨에서 들여온 검은 화강암을 매끈하게 다듬어 만든 블랙 다이아몬드는 이전 두 건물들과 도로 위 구름다리로 이어져 있다. 외관을 비슷하게 맞추기 위해 1968년에 만들어진 건물의 표면도 검은색 화강암으로 덧씌웠다. 밖에서 보면 경계가 분명해 보이지만 블랙 다이아몬드 입구로 들어가 에스컬레이터를 타고 이동하다 보면 어느새 100여 년의 시간을 넘어 옛 건물로 넘어 오게 된다.

우리를 안내해 준 그레테 야콥센이 20미터도 채 될까 말까 한 세 건물의 경계 부분에 서서 이곳은 자신이 가장 좋아하는 장소라고 소개했다. 천장까지 사방이 탁 트인 이 공간에 서면 도서관의 역사가 오롯이 느껴진다. 각 50년 정도 차이가 나는 건물 셋이 전혀 어색하지 않게 나란히 서 있다.

《나의 사직동》(2003)이라는 그림책이 생각난다. 어린 시절 살던 동네가 재개발된 후, 계영이는 새로 지어진 아파트 단지로 돌아왔으나 골목도 없어지고 사람들도 달라졌다. '여기는 사직동이지만, 나의 사직동은 아닙니다. 나의 사직동은 이제는 없습니다.'라고 말하는 마지막 장면에서 마음이 아렸다. 지은 지 20년 이상 된 건물 약 50퍼센트, 50년 이상 된 건물 2.5퍼센트. 600년 동안 수도였던 서울의 모습이다.

옛것은 낡고 쓸모없고 없애야 할 것. 새것은 깔끔하고 깨끗하고 좋은 것. 한동안 우리 머리를 지배해 왔던 생각이다. 재건축이라 하면 정겨운 골목길과 동네 어귀 나무들은 흔적도 없이 사라지고 높고 반듯한 아파트가 들어선다. 효율과 편리를 위해 사람들과 공동체의 장소에 대한 기억은 희생되었다.

입구 쪽에서 바라본 에스컬레이터
위쪽으로 건물의 양쪽을 가로지르는 구름다리가 보인다

에스컬레이터에서 이어지는 블랙 다이아몬드의 검은 벽면
그 뒤로 보이는 하얀 기둥이 1968년 건물, 그보다 더 안쪽이 1906년 도서관의 내부 모습

내부에서 바라본 국립도서관의 100년
맨 왼쪽 검정 부분이 블랙 다이아몬드,
가운데 빛이 들어오는 부분은 1968년 건물,
오른쪽 벽돌과 하얀 부분은 1906년 건물

다행히 요즘은 다른 흐름들이 보인다. 어린이대공원에 꿈마루라는 건물이 있다. 황후의 능이었다가, 일제강점기에 골프장으로, 1973년에 어린이대공원으로 탈바꿈한 그곳의 입구 부근에, 꿈마루는 교양관으로 서 있었다. 리모델링을 위해 자세히 살펴본 건축가 조성룡은 이 건물이, 이곳이 골프장이었던 시절에 지은 우리나라 최초의 클럽하우스라는 것을 알아봤다. 그는 교양관으로 사용하면서 막아 두었던 부분을 걷어 내어 클럽하우스의 모습을 되살리고, 벽과 천장의 흔적들을 그대로 두어 교양관의 모습도 없애지 않았다. 또한 새롭게 북카페와 전시 공간을 만들어 새로운 꿈마루의 미래도 보여 주었다. 그 덕에 50여 년의 시간이 한 건물 안에 오롯이 남아 있다.

옛것은 옛것대로 보존하면서 현재의 필요를 덧붙이는 지혜, 공간에 깃들어 있는 시간과 기억 또한 소중하게 여기는 가치. 20미터 남짓인 통로, 그러나 100년이라는 시간을 함께 품은 그곳을 거닐면서, 이것이 진정 이 도서관을 '다이아몬드'처럼 빛나게 하는 이유라고 생각해 본다.

사서와 건축가, 소통하며 도서관을 만들다

운하와 나란히 뻗은 도로 방향의 다른 쪽, 운하 건너편에서 보아도 블랙 다이아몬드 건물은 세 부분으로 나뉜다. 양쪽 검은색 화강암 부분을 전면 유리

벽이 나누고 있기 때문이다. 유리 너머로 바라본 옛 항구 경관이 흐린 날씨 탓에 수묵화 한 점을 보는 듯했다. 유리 벽을 등지고 에스컬레이터를 타면 양쪽 면에 자리 잡은 열람실이 있다. 역시나 유리 벽으로 되어 있어 안이 훤히 들여다보인다. 열람실이라는데 책은 잘 보이지 않는다. 이에 대해 안내자 야콥센은 재미있는 이야기를 들려주었다. 건축가는 유리와 무채색으로 이루어진 건물의 분위기를 다양한 색깔의 책들이 전면에 드러나 해치는 것을 원하지 않았다고 한다. 하지만 텅 빈 공간을 좋아하는 건축가와는 달리 도서관 사서들은 빈 벽을 볼 때마다 서가를 놓아 책을 꽂아 놓고 싶어 했다. 오랜 토론 끝에 도서관의 책들을 열람실 안쪽 깊숙이 놓는 것으로 합의를 보았단다. 건물을 하나 짓는 데 어떤 과정을 거치는지 살짝 그 일면을 들여다본 순간이었다.

블랙 다이아몬드 도서관에는 콘서트홀이 있다. '도서관' 하면 고즈넉해야 할 듯한 장소인데 그 안에 연주를 하는 콘서트홀이라니, 상상하기 쉬운 조합은 아니다. '퀸스 홀'이라 불리는 이 콘서트홀은 600명을 수용할 수 있는 크기로 콘서트, 회의, 영화, 발레와 연극 등 다양한 목적

도서관 창밖으로 바라본 운하의 모습
가운데 유리를 중심으로 왼쪽과 오른쪽으로
열람실이 배치되어 밖에서 보면 도서관은
세 부분으로 나뉜다

열람실의 책들은 안쪽으로 배치되어
바깥쪽에서는 잘 보이지 않는다

콘서트홀의 입구   콘서트홀의 내부

으로 이용된다. 도서관을 설계할 때, 도서관 측은 내부에 콘서트홀도 넣어야 한다고 주장했다. 도서관은 다양한 자료들을 '읽을' 수 있는 공간이어야 하는데, 음악은 도서관에 소장한 악보로만 '보아'서는 제대로 '읽을' 수 없기 때문이다. 음악을 제대로 알려면 뭐니 뭐니 해도 들어야 한다. 사서들의 생각이 건물 곳곳에 반영되었다. 블랙 다이아몬드는 소통의 과정에서 만들어졌다.

옛 건물, 현재 쓸모에 맞추고 전통을 살리다

블랙 다이아몬드의 현대적인 벽면이 몇 걸음 더 걸으면 순간 고풍스럽게 바뀌지만, 넓은 복도 양옆에 놓인 깔끔한 책상들이나 세련된 전등을 보면 그리 어색하지 않다. 복도 양옆의 트인 공간은 사전을 비치해 두거나, 공부나 휴식을 위한 책상과 소파를 두었다. 그중 한 공간에는 넓게 책상만 있는데, 요즘은 주로 노트북을 쓰기 때문에 무선 인터넷을 쓸 수 있게 책상을 비워 둔다. 모둠별로 토론하기에도 적당한 자리여서 가장 먼저 차는 자리란다. 복도에 벽면 없이 트여 있는 방 중 하나가 목록실(카탈로그 룸)이다. 이곳의 벽면에는 목록 카드를 담은 장이 보인다. 카드로 된 목록을 뒤지던 대학 시절이 생각 나 서랍을 열

어 보니 '온라인 목록을 이용하세요'라 적
힌 안내 종이가 튀어나온다. 이제 누가 카
드로 찾아보겠냐마는 없애지 않고 그대로
두고 있다.

덴마크에서 카드 목록은 1960년부터 사
용되었다. 그 이전, 1870년대부터 1959년
까지 목록은 주제별로 묶인 책자 형태다.
낯선 책자 형태의 목록도 목록실에 보관되
어 있다. 1960년 책자형 목록에서 카드 목
록으로 바뀌면서 덴마크는 고유의 분류 시
스템을 쓰기 시작했다. 하지만 지금은 전
세계가 이용하는 듀이 시스템을 변형하여
이용한다. 국립도서관에서 정한 덴마크식
주제별 검색 방식을 이용하는 사람들에게
강요하는 것이 아니라, 이용객들이 원하는
방식으로 그들의 요구를 수용하여 정책을
바꾸었다.

덴마크 국립도서관에서 이용객들의 요
구가 가장 잘 반영된 장소를 고르라면 그
것은 옛 도서관 건물 중앙을 차지하고 있
는 공간일 것이다. 안내자 야콥센 스스로
가 도서관의 '심장부'라고 칭한 곳으로 원
형의 천장, 세련된 샹들리에, 은은한 녹색

휴게를 위한 소파가 놓여 있다

복도 양옆에 놓인 깔끔한 책상과 의자들
오른쪽에 노트북을 이용하고 있는 사람이 보인다

목록 서랍장 안,
'온라인 카탈로그를 이용하세요'라는 종이가 들어 있다

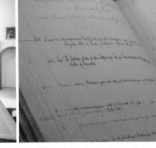

목록 서랍장 위쪽으로 책자형 목록이 보인다　　　　　　책자형 목록, 주제별로 나뉘어 있다

스탠드와 나무 책상으로 꾸며진 매우 고풍스러운 방이다. 1968년 이전 이 건물만 있었을 때, 도서관의 중심 열람실이었음을 한눈에 알아볼 수 있다. 하지만 이곳은 더 이상 열람실이 아니다.

블랙 다이아몬드가 완공된 후 이곳에 있던 책과 연구진들은 모두 새 건물로 옮겨 갔다. 이곳을 공간의 품격에 걸맞게 국제 관련 출판물을 모아 놓는 장소로 만들려 했으나 문제가 생겼다. 국제기구들이 자신의 기록들을 출판하지 않고 온라인상에 올리는 디지털 시대를 맞게 된 것. 그렇다면 이 방을 장식용으로만 두어야 하나, 고민을 하던 중 대학생들이 적극적으로 요구했다고 한다. "이곳을 독서실로 만들어 주시면 안 되나요?"

우리나라 대다수 공공도서관은 자기 책으로 공부하기를 원하는 사람에게는 도서관 한구석에 서가 없는 독서실 같은 공간을 따로 내준다. 그런데 덴마크 도서관은 사뭇 파격적이게 이렇게 전통적이고 아름다운 열람실을 학생들을 위한 독서실로 만들었다. 그들의 요구가 받아들여져서인지 학생들은 이 공간에 매우 애착을 가지고 스스로 알아서 관리를 한다. 자치적으로 엄한 규율을 적용하고 있지만 인기가 많아 금세 자리가 찬다. 안내자 야콥센 씨의 조카가 이곳에 공부하러 왔다가 반강제적으로 나가야 했던 적이 있었는데 시끄러운 키보

드 소리를 주변에서 용납하지 않아서였단다. 먼저 적극적으로 요구를 했기에, 이용자는 더욱 주인 의식을 발휘한다.

덴마크에서 전통을 대하는 태도를 생각해 본다. 도서관의 옛 건물은 처음 생긴 그대로 유지되고 있지 않았다. 현재의 사람이 그 공간에서 생활하며 자신들의 쓸모에 맞게 이모저모 고쳐 나간다. 살아 있는 전통의 모습이다.

자세를 낮춰 이용자를 돕다

블랙 다이아몬드에는 '압살롬Absalom'이라는 프로그램이 있다. 교수 학습을 위한 시스템인데, 교수가 도서관으로 수업에 필요한 자료를 요청하면 도서관 측에서 저작권 문제를 해결하고, 돈까지 지불하여 PDF 파일로 올려 준다. 교수와 그 강좌를 듣는 학생은 무료로 저작권 문제를 걱정하지 않고 이용할 수 있다. 안내자 야콥센 씨의 남편도 대학교수인데 이 프로그램을 잘 이용하고 있단다. 대학에서 마음 편히 수업과 연구를 할 수 있도록 저작권 관련 등 복잡하고 자질구레한 행정 업무를 도서관이 떠맡는다. 납본과 저작권을 담당하는 국립도서관이니 그럴 수도 있겠다 싶지만, 생색내지 않고 자세를 낮춰, 보이지 않는 곳에서 학문의 발전을 지원해 주는 모습이 보기 좋았다.

덴마크에서는 무엇이 그러한 불통, 군림의 자세를 내려놓게 한 걸까? 그들의 역사를 들여다보면 몇몇 군주들의 자세에서 소통의 일면을 확인할 수 있다. '로얄 어페어'라는 덴마크 영화가 있다. 크리스티안 7세 때 그의 주치의였던 요한과 왕비의 사랑 이야기를 다룬 영화인데 그 둘은 천연두 예방접종, 검열 폐지, 고문 금지, 출판의 자유 등 개혁을 이루어 나간다. 귀족, 왕족들의 방해로 그들의 사랑과 덴마크 개혁은 좌절된다. 영화 마지막에 왕비의 아들이 이후 프레데리크 6세가 되어, 개혁을 이어 나갔다는 자막이 나온다. 이후 프레데리크 7세는 1849년 새로운 헌법을 제정하면서, 덴마크는 영국과 마찬가지로 입헌군주제의 길로 들어선다. 프랑스 국민이 피로 얼룩진 혁명으로 이룩했던 절대왕정의 파괴를 덴마크에서는 피 한 방울 흘리지 않고 이루어 낸 것이다.

자신의 절대 권력을 국회로 넘겨주었던 왕실에 대해 덴마크 국민들이 어떻게 생각하는지는 《노란 별》(2007)이라는 그림책에도 잘 드러난다. 나치 점령 시절. 나치는 유태인들에게 거리에 나설 때엔 반드시 가슴에 노란 별을 달고 다니게 했다. 크리스티안 10세는 스스로 노란 별을 단 옷을 입고 호위병도 없이 코펜하겐 거리로 나섰다. 이에 감동받은 덴마크 국민들은 유태인이 아니어도 모두 노란 별을 달았다는 내용이다. 역사적 사실은 아니라지만 덴마크 왕이 권위적인 전제정치를 폈다면 이러한 이야기가 전해질 리 없을 것이다. 이 크리스티안 10세 이야기는 로이스 로리의 유명한 작품《별을 헤아리며》(2008)에도 등장한다. 로이스 로리Lois Lowry는 '작가의 말'에 나치 시절, 국왕과 국민이 일심 단결로 저항했던 덴마크에 감명을 받아 이 작품을 쓰게 되었다고 적었다.

국립도서관은 나라를 대표하는 도서관이다. 그 나라에서 만들어지는 모든 저작물들을 모으고, 분류하여 보관하고, 그 나라 도서관 정책의 방향을 잡는 곳이다. 많은 나라를 둘러본 것은 아니지만 유럽이나 미국의 대표 도서관은 거대하고 고아했지만 친숙하다는 느낌은 드물었다. 이런 편안한 분위기는 단지 규모가 다른 나라 국립도서관보다 작기 때문만은 아닐 것이다. 군림하려는 자세를 버리고, 이용자들의 요구를 귀 기울여 들으며 끊임없이 소통하려는 도서관의 모습이, 친숙함과 편안함의 근원 아닐까.

책을 재미있게 읽으면 되지, 교육이라니?

블랙 다이아몬드는 외양도 독특하지만 내부 또한 일반 도서관과는 사뭇 다르다. 7층짜리 건물 내부에 콘서트홀, 콘퍼런스 홀, 사진 전시실, 만화 예술 전시실, 카페, 서점, 레스토랑 등이 있다. 덴마크 여행 안내서에 블랙 다이아몬드는 현대 예술 관련 전시도 하고, 레스토랑 '쇠렌 K'와 카페도 있어 느긋하게 휴식하기 좋은 장소라 나와 있다. 국립도서관에 대한 안내라기보다는 문화 공간에 대한 안내에 걸맞다. 안내자 야콥센 씨는 말한다.

"덴마크 사람들은 누구나 언제든지 이곳에 와서, 안데르센Hans Christian Andersen이나 키르케고르Søren Aabye Kierkegaard가 직접 쓴 원고를 보고, 콘서트에 참석한 후, 무엇인가 더 읽을 거리를 찾죠."

실제로 이곳은 다양한 문화를 누릴 수 있는 시민들의 복합 문화 공간 역할을 하고 있다.

운하를 바라보며 차를 마실 수 있는 카페

▲▲ 블랙 다이아몬드 1층에 있는 서점
▲ 쇠렌 키르케고르의 이름을 딴 레스토랑 쇠렌 K,
유리문에 흐릿하게 레스토랑 이름이 보인다

책과 문자만이 정보를 얻을 수 있는 창구는 아니다. 대부분 도서관은 책뿐만 아니라 영화, CD, 지도, 사진 등을 수집한다. 블랙 다이아몬드에서는 악보 컬렉션을 제대로 누릴 수 있는 콘서트홀을 만든 것처럼 소장한 사진, 지도, 인쇄물 등을 위한 전시실도 만들었다. 블랙 다이아몬드는 책뿐만 아니라 도서관이 보관하고 있는 다양한 수집품을 사람들과 나누는 문화적 공간이다. 야콥센은 전임 납본 부서 팀장답게 국립도서관에서 얼마나 다양한 자료들을 수집, 보관하는지에 대해 이야기했다.

"덴마크 국립도서관은 음악이나 개인적인 자료, 그림 등 다양한 것들을 보관합니다. 실제 자료와 디지털 자료를 모두 포함하지요. 또한 그것을 원하는 덴마크 시민 누구나 언제라도 볼 수 있도록 읽을 권한을 주는 일을 합니다. 요즘에는 덴마크 작가들이 보낸 편지나 이메일 답변도 모으고 있어요."

블랙 다이아몬드 입구에는 원형으로 된 멋진 안내 센터가 있다. 대출과 반납도 맡고 있는 이곳에서 사람들은 자신이 필요한 정보를 얻어 간다. 화장실의 위치, 버스 노선까지, 다양한 형태의 정보를 모으는 곳이 도서관임을, 그러한 정보를 '나누는 곳'이 도서관임을 알려 주는 장소다. 정보를 담은 다양한 매체들을 모으고 소통하게 하려면 새로운 국립도서관의 모습은 복합 문화 공간일 수밖에 없지 않을까.

인터넷 매체가 발달하면서 더욱 제대로 된 읽기와 독서 교육의 중요성이 부각되고 있다. 정보가 무엇인지 범주가 확장되고, 그 정보를 얻을 수 있는 방법이 다양해지면서 굳이 책을 읽을 필요가 없어졌다. 그 때문에 공교육에서는 더욱 읽기 교육에 공을 들인다. 미국에서 본 도서관은 훌륭했다. 국가가 국민들을

입구 근처에 있는 안내 센터

평생 교육해야겠다는 책임이 분명해 보였다. 어찌 보면 복지가 담당하지 못한 사회 시스템의 일부를 도서관이 담당하는 듯이 보이기도 했다. 급변하는 세계를 주도적으로 이끌어 가는 인재들을 양성하기 위해 도서, 음반, 웹사이트 등 엄청난 양의 정보를 수집했고, 그 정보를 가공하여 새로운 것을 창조할 수 있게끔 필요한 '읽기 능력'은 학교에서 더 나아가 공공도서관에서 배우고 가르쳐야 할 필수 요소였다. 미국 사회 전체가 이러한 '유익함'을 위해 도서관과 독서 교육 시스템을 구축하고 있었다.

하지만 북유럽은 뭔가 좀 달랐다. 책을 왜 읽냐는 물음에 '재밌잖아요.'라고 답을 하는 시스템이랄까? 그들은 어려서부터 책과 가깝게 지냈고, 손에서 책을 놓지 않았지만 먹고살기 위해서나 자신의 장래와 커리어를 위해 책을 보지 않았다. 책은 언제나 삶의 언저리 어디엔가 있었다. 그것은 휴가지에서 스릴러 소설을 읽는 것 같은 일상의 한 부분이었다. 그네들에게 삶의 목적은 여유 있고 즐겁게 시간을 보내며 재미와 행복을 느끼는 것인데, 책으로 그것이 가능하면 읽는 것이고 아니면 다른 걸 하는 것이다. 그러다 보니 미국에서 물었던 '독서 교육을 어떻게 하냐?'는 물음이 전혀 통하지 않았다. 책을 재미있게 읽으면 되지 '교육'이라니? 덴마크에서 독서가 억지로 하는 공부가 아닌 장난감과 같은 급의 놀이 수단 중 하나이다. 이는 잡지 《레몬 트리》에 나온 예퍼 솔머의 인터뷰를 통해서도 알 수 있다.

"덴마크에서는 한국에서처럼 책을 교육 용도로 사용하지 않아요. 책은 장난감이자 휴식을 취하기 위한 수단이지 대학 입시나 사고를 키우기 위한 목적이 될 수 없지요."

북유럽에서 여러 공공도서관을 둘러보았을 때, 대부분 도서관들이 이게 도서관인가 싶게 책을 보다가 놀고, 놀다가 책을 읽을 수 있게 되어 있었다. 책과 놀이는 별개가 아니라 하나의 문화로 통합되어 있다. 정보혁명의 시대에 새롭게 만들어진 덴마크 국립도서관이 시민 친화적인 문화의 전당이 된 것도 같은 맥락이다.

도서관 이름에 가장 아름다운 보석의 이름을 붙일 수 있는 데는 단지 외양뿐만 아니라 이 도서관이 지니는 가치에 대한 평가 또한 담겨 있다. 세상에서 가장 아름다운 이름을 지닌 블랙 다이아몬드 도서관은 시민들의 친숙한 문화 공간으로 찬연한 빛을 발하고 있다.

시민이 함께 만들고 운영하는 동사형 도서관

도서관 10 Library 10

최경희 경기 용인대덕중학교 교사

홈페이지 www.heimet.fi/library10 | www.hel.fi

주소 Elielinaukio 2G

이메일 kirjasto10@hel.fi

연락처 09 3108 5000

핀란드는 1960년대 이후 경제성장에 따라 본격적인 북유럽형 사회보장제도를 발전시킨 나라이다. 부모의 소득과 관계없이 모든 국민에게 균등한 교육 기회를 제공하기 위해 보육부터 대학 교육까지 무상 공교육을 실시하고 있다.

1월 13일, 도서관 10(도서관 10의 '10'은 도서관이 있는 이곳의 우편번호가 '10' 이어서 붙여진 이름이라고 한다)을 찾았다. 얼어붙은 도심의 건조한 눈을 밟으며 헬싱키 중앙역 건너편에 있는 우체국 건물로 들어섰다. 외부 공사 중인 우체국 건물 2층에 있는 도서관 10의 첫인상은 도서관이라 하기에는 너무 작고 초라하게 느껴진다.

시민이 만들고 운영하는 음악 특화 도서관
― 이용자가 기획하고 출연하는 이벤트가 80퍼센트

도서관에 들어서니 나지막한 서가에는 책 대신 장르별로 분류된 CD와 레코드판, 음악 관련 책이 빼곡하게 꽂혀 있고, 한쪽에는 백색의 그랜드피아노가, 벽에는 기타가 걸려 있다. 서가 사이로 음악을 들을 수 있는 장비와 공간이 마련되어 있고, 곳곳에 테이블과 의자가 놓여 있다. 사람들은 서서 음악을 듣거나 창밖을 향해 있는 테이블이 달린 1인용 의자에 앉아 책을 보거나, 노트북으로 무언가를 하고 있다. 그다지 넓지 않은 공간에 음악 관련 CD와 장비가 빽빽하게 자리 잡고 있는 것이 인상적이다.

헬싱키 시내에는 37개 공공도서관이 있다. 도서관 10은 헬싱키 시립도서관의 분관 중 하나이다. 2004년에 현재 있는 우체국 건물에서 도서관 업무를 시작하여 하루도 빠짐없이 매일 개관하고 있으며, 1일 이용자는 2천 명 정도이다. 주 고객층은 15세에서 30세의 젊은 층으로 전체 이용자의 60퍼센트이며, 특이하게도 다른 도서관에 비해 남성 이용자가 전체 이용자의 50퍼센트 정도

음악 CD가 진열된 낮은 서가

원하면 연주할 수 있는 피아노 ▲
이용자에게 빌려 주는 기타 ▶

로 월등히 많다. 순수하게 책을 대출하는 이용자는 25퍼센트이며, 나머지는 주로 비디오, 웹페이지, 음악 등을 만들기 위해 도서관을 이용한다.

헬멧이라는 네트워크를 통해 각 도서관은 헬싱키 시립도서관에서 만든 다양한 이벤트를 무료로 이용할 수 있다. 각 도서관은 도서관 시스템 이용, 온라인 도서관 상담, 좋아하는 작가 만나기, 영상 만들기, 점심시간을 이용한 디스코 타임 등 다양한 이벤트를 헬멧 네트워크 서비스 사이트에서 찾아 이용할 수도 있다. 헬싱키 시립도서관은 시민에게 필요한 것이 무엇인지를 연구하면서, 도서관이 미래에도 시민에게 중요하고 꼭 필요한 곳이 되기 위해서 더 큰 공간인 새로운 종합 도서관을 건축하고 있다.

도서관 10은 헬싱키 시내의 도서관 중에서 음악을 특화한 도서관이다. 음악을 직접 만들 수 있는 녹음실이 갖추어져 있으며, 이용자는 음악 스튜디오, 연습실, 노트북 등을 무료로 이용할 수 있다. 도서관에는 자신의 음악, 음성, 영상 등을 연주하여 녹음하거나 편집할 수 있는 시설이 있으며, 레코드판을 가져와서 직접 디지털화 할 수도 있다. 기타를 연주하고 싶으면 기타를 빌려 주며 원

점심시간에 함께하는 디스코 타임
(도서관 10 제공 프레젠테이션 사진)

아름다운 삶, 아름다운 도서관

하는 경우에는 도서관에 있는 그랜드피아노를 연주할 수도 있다. 기술적인 관리는 다른 이용자에게 컴퓨터 사용법을 가르치거나 이용자끼리 서로 가르치는 재능 기부 시스템으로 운영된다.

도서관 중앙에 있는 무대에서는 콘서트, 작가와의 만남 등의 문화 공연과 노래 경연 대회 준비 등 청소년을 위한 문화 · 예술교육이 진행되며, 청소년이 도

레코드판을 디지털화 하는 기계   음악 녹음실

CD로 만든 장식과 디지털 기계

서관에서 내 집처럼 편안하게 음악이나 공연을 즐기면서 문화 콘텐츠를 창작할 수 있도록 공간을 제공한다. 도서관 10에서는 이벤트 200개 정도가 운영되고 있는데 그중 이용자가 기획하고 출연하는 이벤트가 80퍼센트이다. 이처럼 도서관 10은 책을 읽고 학습하는 장소로 여겨지던 도서관이 점차로 창조와 새로운 생산을 위한 장소, 만남을 위한 장소로 더 많이 이용되고 있으며, 누구나 와서 마음껏 즐기는 이용자 중심의 공간이 되도록 도서관 측은 다양한 이용자의 요구에 전폭적인 서비스를 제공하고 있다.

공공도서관 이용 극대화로 평등 교육을 꾀하다
― 국민 80퍼센트가 도서관 회원 등록

핀란드 교육문화부는 '도서관에 광범위하고 다양한 정보를 의무적으로 갖추어야 하며, 시민이 다양한 지원을 받을 수 있도록 도서관이 운영되어야 한다.'고 법으로 정하고 있다. 시민들이 필요로 하는 것을 최대한 지원하고 안정된 분위기에서 도서관을 이용할 수 있도록 도서관 운영 규정을 법제화하고, 국가적 차원에서 전반적인 도서관 정책을 제안하고 관리함으로써 도서관이 시민을 위해 해야 할 역할을 강조한다.

도서관은 기초 교육(초등교육)과 함께 핀란드가 중요하게 생각하는 공공사업으로, 핀란드의 모든 자치단체에는 도서관이 있으며 대부분 분관을 가지고 있다. 1928년에 제정된 핀란드의 최초의 도서관법에 도서관은 시민에게 도서관 서비스를 무료로 제공해야 하며, 국가는 지방정부가 도서관 활동을 할 수 있도록 지원해야 한다는 기본 원칙이 정해진 이후 지금까지 그 방침을 유지하고 있다. 또한 도서관이 다른 도서관, 비정부기구, 지역 기업 등과 네트워크를 형성하여 협력하면서 시민의 역량을 강화하기 위해 힘쓴다. 이처럼 핀란드의 도서관은 국민교육의 큰 비중을 차지하며 생활 속에서 깊숙이 자리 잡고 있다.

헬싱키 시에 있는 공공도서관 37개소가 서로 도서관 협력 네트워크를 형성하여 어느 도서관에서든 대출과 반납이 가능하다. 핀란드 전국 도서관 협력 연계 네트워크를 통해 국민의 80퍼센트가 도서관 회원으로 등록되어 있으며, 성별, 나이, 거주지, 경제적 형편에 관계없이 모든 국민에게 공공도서관을 무료로 개방하여 누구에게나 평등하게 도서관을 이용할 수 있는 기회를 준다. 도서 대출 및 도서관 이용도 무료로 이루어지고 있어 단 한 사람도 낙오되지 않고 평등하게 교육받을 권리를 보장하며, 시민의 질 높은 교육을 추구함으로써 핀란드의 경쟁력 강화에 힘쓴다. 대부분의 핀란드 공공도서관은 학생들을 위한 교육 서비스도 담당하고 있다. 공공도서관이 학교 주변에 많기 때문에 학생들은 쉽게 공공도서관을 이용할 수 있고, 공공도서관과 학교가 협력하여 긴밀하게 교육이 이루어진다. 이처럼 시민의 공공도서관 이용을 극대화하는 핀란드의 도서관 정책은 핀란드가 도서관 복지의 나라임을 실감하게 한다.

실용주의를 실천하는 동사형 도서관

도서관 10은 시민들이 원하는 일을 도서관에서 할 수 있도록 적극적인 지원을 아끼지 않는 시민 중심의 도서관이다. 전혀 화려하지도 않고 별다른 프로그램이 없는 것처럼 보이나 시민이 원하면 무엇이든 시도할 수 있도록 도와준다. 이는 형식보다는 내용을 중요하게 생각하는 도서관 10의 정신이다. 그래서 도서관 10의 프로그램은 고정되어 있지 않다. 비록 작은 것일지라도 시민이 원하면 언제라도 도서관의 프로그램에 반영하여 시민들이 실질적으로 유용하게 이용할 수 있다.

이러한 움직임은 우리나라의 작은 도서관 만들기 운동에서도 살펴볼 수 있다. 작은 도서관 만들기는 문턱이 낮은 우리 동네 도서관을 만들기 위해 시작된 운동으로, 지역 사람들에게 필요한 프로그램을 운영하여 주민 활용도를 높이면서 그 지역만의 독특한 문화를 만들어 가고 있다.

도서관 10의 신문은 모두 디지털화 되어 제공되고 책은 10번 대출하고 난 뒤 무조건 폐기한다. 공간이 좁아 책을 쌓아 두는 것보다 폐기하여 종이로 재활용하고 그 자리를 새 책으로 채워 새로운 정보를 신속하게 받아들이는 것을 더 중요하게 여긴다.

도서관 10은 접근성이 좋고 유동 인구가 많은 도심의 한복판, 핀란드의 각 도시로 향하는 열차가 모이는 수도 헬싱키 중앙역 앞에 있다. 한 사람이라도 더 도서관을 이용할 수 있게 하여 시민에게 실질적인 도움을 주고자 헬싱키의 가장 중심부인 교통의 요충지에 자리를 잡고 있다. 특히 도서관 이용이 줄어들고 있는 젊은 층이 관심 가질 만한 분야, 시간이 부족한 사람들도 잠시 들를 수 있는 편리한 위치, 즐겁고 다양한 체험 활동 프로그램, 긴장을 풀고 가벼운 마음으로 찾을 수 있는 거실 같은 편안한 분위기의 공간을 교통수단을 이용하기 쉬운 지점에 두어 시민의 도서관 이용을 늘리고자 한 것이다.

주로 한적하며 공기 좋고 조용한 곳에 위치한 도서관에 익숙해져 있는 우리와는 대조적으로 도서관을 가까이에 두고 내 집처럼 편안하게 느끼며 언제라도 찾을 수 있는 곳으로 인식하면서 자신이 하고 싶은 일을 시도하기 쉽게 지원하는 헬싱키의 노력이 느껴진다.

원하는 방식대로 일하고 원하는 방식대로 배치하라

도서관 입구에 들어서면 중앙 공간이 탁 트여 있어 도서관 전체가 시야에 들어온다. 기존 도서관의 입구는 높은 데스크가 있는 데 반해 도서관 10은 입구

도서관 10이 있는
우체국 건물

에서부터 낮은 서가를 배치하여 이용자가 도서관 내부에서 일어나는 일을 한 눈에 볼 수 있다. 이를 위해 도서관 리모델링 설계 단계부터 현재의 모습처럼 서가를 낮은 책장으로 배치하여 중앙 공간을 트이게 구성하였다고 한다. 또한 대부분의 도서관에서는 책장에 너무 신경을 쓰다 보니 의자는 소홀히 하는 경우가 많은데 한 이용자가 도서관 의자가 불편하다는 의견을 내자 편의성을 고려하여 원하는 곳으로 자유롭게 옮길 수 있는 이동식 가구를 만들었다고 한다. 장르별로 분류해 놓은 CD 진열대에는 CD의 대부분을 앞면이 보이게 꽂아 두어 이용자가 찾기 쉽게 이용자를 배려하는 마음이 느껴진다.

낮은 책장, 자유롭게 옮길 수 있는 편안한 의자, 이용자의 의견을 수용하고 배려하는 열린 마음에서 누구나 원하는 것을 할 수 있도록 지원하는 체제가 구축되어 있는 것을 실감할 수 있다. '원하는 방식대로 일하고 원하는 방식대로 가구를 배치하라'는 도서관의 좌우명에서 도서관의 정해진 틀에 이용자가 따르기보다는 언제라도 시민의 의견을 반영하고 사람을 우선으로 생각하는, 함께 만들어 가는 사람 중심의 도서관임을 보여 준다. 도서관 무대 중앙에는 누

▲ 도서관 내부가 들여다보이는
중앙 통로
▶ 도서관 입구
(도서관 10 제공 프레젠테이션 사진)

자유롭게 옮겨 다니는 이동식 책상

마음을 편안하게 해 주는 푹신한 의자
(도서관 10 제공 프레젠테이션 사진)

아름다운 삶, 아름다운 도서관

워서 편안한 자세로 책을 읽는 쿠
션형 의자가 있다. 딱딱한 의자가
아닌 푹신한 쿠션처럼 된 의자에
누워서 책을 보는 사람들의 모습
에서 자유로움이 묻어나며 도서
관이 쉬면서 즐기는 공간으로 이
용되고 있는 것을 느낄 수 있다.

편안하고 자유로운 이용자들의 모습
(도서관 10 제공 프레젠테이션 사진)

앉아서 기다리지 말고 다가가서 함께하라 — 사서는 개인 안내자

도서관 10의 직원은 이용자를 기다리지 않고 먼저 나가서 이용자를 돕는 방
향으로 업무 방식의 변화를 시도하고 있다. 도서관 안에 있는 도서관 직원들은
'큰따옴표("")'가 크게 찍힌 조끼를 입고 있다. 도서관 입구에도 그려져 있는
큰따옴표는 핀란드어 발음으로 '빌려주다'라는 뜻이다. 도서관 직원이 가만히
앉아서 이용자가 오기를 기다리지 않고 먼저 다가가서 대화하는 방식으로 업
무 방식을 바꾼다는 의미이다. 이용자가 카드 하나를 만들더라도 직원이 옆에
앉아 상담하면서 이용자를 도와준다. 도서관 직원은 총 28명으로 남자가 19명
이고 이벤트 기획자, 서비스 매니저, 도서관 보조, IT 전문가, 수습 기간의 학생,
미디어 보조, 음악 사서, 연수생, 군 복무 면제자 등 다양한 분야의 사람들로 이
루어져 이용객이 필요로 하는 분야에 적절하게 편의를 제공하고 있다.

도서관 10에서 사서의 역할은 주목할 만하다. 사서와 이용자는 대면하거나
이메일로 개인 정보 청취 계획을 함께 만드는데, 이는 이용자의 필요와 흥미
에 의해 조정되기도 하며 도서관에 마련되어 있는 대화 공간에서 선택된 자료
에 대해 사서와 이용자가 충분히 토의하며 결정한다. 사서는 이용자가 음악에

도서관 직원의 복장
(고객과 대화하는 방식으로 업무를 바꾼다는 의미)
(도서관 10 제공 프레젠테이션 사진)

친구처럼 옆에 앉아 이용객을 도와주는 직원
(도서관 10 제공 프레젠테이션 사진)

관심이 많으면 음악과 관련된 교육 프로그램 만드는 것을 도와주고, 스튜디오 안내, 이벤트 기획, 3D 프린터 기술자, 고장 난 노트북을 고쳐 주는 노트북 의사(랩톱 닥터) 등 개인이 필요로 하는 서비스를 제공하는 개인 안내자Personal Trainer와 같은 역할을 한다. 노트북에 문제가 있을 때 전화를 하면 노트북 문제에 대한 해결 방법을 알려 주고, 노인들이 도서관을 찾지 않고도 도서관을 이용할 수 있도록 컴퓨터 사용법과 도서관 이용법을 알려 주기도 한다. 이처럼 도서관에서 사서는 직접 결정하기보다는 고객들이 요청하면 실행으로 옮겨 현실화시켜 주는 중개인과 같은 역할을 한다. 사서는 관리하는 사람일 뿐이고 진정한 도서관의 소유자는 이용자라고 생각한다.

　도서관은 이용자에게 장소, 기구, 다양하고 유용한 방법을 제공하고, 이용자는 필요한 이벤트의 종류 및 자료를 사서에게 알려 주면 사서는 도서관과 이용자가 함께 활동하면서 이벤트를 만들어 나갈 수 있도록 조력자의 역할을 한다.

아름다운 삶, 아름다운 도서관

사서의 다양한 역할
(도서관 10 제공 프레젠테이션 사진)

사고와 발상의 요람, 도서관에서 미래를 설계하라

미디어의 발달과 더불어 활동, 만남, 창조 중심의 도서관 활동이 책 읽는 인구가 줄어들고 있는 요즘의 추세에 책 읽는 인구를 더 줄어들게 하는 것은 아닐까 하는 우려에 대해 그들은 책을 읽지 않아도 다른 활동을 하고 있는 것이기에 그것은 문제가 되지 않는다고 한다. 도서관 활동을 책 읽는 것에 국한하지 않고 다양한 활동으로 인식하고, 도서관이 단순히 소비하는 곳이 아니라 무언가를 만들어 내는 공간이라고 생각하는 데서 도서관의 역할이 변해 가고 있다는 것을 알 수 있다. 도서관에 자발적인 독서 클럽이 있느냐는 질문에 독서 클럽은 없지만 음악 클럽이 있다는 대답에서 도서관을 책 읽는 공간으로만 생각하는 것이 아니라 생산과 창조의 공간으로 인식하고 있는 그들의 생각을 읽어 낼 수 있다.

도서관이 도심의 한복판에 자리 잡고 있어서 혹시 노숙자나 소외된 사람들을 위한 프로그램이 있는지 궁금해하는 우리에게 노숙자나 소외된 사람에게는 전문적인 도움이 필요하므로 그 문제는 전문가에게 맡겨야 한다는 게 그들의 대답이다. 도서관은 다른 단체나 기업이 대신할 수 없는 도서관만이 할 수 있는 일을 해야 하며 각자 자신의 자리에서 자기가 맡은 역할에 충실하면 된다는 것이다.

도서관은 점차로 책을 읽는 공간, 책을 보관하는 공간에서 다른 사람과 함께 일을 하는 공간인 공공장소의 기능이 점점 커져 가고 있다. 예전에는 도서관 이용자들이 혼자만의 필요에 의해 책을 빌리거나 도서관에서 개인에게 필요한 공부를 하였으나 현재는 도서관이 남들과 함께 일하는 공간으로 바뀌어 가며 미래를 대비하는 공공장소로의 기능이 더 강화되고 있다.

도서관 10은 시민에게 필요한 것이 무엇인지 공부하여 시민과 지식, 기술, 이야기 등 가진 것을 함께 공유하는 것이 서로의 사고와 발상을 풍부하게 할 수 있다고 한다. 도서관이 미래에도 중요하면서 필요한 공간으로 자리매김하여야 새로운 시민사회를 창조하는 바탕이 될 수 있다.

변화에 빠르게 대처하며 이용자와 함께 만들어 가는 도서관 10에는 특별한 사람에게 집중하기보다 모두가 함께 살아가기를 희망하며 평범한 일상을 존중하는 핀란드의 바람이 배어 있다.

책 읽는 공간에서
일을 하는 공간으로
바뀌어 가는 도서관
(도서관 10 제공 프레젠테이션 사진)

아름다운 삶, 아름다운 도서관

책 없는 도서관에서 핀란드의 미래를 보다

어반 오피스 Urban office

이현숙　서울 금옥여자고등학교 교사

홈페이지 www.kaupunkiverstas.fi
주소 Mannerheimintie 22-24 2krs, 00100 HELSINKI
이메일 kaupunkiverstas@lasipalatsi.fi
연락처 09 310 85900

어반 오피스로 올라가는 계단

어반 오피스 입구

책 없는 새로운 도서관의 탄생
공모제로 미래 혁신의 문을 열다

온몸을 에스키모처럼 몇 겹의 옷으로 꽁꽁 싸매고도 한겨울의 눈과 얼음이 뒤덮인 핀란드 헬싱키의 겨울은 매서웠다. 하지만 두꺼운 유리문을 열고 건물 안으로 들어가 보면 바깥의 공기와 차단된 따뜻한 실내의 온기가 그렇게 아늑할 수가 없었다. 오후 4시면 어두워지는 겨울 창가에 따뜻한 조명을 밝히고 어둠 속의 온화한 빛을 즐기는 여유로운 모습으로 우리가 마주친 북유럽의 겨울은 매섭지만 지극히 인간적인 얼굴로 다가왔다.

우리는 도서관 10과 한 블록을 사이에 두고 있는 어반 오피스를 찾아갔다. 어반 오피스는 핀란드 혁신을 잘 보여 주는 도서관이라고 한다. 도서관 10에서도 어반 오피스가 핀란드의 혁신적인 아이템으로 손꼽는 대표적인 명소라는 이야기와 함께 도서관에 관심이 있는 사람이라면 빼놓을 수 없는 탐방지라고 우리에게 소개했다. 우리나라로 말하면 광화문 사거리쯤에 해당한다고 할까. 어반 오피스가 있는 건물은 헬싱키에서 가장 번화하고 목 좋은 중심 사거리에 위치하고 있었다. 또한 그 건물은 유서 깊은 역사적인 건물로 헬싱키에서 문화재로 등록되어 있다. 그 빌딩 2층에 자리 잡은 어반 오피스는 레스토랑으로 쓰던 건물이지만, 문화재 건물이라 개조가 불가능해 우리가 지금까지 보던 건물처럼 밝고 세련된 느낌이 없이 거칠고 투박해 보였다.

어반 오피스를 두고 혁신 본부니 혁신형 도서관이니 하는 말들로 소개를 받아 왔는데 막상 도착해 보니 어반 오피스는 첫눈에 도서관이 아닌 것처럼 보였

다. 일반적으로 우리가 알고 있는, 서가와 책이 비치되고 대출을 해 주는 그런 도서관과 한참이나 멀어 보였다. 창가를 따라 다양한 최첨단 장비가 배치되어 있었고, 각 장비에는 한 사람씩 앉아 무언가 분주하게 작업하고 있는 모습이 인상적이었다. 높은 천장에 조명이 있었지만, 일반적인 도서관보다 무겁고 어두운 분위기였다. 우리가 그동안 숱한 여행을 하면서 그 많은 도서관을 둘러봤지만 오늘처럼 책이 단 한 권도 없는 도서관을 만난 것은 처음이었다. 책이 단 한 권도 없는 도서관이라니, 종이 책이 아닌 컴퓨터와 프린터와 용도도 다 알기 어려운 최첨단 장비를 이용하는 도서관은 어떻게 가능한 것일까?

어반 오피스의 모습들

어반 오피스Urban Office를 우리말로 번역하면 '도시의 작업장'으로 시민이라면 누구든지 무료로 쉽게 접근할 수 있는 오피스 공간이다. 무선 인터넷과 노트북, 각종 장비를 구비해 놓고 프리랜서, 소규모 기업가, 학생 누구든지 전문 장비가 필요한 사람은 얼마든지 사용이 가능한 곳이었다. 또한 어려운 전문 기기 사용법을 가르쳐 주는 기술자가 상주하며 친절하게 도와주고 있으니 장비 문외한들도 자신의 아이디어만 있으면 얼마든지 아이디어를 현실화할 수 있는 곳이기도 했다.

우리가 보기에 더욱 놀라운 것은 이 도서관이 공모형 프로젝트로 설립된 점이었다. 시민들이 참여하는 공모를 통해 어반 오피스는 2006년부터 '미팅포인트Meetingpoint'라는 별명으로 만들어져 운영되고 있었다. 핀란드의 수도 헬싱키에 종이 책 대신 컴퓨터와 무선 인터넷, 최첨단의 정보 기기 등이 구비된 신개념의 혁신 도서관이 탄생한 것이다. 이 어반 오피스는 2017년에 완공 예정인 헬싱키 중앙도서관에서 실시할 서비스를 시범 운영하는 프로젝트 사업의 일환이기에 도서관 운영 기금은 일반적인 도서관 재정이 아니라 2년에 한 번 '혁신 펀드'에서 받은 기금으로 운영되고 있었다.

얼마 전에 읽은 기사에서 베르트랑 들라노에 프랑스 파리 시장이 '디지털 인큐베이터'라는 이름으로 정보 통신 기술 IT 관련 창업자에게 사무 공간과 기술을 지원하며 도시 경쟁력을 높이기 위해 노력한다는 기사를 읽은 적이 있다. 어반 오피스의 모델이 선진국을 중심으로 파급되고 있는 것이 아닌가 하는 짐작을 하게 되는 부분이다.

어반 오피스의 어반 워크숍, 혁신을 혁신하다
우리 일행이 도서관을 방문했을 때 반갑게 맞아 준 이는 이 도서관 프로젝트의 기획자인 로타였다. 짧은 금발에 블랙 니트를 멋지게 차려입은 로타는 도전적인 자세로 밀고 들어온 타국의 일행들을 반갑게 맞아 주었다. 로타는 이 도서관에서 유일하게 전통적인 사서 교육을 받은 사람이라고 자신을 소개했다. 이곳에는 총 네 사람이 근무하고 있는데, 로타를 제외한 세 사람은 도서관 10에서 이미 본 것처럼 '큰따옴표'가 찍힌 유니폼을 입고 근무하고 있었다. 이들은 어려운 장비 사용을 돕는 스태프들로 이곳에 비치된 기기들을 다루는 IT 전문가들이었다. 로타는 본격적인 어반 오피스 소개에 앞서 이곳이 2012년 미국 도서관협회에서 상을 받을 정도로 세계적으로 우수한 도서관이며, 그런 이유로 세계 각국의 수많은 사람들이 직접 방문하여 도서관 운영 프로그램을 배워 가고 있다며 은근히 자부심을 드러냈다.

이용자를 돕는 미디어 전문가

프로그램을 설명하는 프로젝트 기획자 로타

로타는 이 도서관에서 가장 큰 자랑거리로 어반 워크숍을 꼽았다. 어반 워크숍은 헬싱키 시에서 시민들에게 10만 유로로 할 수 있는 가장 원하는 프로그램을 공모했을 때 당선된 네 가지 프로젝트 중 하나라고 소개했다. 이 프로젝트는 우리로서는 이해하기 힘든 개념이다. 그러니까 원래 운영되던 어반 오피스라는 작업장에 어반 워크숍이라는 프로젝트가 들어온 것이다. 어반 워크숍이란 프로젝트 자금으로 3D 프린터, 비닐 커터, 3D 커터와 그래픽 서비스, 비디

어반 워크숍 작업 기기

오 편집, 디지털 서비스, 멀티미디어 컴퓨터 등의 최첨단 장비를 구입하고, 그
기기를 운영할 수 있는 인력을 갖춘 것이다. 이 어반 워크숍이 2013년 10월 25
일 공식적으로 도입되었는데, 그전에 단순한 도시 작업장이었던 이곳이 어반
워크숍을 통해 최첨단 장비 구입으로 도서관의 기능이 확장된 것이다. 이 프로
젝트를 처음 도입할 때에는 페이스북facebook.com/kaupunkivestas을 중심으로 시
민들에게 홍보했고, 지금은 웹사이트www.kaupunkiverstas.fi를 통해 자세하게 소

개하고 있다고 한다. 우리는 로타의 설명을 들으며 프로젝트로 운영되는 도서관 안에 새로운 프로젝트가 들어왔다는 것이 매우 생소하게 들렸다. 말 그대로 혁신 도서관에 새로운 혁신 운영 방식이 도입된 것이라 볼 수 있다.

로타는 계속해서 프리젠테이션으로 도서관 프로그램을 안내하며 '고장 난 재봉틀을 고치는 클럽'에 대해 소개했다. 고장 난 재봉틀을 고치는 클럽은 한 달에 한 번 매달 첫 화요일마다 운영되는데, 직접 재봉틀로 옷을 수선하는 사람이 많은 실용의 나라 핀란드답게 고장 난 재봉틀을 도서관에 와서 무료로 고쳐간다는 점이 우리에게 인상 깊게 다가왔다. 실용성을 중시하는 핀란드에서 배움과 나눔이 이루어지는 '휴먼 라이브러리'의 개념이 구체적으로 적용되는 사례로 생각되었다.

로타는 이곳이 재봉틀 고치는 클럽처럼 사람들이 자신의 용도에 맞게 내용을 채워 가는 도서관임을 강조했다. 그리고 이곳의 장비들은 누구나 언제 들러도 간단한 작업이 가능하지만, 전문 장비에 대한 인기가 높아져 그것들을 사용하기 위해서는 인터넷에서 2주 전에 예약해야 사용이 가능하다고 설명했다. 심지어 문을 닫는 일요일에도 기기에 대한 안전 사용이 가능하다면 미리 예약하여 사용할 수 있다고도 했다.

이와 같은 노력으로 어반 오피스는 이용자들의 호응이 갈수록 좋아 인근 에스포 시를 비롯하여 헤멘린나Hämeenlinna, 코우볼라

고장 난 재봉틀을 고치는 클럽

Kouvola 등에서도 채택되어 각 도서관에서 어반 오피스 공간이 들어서고 있다고 한다. 실제 우리가 들렀던 에스포 시의 셀로 도서관과 헬싱키의 파실라 도서관에서 3D 프린터가 있는 어반 오피스 공간을 확인할 수 있었다.

어반 오피스의 중심에는 3D 프린터가 있다

어반 오피스에서 가장 인기 있는 장비는 단연 3D 프린터였다. 온갖 플라스틱을 이용하여 새로운 모형을 만들어 내는 그 자체가 가히 혁신적이라 할 만큼 3D 프린터의 실용성은 그 쓰임새가 무궁무진하다. 3D 프린터는 소규모 개인 사업장의 간판, 권총, 인공 장기 심지어 일반 주택까지 만드는 것이 가능하여 최근에 매우 주목받고 있다. 어반 오피스에서도 3D 프린터로 만든 플라스틱 용기들이 진열되어 있었는데, 술잔, 각종 열쇠고리, 체스 판의 말, 온갖 티셔츠 등의 문양 도안 등을 찾아볼 수 있었다.

도서관의 의미를 설명하는 프레젠테이션

어반 오피스를 둘러보면 곳곳에 빨간색과 노란색, 초록색과 파란색 등의 다양한 각종 플라스틱 재료들이 쉽게 눈에 띄었다. 이 재료를 사용하여 3D 프린터로 프린트를 할 때, 한 건당 40센트를 받고 있다고 한다. 워낙 플라스틱 값이 저렴하기에 가능한 가격이라고 설명했다. 이 기기를 사용할 때 이곳이 도서관이기에 3D 프린터를 이용해 만든 물건으로 사적인 이익을 추구하면 안 된다는 전제 조건만 있을 뿐, 놀이와 취미 생활을 포함하여 자신의 특기를 기르는 데 얼마든지 사용할 수 있다고 덧붙였다. 또한 이 기기는 주로 프리랜서나 학생들 같은 젊은 층이 많이 사용하는데, 이들이 문양을

프린트하는 과정에서 저작권에 대한 교육도 병행하고 있다고 한다. 예를 들어 티셔츠 도안을 그릴 때 저작권이 저촉되지 않는 문양만 가능하다는 것을 알려 주며 저작권의 중요성을 인식시킨다는 것이다.

이처럼 3D 프린터는 아이디어만 있으면 누구나 제품을 생산할 수 있어 1인 제조업이 가능한 차세대 혁신 기계로 주목받고 있다. 우리나라에서도 서울도서관, 광진 정보도서관, 대구 범어도서관, 부산 시립 시민도서관 등 이미 여러 도서관에서 이 3D 프린터를 구비하고 있다. 그런데 이 어반 오피스는 장비와 기술자만으로 구성된 도시 작업장이라는 점에서 우리와는 많이 다르다. 핀란드인이 생각하는 도서관의 의미가 무엇인지 새삼 궁금했다.

로타는 도서관이 새로운 기술과 지식을 모아 사람들과 함께 나눔으로써 사람들이 편안하고 행복하게 살 수 있도록 돕는 공간임을 강조했다. 도서관이 단순히 정보를 나누고 책을 읽는 공간을 뛰어넘어 '함께' 좀 더 나은 '미래 사회'를 위해 정보와 기술을 공유하는 공간이라는 것이다. 우리는 이 개념을 좀 더 들어 보기 위해 책이 없는 도시 작업장을 왜 군이 도서관이라고 부르는지 물

3D 프린터 작업

어반 오피스에서 쓰는
작업 기기

작업용 컴퓨터

작업 중인 프린터

어보았다. 그 질문에 로타는 도서관은 예로부터 새로운 문명이 모아지는 공간이기에 사람들의 삶을 돕는 이곳이 새로운 도서관의 모습으로 충분하다고 설명했다. 우리는 로타의 말 속에서 사람들의 삶을 돕기 위해 끊임없이 연구하는 핀란드의 실용성과 모든 정보를 시민들과 함께 나누고자 노력하는 모습까지 함께 살필 수 있었다.

지식을 함께 공유하며 개인의 가능성을 키우는 나라

어반 오피스에서 본 도서관의 역할은 이처럼 시대의 흐름에 따라 시민들의 요구를 발빠르게 반영하여 변화가 가능하도록 만들었다는 점에서 더욱 주목해 볼 수 있다. 우리는 헬싱키의 도서관 10과 이곳 어반 오피스에서 '도서관은 동사다'라는 표현을 자주 접할 수 있었다. 그들이 말하는 '동사형' 도서관은 정해진 틀이 있는 것이 아니라 그때그때 시민들의 필요와 요구에 맞도록 도서관의 내용과 구조를 끊임없이 개선한다는 의미로 사용되고 있었다. 책상과 의자 하나라도 고정된 틀이 아니라 이용자의 편의에 맞도록 이동과 변형이 가능하도록 배치하고, 도서관의 프로그램은 이용자의 필요에 맞게 운영하는 시스템을 갖추

비디오테이프를 디지털로 변환하는 기계

어반 오피스 개인 공간

어반 워크숍이 하는 역할(프레젠테이션 중 발췌)

고 있었다. 예를 들어 자신의 개성에 신경 쓰는 청소년들에게는 자신들이 좋아
하는 문양으로 직접 티셔츠를 만들 수 있는 프로그램을 지원하고, 옛 추억을 회
상하기를 좋아하는 어르신들에게는 자신들의 옛 결혼식 영상 테이프를 DVD로
변환하거나, 최첨단 장비로 가족사를 정리할 수 있도록 지원하고 있었다.

 핀란드 수도 헬싱키의 가장 중심지에 시민들에게 필요한 도시 작업장을 만
들고, 그 작업장이 더욱 쓸모 있도록 프로젝트 공모를 통해 끊임없이 내용을
보완해 가는 과정 속에서 핀란드의 혁신이 어떻게 가능했는지 우리는 그 시스
템의 근간을 보는 듯했다. 로타는 어반 오피스의 핵심 프로그램인 어반 워크숍
의 내용은 앞으로 완공될 중앙도서관 핵심 내용을 시범적으로 운영하고 있기
에 현재 중앙도서관이 없어도 중앙도서관은 이미 있는 것이나 다름없다고 강
조했다. 이 말을 들으며 밖으로 보이는 형식적인 모습에 많은 것을 쏟아붓고

아름다운 삶, 아름다운 도서관

개인 작업 공간

대형 검색 공간

실적을 따지는 우리와 달리 시민에게 좀 더 도움이 되도록 프로그램을 중시하는 핀란드의 실용주의 정신도 좀 더 이해할 수 있었다.

파도를 볼 때 파도만 볼 게 아니라 그 파도를 일으키는 바람을 봐야 한다는 말이 있다. 우리가 주목해야 할 점도 바로 이러한 도서관이 존재할 수 있는 핀란드의 시스템일 것이다. 이곳에 와서 우리 사회가 그동안 추구해 왔던 대기업 중심의 발전을 넘어서 개인의 발전을 위해 국가가 어떻게 도와야 하는지를 생각해 보지 않을 수 없었다. 어반 오피스에서 개인의 가능성을 믿고 끊임없이 기회를 주는 사회의 모습이 어떠한지 그 방향성이 보였기 때문이다. 우리처럼 경쟁으로 약자를 도태시키는 사회가 아니라 더불어 살아가는 가치를 중심에 놓고 끊임없이 시민의 요구를 묻고 묻는 시스템을 확립한 나라 핀란드가 공공성의 강화를 통해 개인의 힘을 키우기 위해 노력하는 모습 속에서 미래 사회를 대비하는 힘과 저력을 다시 한 번 느낄 수 있었다.

사람들을 찾아 움직이는 도서관

헬싱키 시립 이동도서관 본부
Mobile Library Helsinki Unit

김은정 서울 중앙대학교사범대학부속고등학교 교사

주소 Rautatieläisenkatu 8 PL 4101 00099 Helsinki
이메일 kirjastoautot@hel.fi
연락처 358 (0) 9 310 85002

잊혔던 나의 보물 창고를 만나러 간다. 초등학교 4학년 때 잠시 경기도 안산에 산 적이 있다. 그 당시 도서관이 없던 동네에 언제부터인가 집 앞으로 마을버스 같은 이동도서관이 정기적으로 오기 시작했다. 얼마나 자주 왔는지는 정확하게 기억나진 않지만 책으로 빼곡히 차 있던 차 안 만은 또렷이 기억난다. 자그마한 창문으로 스며드는 빛과 천장에 달린 어스름한 형광등 불빛에 의지해 책을 고르던 그때, 나의 심장은 언제나 설렘으로 쿵쾅쿵쾅 뛰었다. 정해진 시간 내에 찾아야 하는 스릴 넘치는 긴장감과 원하는 책을 발견했을 때의 그 기쁨은 소풍날 보물찾기에서 찾은 종이 한 장이 주었던, 세상을 다 가진 듯한 기쁨과 동일했다.

버스에서 내리니 희뿌연 눈발이 내린다. 빨리 도서관으로 들어가라고 재촉이라도 하듯 두 뺨에 닿은 눈이 차갑다 못해 쓰라리다. 줄줄이 계단 위로 올라가니 반듯한 남색 건물이 보인다. 헬싱키 시 이동도서관 본부가 위치한 파실라 도서관이다. 열한 살 아이의 설렘과 안도감이 교차한다.

아이들의 상상 놀이터 '스키디'

파실라 도서관 안의 따스한 온기가 추위와 긴장감으로 떨렸던 몸을 사르르 누그러트린다. 헬싱키 시의 이동도서관을 소개해 줄 사서 올리 스트룀버그가 다가온다. 우리는 가볍게 인사를 나누고 그녀를 따라 도서관의 아래층으로 내려갔다. 어둑한 원형 계단의 끝에 있는 문을 열자 천장과 맞닿을 높이의 서가가 늘어선 헬싱키 시 이동도서관 본부가 나왔다. 본부를 둘러볼 겨를도 없이 담당자는 곧바로 우리를 이동도서관이 있는 차고로 안내한다.

조바심 가득한 표정으로 차 문이 열리기를 기다리던 작디작은 여자아이가 20년이 훌쩍 넘는 시간을 지나, 지구 반대편의 나라 핀란드 헬싱키에 있는 이동도서관 '스키디Skidi' 앞에 서 있다. 세월의 흐름 속에 인지조차 못했던 그 시간들이 무의미할 만큼 또다시 나의 가슴은 스릴 넘치는 긴장감과 왠지 모를 설렘으로 한껏 고조된다.

핀란드어로 '아이'를 의미하는 스키디는 이름 그대로 어린이를 위한 이동도서관이다. 세상에 이렇게 사랑스러운 이름의 이동도서관이 어디 있을까. 우리가 방문한 주 토요일은 15년 동안 사용한 낡은 버스 대신 앞으로 아이들과 함께 할 스키디가 처음 선보이는 날이다. 헬싱키 시 이동도서관은 헬싱키에서 태어난 핀란드 작가 토베 얀손 탄생 100주기를 기념해 새로운 어린이 이동도서관을 토베 얀손의 국민 동화 캐릭터 '무민'으로 디자인했다. 핀란드 숲 속 무민의 골짜기에 사는 희고 포동포동한 귀염둥이 캐릭터 무민이 그려진 스키디를

어린이 이동도서관 '스키디'

아이들이 좋아하는 핀란드 동화 캐릭터 무민이 그려진 외관　　　　　　스키디로 들어가는 입구

저 멀리서 아이들이 본다면 두 눈을 반짝이며 한걸음에 달려올 게 분명하다.

아이들은 스키디 앞에서 이렇게 생각하겠지. '이 한 발을 내딛으면 저 안에 선 어떤 일들이 펼쳐질까…….' 무한한 상상을 품고 무민과 함께 동화 속으로 모험을 떠날 헬싱키 아이들의 마음 그대로 나 또한 입이 귀에 걸리도록 행복한 미소를 머금고 이동도서관 안으로 들어간다.

빨강, 노랑, 주홍, 파랑. 화려한 색채로 칠해져 있는 스키디 내부는 아직 개장 전임에도 벌써부터 온기와 활기가 넘친다. 다른 이동도서관은 대체로 내부가 흰색으로 칠해진 경우가 많은데 이건 유달리 색이 많아 좋다며 사서는 스키디의 디자이너가 칠레 출신이라 색 조합도 그쪽에서 온 게 아닐까 하고 고개를 갸웃한다. 사서의 표정에서 호기심 가득한 아이들의 표정이 배어 나온다.

월요일부터 금요일까지 평일만 운영하는 어린이 이동도서관은 오전 9시에서 오후 2시까지 유치원과 초등학교를 돌고, 오후 3시에서 8시까지는 헬싱키 시 외곽, 아이들이 많은 교외 지역을 다니며 도서관 서비스를 제공한다. 새 이동도

다양한 색으로 칠해진 스키디 내부

이동도서관에 비치된 다양한 자료들

어린이 이동도서관에는 무민 책이 특히 더 많다

서관은 개장을 준비하는 중이라 책장에
는 동화책 몇 권만이 꽂혀 있다. 책장의
투명한 칸막이 사이로 비치는 동화책으
로 나도 모르게 손이 계속 간다. 이동도
서관에는 책뿐만 아니라 잡지, 영화, 음
반, 오디오북, 게임기도 갖추고 있다.

 이른 아침, 이동도서관 차량은 책장
빼곡히 책을 싣고 이동도서관 본부를
나온다. 초등학교는 선생님들이 책 읽기
를 적극 권장하기 때문에 책 대출이 많
다. 초등학교를 돌고 본부로 돌아올 때
쯤이면 이동도서관의 책장은 텅텅 빈다.
오후에 또 다른 아이들을 만나기 위해
서는 신속하게 책장을 채워야 한다. 이
동도서관 본부가 분주해진다. 헬싱키 이

작은 이동식 서가를 두어 업무의 효율성을 높인다

동도서관 직원들은 책을 바꿀 때 책을 뺄 필요가 없도록 아이들이 좋아하는 책
들로 가득 채운 바퀴 달린 작은 이동 서가를 미리 여러 개 준비해 놓고 기다린
다. 이동도서관 차량이 들어오면 차 안의 텅 빈 이동 서가는 밖으로 빼내고, 미
리 준비한 이동 서가를 차 안으로 밀어 넣어 업무 효율을 높인다. 다양한 자료
들로 내부가 불룩해진 이동도서관은 공공도서관이 없는 헬싱키 시 외곽 지역
의 아이들을 만나러 다시 한 번 신나게 출발한다.

 도서관이 없는 지역에 사는 아이들은 어린 시절의 나처럼 이동도서관이 오
는 날을 손꼽아 기다릴 것이다. 새 이동도서관에는 특히 무민 책을 많이 갖추

차량 뒤에 배치된 좌석에서 이벤트가 진행된다

고 있다고 하니 아이들의 기대감은 한층 높아지겠지. 가끔씩 어린이 이동도서관 안에서는 '책 읽어 주기'와 같은 특별한 이벤트가 진행된다. 올망졸망 모여 사서가 들려주는 이야기에 귀 기울일 아이들을 위해 새 이동도서관의 차량 뒤쪽에는 작은 규모의 이벤트가 가능하도록 좌석이 배치되어 있다. 아이들이 많은 날에는 좌석 아래에 푹신푹신한 의자를 채워 모두 편하게 이야기를 들을 수 있도록 세심한 배려도 잊지 않았다. 이벤트가 진행될 때, 펄쩍펄쩍 뛰며 환호성을 지를 아이들의 천진난만함이 눈에 선하다.

핀란드의 이동도서관은 한 공장에서 만들어진다. 11~12미터 정도 되는 버스를 개조해 만든 스키디의 공간이 협소하다며 사서는 미안해한다. 스키디의 이용자는 아이들이다. 아이들의 눈높이를 고려해 설계된 스키디에서 우린 협소함이 아닌 포근함을 느낀다.

아름다운 삶, 아름다운 도서관

모두를 위한 생활 속 도서관 문화 구현

헬싱키 이동도서관에는 스키디와 더불어 성인을 위한 이동도서관 '스타라 Stara'가 있다. 이동도서관이 어린이용과 성인용으로 둘로 나뉘어 운영되기 시작한 것은 15년 전부터이다. 스키디 안내가 마치자 자리를 옮겨 바로 옆에 세워진 스타라로 이동하였다. 펼쳐진 책과 흩날리는 종이, 그 위로 자유롭게 나열된 책 제목들이 그려진 외관은 누가 봐도 한눈에 '아! 이동도서관' 하고 소리를 내뱉을 만큼 명확하고 세련되다. 성인용 이동도서관의 내부는 외관만큼이나 어린이 이동도서관과 분위기가 확연히 다르다. 손때 묻은 서가에 차곡차곡 정리된 책과 전자 자료, 출입문 옆에 세워진 회전형 잡지대, 운전대 뒤에 설치된 대출 시스템과 한쪽 벽에 마련된 도서관 게시판. 그야말로 공공도서관을 접고 접어서 차 안으로 고스란히 집어넣은 것처럼 완벽한 하나의 작은 도서관이다. 군더더기 없는 자료 분류와 공간 구성에 실로 놀랍다는 말만 되풀이된다.

성인용 이동도서관 외관

다양한 종류의
자료가 꽂힌
책장

대출대는 운전석 뒤에 반납대는 차량 뒤쪽으로
분산하여 배치하였다

도서관 소식이 붙은 게시판과 회전 잡지대

성인용 이동도서관이라고 해서 어른들을 위한 자료만 있는 것은 아니다. 차량 한편에 적지만 어린이 책으로 채워진 작은 코너가 있다. 사서의 말을 들어 보니 핀란드는 우리나라처럼 사회구조상 아이 혼자 움직이는 것이 가능하단다. 이동도서관 차량은 거주 지역 가까이 항상 같은 곳에 정차를 한다. 때문에 아이 혼자서 이동도서관에 오는 것이 용이해 이렇게 동화책을 비치하고 있다. 부모님의 손을 잡고 오는 아이도, 친구와 함께 오는 아이도, 씩씩하게 혼자 오는 아이도 스타라의 당당한 이용자로서 오늘도 어른들 사이에서 자신의 꿈을 펼쳐 줄 한 권의 책을 고르고 있을 것이다.

그림책, 아동문학을 비롯해 읽기 수준에 따라 비치된 어린이 코너

2003년 처음 운행을 시작한 스타라 내부는 10년 동안 운영된 이동도서관이라고는 믿을 수 없을 만큼 청결하고 깔끔하다. 책장에 꽂힌 책들도 새 책처럼 깨끗하다. 가까이 들여다보니 모든 책에 기포 하나 없이 말끔하게 비닐 시트를 씌워 놓았다. 헬싱키 시립도서관은 소장 중인 도서들이 모두 최대한 깔끔하고 새 책처럼 보이도록 하기 위해 모든 책에 커버를 씌운다. 이용자 입장에서 낡고 지저분한 책보다 깨끗하고 새로운 책에 손이 더 가기 때문이다. 특히 이동도서관은 가능한 상태가 좋은 책을 배치해 이용자에게 제공하고 오래된 책은 기피한다. 사서에 의하면 헬싱키 시립도서관의 전반적인 분위기는 예전만큼 책 관리에 정성을 쏟기보다는, 요즘은 낡고 지저분하면 바로 폐기 처분하는 방향으로 바뀌고 있다고 한다. 보존보다 새로운 자료를 신속하게 이용자에게 제공하는 게 더 중요하다 여기고 10번 이상 대출된 책은 폐기하고 있는 도서관 10과 이용자의 입장에서 최대한 깨끗하고 좋은 책을 제공하려는 헬싱키 시 이동도서관을 통해 한정된 공간에서 여전히 보존과 폐기로 갈팡질팡하는 나를 돌아보며 이동도서관에서 내려온다.

이용자에게 깨끗한 책을 제공하고자
책에 비닐 커버를 씌웠다

핀란드 성장의 숨은 원동력

핀란드 이동도서관의 시작은 1913년~1914년 헬싱키 반타에서다. 그 당시 이동도서관은 말이 끄는 수레였다. 지금의 차를 이용한 이동도서관이 정식으로 운영되기 시작한 것은 1961년 도서관법이 제정되면서다. 초기, 이동도서관은 고정된 도서관보다 폭넓은 독자층을 만족시킨다는 점에서 긍정적으로 평가되지만, 공공도서관 증축의 필요성과 비싼 차량 운영비 문제로 이동도서관 운영에 소극적이었다. 1950년대 시 네 곳(헬싱키, 카리스Karis 문살라Munsala, 노키아Nokia)에서 시 자체 예산을 들여 차량용 이동도서관을 만든다. 임시 선반으로 포장된 이동도서관은 4주에 한 번씩 일요일마다 운행되었다. 이 이동도서관은 대단히 성공적이었다. 4주에 1회 운행으로는 부족할 만큼 지역의 많은 사람들이 이동도서관을 이용하였다. 몇몇 이동도서관의 대출량은 그 지역 도서관보다 많을 만큼 인기가 좋았다.

1966년 시작된 헬싱키 시 이동도서관이 가장 바빴던 시기는 1970년대이다. 이때 핀란드의 이동도서관 차량 수도 가장 많이 증가한다. 1965년 5대에서 1975년 209대가 되고, 이동도서관을 가지고 있던 지자체도 1969년 8.9퍼센트에서 1980년에는 45.3퍼센트로 늘어난다. 한마디로 이동도서관이 핀란드 전역으로 확대된 것이다. 이동도서관이 이렇게 발전하게 된 데에는 핀란드의 경제구조의 변화와 연관이 있다. 1970년대 경제구조의 변화로 대규모 인구 이동이 양산되면서, 사람들은 일자리를 찾아 농업 지역에서 다른 산업 지역으로 떠난다. 지역의 불균형적 발전은 학교와 도서관으로 영향을 미친다. 시골 마을은 점점 작아져 학교는 폐교되고, 상대적으로 커진 도시와 새로 생긴 근교는 학교와 도서관이 부족해진다. 급속도로 성장은 하였으나 일반 도서관을 많이 짓기에는 재정적으로 부족한 시기에 이동도서관은 도서관이 없는 지역의 사람들에게 능동적으로 도서관 서비스와 교육적 혜택을 제공하는 저비용 고효율을 내는 최상의 조건이었다. 이동도서관은 이러한 수요를 충족시키며 가장 빠른 성장과 움직임을 보인 호황기를 맞이한다.

1991년 이동도서관의 차량 수는 234대로 최고조에 이른다. 그 후 핀란드의 경제 침체와 계속적인 인구 이동으로 오늘날까지 꾸준히 감소해, 현재 핀란드 전역에는 이동도서관이 총 148대 있다. 우리는 이동도서관 2대만으로 헬싱키 전역을 운행하는 데 부족한 것은 아닌지 조심스럽게 물어보았다. 사서는 헬싱키 전역에 시립도서관이 30여 개 정도 있으며, 이동도서관이 가는 곳은 한정적이고, 모든 곳에서 이동도서관을 필요로 하는 것은 아니므로 가능하다고 말한다. 그녀는 헬싱키 시 자체가 점점 더 커지고 계속해서 성장하고 있기 때문에 새로운 교외 지역이 생겨나면 필요도 더 커질 것 같다며 가끔 이동도서관 본부로 시민들이 메일을 보내 우리 지역으로 와 줄 수 없느냐는 요청을 받고 있다는 말도 전한다.

헬싱키 시립 이동도서관 본부의 24시

스키디와 스타라. 두 대의 이동도서관이 있는 헬싱키 이동도서관 본부는 헬싱키 시립도서관의 여러 가지 도서관 중 하나이다. 우리나라는 일반적으로 공공도서관이나 시 아니면 기업에서 개별 차량을 가지고 이동도서관을 운영한다. 반면 헬싱키 이동도서관 본부는 이동도서관만을 운영하는 그 자체가 독립된 하나의 도서관이다.

높다란 철재 서가와 정리된 책이 놓인 북 트럭, 그 안에서 분주히 움직이는 사람들이 있는 이동도서관 본부는 일반 도서관의 자료관리실과 흡사하다. 제법 큰 규모의 헬싱키 이동도서관 본부에는 사서 4명과 도서관 관련 교육을 받은 일반 직원 7명, 도서관 관련 정규 교육을 곧 받을 일반 직원 1명까지 직원이 총 12명 근무한다. 이제 핀란드는 도서관에서 일을 하려면 도서관 관련 정규 교육을 받아야 하는 것으로 바뀌고 있다.

이동도서관 본부 내부

　이동도서관 2대가 머무르는 정거장은 35곳으로 한 지역을 1주에 2회 방문한다. 어린이 이동도서관의 경우 64개 유치원에 대략 월 1회 방문하고, 23개 학교에 월 1~2회 방문한다. 오전에 유치원과 초등학교 방문이 끝나면 오후에는 도시 주변의 14곳을 방문한다니 결코 적지 않은 숫자이다. 이동도서관 차량 한 대가 움직일 때마다 보통 2~3명의 직원이 투입된다. 운전기사 1명과 사서 혹은 도서관 교육을 받은 직원 1~2명이다. 운전기사는 운전만 하는 것이 아니라 도서관 업무도 본다는 점이 놀랍다.

　2013년 한 해 9만 7천여 명의 이용자가 헬싱키 시 이동도서관을 방문하였고, 20만 권이 넘는 자료가 대출되었다. 어린이 이동도서관은 아침에 바쁠 때는 최대 700종의 자료를 아이들이 빌려 간다. 사서와 도서관 직원들은 양질의 이동도서관 서비스를 제공하고자 저녁에 이동도서관 본부로 돌아와 비워진 서가에 새로운 자료를 채워 넣는다. 하루의 일상이 이동도서관과 함께 쉼 없이 돌아가고 있다.

이동도서관의 가치를 생각하다

핀란드는 1차 세계대전 발발로 잠시 이동도서관 서비스가 중단되기도 하지만, 2차 세계대전 중에도 이동도서관 운영에 대한 논의를 하였다. 전 세계가 그렇듯 핀란드도 전체적인 국가 경제 사정이 별로 안 좋아 이동도서관을 운영하는 데 재정적 어려움을 겪고 있다. 그럼에도 그들이 이동도서관에 특별한 가치를 두는 이유는 무엇일까? 우리는 이동도서관을 구시대적 유물로 여기며, 현대에는 의미가 없다고 생각한다. 과연 그럴까?

핀란드는 축제가 많다. 헬싱키 시는 여름에 시립도서관에서 개최하는 소규모 문학 축제와 지자체에서 개최하는 각종 음악 축제가 진행된다. 헬싱키 시 이동도서관은 휴일을 제외한 평일 오후 3시에서 8시까지 운영하지만 특별히 축제가 진행되는 기간이면 축제장으로 차를 끌고 가 축제를 즐기는 사람들에게 책을 대출해 주거나, 간단한 이벤트를 진행한다. 짧은 여름을 최대한 화려하고 아름답게 보내려는 사람들로 가득한 음악 축제 때 누가 올까 싶지만, 소란스럽고 복잡한 축제에 시달린 사람들이 조용히 쉬면서 책을 읽을 공간을 찾아 이동도서관으로 온다. 어른도 마찬가지지만 특히 아이들이 더 많이 이동도서관을 찾는다.

헬싱키 시립도서관은 태블릿 컴퓨터와 같은 신식 IT 기기가 나오면서 지난 몇 년간 사람들이 일반적인 책을 빌려 가는 빈도가 줄어들었다. 사람이 찾지 않는 도서관이라는 위기의식은 현실로 다가왔다. 그들은 이용자가 오길 앉아서 기다리지 않고 이용자를 찾아 '능동적으로 움직이는 도서관과 사서'가 되었다. 시민의 목소리를 들으며 시민과 '함께하는' 도서관에 대한 중요성의 가치를 인식한 것이다. 모든 사람들에게 자유와 평등이 주어지는 것. 핀란드 사회가 추구하는 가치이자 정신이다. 짧은 기간, 우리는 헬싱키 시립도서관에서 모든 사람에게 '해 볼 수 있는 기회'의 자유와 평등을 서비스하고 있음을 보았다. 움직인다는 것. 다가간다는 것. 경험할 수 있는 기회의 자유와 평등을 서비스하는 것. 이 모든 것은 더 많은 사람들에게 도서관 서비스를 제공하고자 말이 끄는 수레로부터 시작된 핀란드 이동도서관의 정신에서 비롯된다. 이동도서관은 단순히 이용자에게 도서관의 서비스를 제공하는 것으로 끝나지 않는다. 도서관을 이용할 수 없는 사람들에게 책의 질감과 냄새를 맡을 수 있도록 해 주며, 세상에 고립된 인간과 인간을 모으고 연결하는 끈이 되어 준다. 내가 생활하는 일상의 범위 안에서 시간의 흐름과 함께해 줄 때 비로소 이동도서관의 의미가 부여된다. 헬싱키 시민들이 화려한 축제 중에도 이동도서관을 찾는 것처럼 말이다.

헬싱키 시립도서관이 겪는 현실은 또 다른 우리의 현실이다. 고정된 도서관으로 이용자가 오기만을 기다리는 것이 아닌 미래 지향적인 입장에서 이용자에게 어떻게 다가갈 것인가를 고민해 봐야 할 때다. 서울에는 아이들의 사랑을 한 몸에 받으며 시내를 돌아다는 애니메이션 캐릭터 타요 버스가 있다. 눈만 그려진 일반 시내버스가 아닌 아이들의 꿈과 상상력을 싣고 다니는 이동도서관이라면 얼마나 좋을까 하고 생각해 본다. 무민이 그려진 스키디에서 꿈을 꾸고 바른 미래를 향해 성장하고 있을 헬싱키 시 아이들처럼 우리의 아이들도 이동도서관에서 미래를 그리고 모두가 함께 살아가는 삶의 행복의 가치를 느끼며 민주 시민으로 성장하길 바란다.

학생들과 함께 운영한 소박한 이동도서관

이영선 청주 양청중학교 교사

| 매일 여행을 떠나는 책에는 설렘이 묻어 있다!

책장에서 조용한 일생을 보내는 책이 있다면 도서관의 책은 매번 낯선 사람과 여행을 떠난다. 특히나 이동도서관의 책은 일상이 여행이다. 매일 여행을 떠나는 책들이 모여 있는 그곳에는 왠지 모를 설렘이 있었다.

도서관 실내에 뜻밖에 멋진 분수대가 있던 파실라 도서관 지하에 헬싱키 이동도서관 본부가 있었다. 지하로 내려가니 제법 큰 규모의 지하 차고에 이동도서관 버스 두 대가 주차되어 있다. 한 대는 어른과 어린이가 함께 이용하는 10년 된 이동도서관용 버스이고, 다른 한 대는 핀란드 대표 동화 캐릭터인 무민으로 꾸며진 어린이 전용 이동도서관 버스이다. 어린이들을 설레게 할 모습으로 한참 단장 중인 이 버스는 15년간 운영된 기존의 낡은 버스를 대신하게 된다고 한다.

먼저 새롭게 준비 중인 어린이 전용 이동도서관 버스로 안내되었다. 내부로 들어가는 길이 왠지 설레었다. 어쩌면 산타클로스와 루돌프가 살고 있는 핀란드 자작나무 숲의 동화 같은 분위기가 펼쳐질지도 모른다는 기대였다. 비록 산타는 없었지만 칠레가 고향인 디자이너가 설계했다는 버스 내부는 북유럽답게 세련되고 실용적으로 보였다. 안전과 건강을 생각한 친환경 소재로 된 내부는 북유럽의 겨울이 춥고 긴 탓인지 따뜻한 느낌의 다양한 붉은 색상으로 되어

있어 포근하고 편안한 느낌을 준다. 또한 오랜 기간 이동도서관 버스를 운영하며 쌓인 노하우를 반영한 세심한 공간 활용과 효율적인 운영 방법이 돋보였다.

특히 인상 깊었던 것은 이용자와 운영자 모두가 편리하고 효율적인 운영 방법이다. 예를 들어 이동도서관은 교체 작업이 번거로우면 자칫 낡은 책으로 운영될 수 있다. 이를 위해 버스에 장착된 서가들은 분리와 이동이 쉽도록 되어 있었고 교체할 책들은 미리 다른 서가에 준비하여 서가째로 교체하고 있다.

버스 두 대를 다 살펴보고 나서 "다른 버스는 지금 외부에 나가 있나요?" 하고 물었다. 널찍한 지하 주차장에 버스 두 대만 있기에 나도 내심 궁금하던 참이었다. 더 많은 이동도서관이 있을 것이라는 기대와는 달리 헬싱키 전체에 이동도서관 버스는 총 두 대이며 그나마 오늘은 휴일이라 두 대 다 주차되어 있다는 답이 돌아왔다. 우리가 방문한 헬싱키 이동도서관 본부는 이동도서관 운영을 위한 독립된 도서관이며, 다른 도서관에서는 정식 이동도서관은 운영하지 않는다고 한다. 다만 일부 도서관에서 각종 축제 기간에 자전거 등 간단한 이동 수단을 활용한 임시 이동도서관을 운영하고 있다고 하였다. 핀란드는 짧은 여름을 화려하게 즐기기 위해 여름에 많은 축제가 열리고 있는데 이 기간에 이동도서관들이 각종 축제 현장에 찾아가고 있다. 시끌벅적한 축제에 이동도서관 이용자가 있을지 의문이 들었으나 특히 음악 축제 같은 경우에는 어른들을 따라온 어린이들이나 잠시 조용한 자기만의 시간을 갖고 싶은 어른들이 많이 이용한다고 한다.

그때 상업 중심지에 위치한 도서관 10에서 책 수레를 단 자전거를 타고 바닷가에서 환하게 웃던 도서관 직원의 사진을 본 생각이 났다. 아니나 다를까 이동도서관 본부 지하 차고 한쪽에도 책 수레를 단 자전거가 있었다. 옆에 헬멧까지 준비된 자전거는 봄바람이 불어오면 책 수레를 끌고 신나게 달려 나갈 모양이다.

헬싱키 같은 대도시에 이동도서관 버스 두 대는 너무 적다고 느껴졌다. 그러던 중 충북 괴산에서 '숲 속 작은 책방'을 운영하고 있는 백창화 선생님 댁에

놀러갔다가 나눈 이동도서관 이야기가 떠올랐다.

"저도 이동도서관을 운영하고 싶었는데 지속적인 예산과 전문적인 인력 운영이 문제라 포기했어요. 우리나라는 지역 도서관에서 이동도서관을 운영하거나 요즘은 대기업 지원으로 운영되는 어린이 이동도서관 버스들이 있는데 안정적으로 운영되고 있는지는 잘 모르겠어요."

백창화 선생님의 말을 듣는 순간 숫자와 규모에 집착하여 운영의 지속성과 전문성에 대하여 간과하고 있었다는 생각이 들었다.

마을마다 도서관이 생긴 현재도 헬싱키 이동도서관은 시에서 예산을 지원받는 별도의 독립된 도서관으로 여전히 안정적으로 운영되고 있다. 장서 규모는 비도서(영화 음반 포함 30퍼센트) 도서(70퍼센트)를 합하여 4만여 권으로 매년 4천 권을 구입하고 있다. 비록 버스 두 대로 규모는 작지만 이동도서관 버스 한 대의 운영을 위해 얼마만큼 노력하고 있는지 새삼 감탄스러웠다.

| 우리 학교 도서관 책들도 주말이 되면 소풍 같은 여행을 한다!

봄부터 가을, 화창한 주말이면 독서 동아리 학생들은 책을 바구니에 넣어 학교 인근 공원에서 돗자리를 펴고 소박한 이동도서관을 운영한다. 함께 공원에서 책을 읽자는 캠페인도 하고 돗자리에 누워 책을 보며 뒹굴거리다 어린이들이 오면 책 놀이도 하고 그림책도 다정하게 읽어 준다. 가끔은 책 바구니를 들고 지역 노인 요양 시설에 찾아가 몸이 불편한 어르신들에게 그림책을 읽어 드리며 말벗을 해 드리기도 한다. 학생들은 자신이 이동도서관이 되어 책과 함께 세상을 만나고 소통하고 있다.

요즘은 지역마다 학교마다 도서관이 늘고 전자책으로도 쉽게 책을 접할 수 있다. 그렇다면 현재 이동도서관의 역할은 단순한 도서 대출이 아니라 필요한

곳에 책과 함께하는 소통의 공간을 제공하는 것이 아닌가 생각한다. 여행의 설렘을 담은 책들이 모인 이 소중한 소통의 공간이 세상 곳곳에 나타나기를, 그리고 오래 지속되기를 바란다.

스웨덴

살아서 움직이는 생생한 복합 문화 공간

쿨트후셋 Kulturhuset

김정숙 서울 마곡중학교 교사

홈페이지 http://kulturhusetstadsteatern.se

주소 Sergels torg Stockholm

이메일 kundtjanst@stadsteatern.stockholm.se

연락처 46 0 8 506 20 200

일반 시민이 즐기는 공공의 공간

유럽의 북쪽 스칸디나비아반도 동남부
에 자리한 입헌군주국 스웨덴. 나폴레옹전
쟁 이후 수백 년간 전쟁에 개입된 적이 없
어 안정적으로 국민과 영토를 안전하게 지
켜온 복지국가다.

2014년 1월 17일, 세르겔 광장을 가로
질러 문화의 집, 쿨트후셋Kulturhuset에 도
착했다. 북유럽의 짧은 겨울 해가 이미 기
운 어스름한 오후였으나 살아 움직이는 문
화 공간인 쿨트후셋은 문화를 즐기고 누리
는 남녀노소로 밝고 환했다.

세르겔 광장을 끼고 있는 쿨트후셋

상업 지역이 아닌 문화 공간을 원했던 땅 주인

도서관, 전시장, 공연장, 극장 등을 갖추고 세르겔 광장에 면해 있는 복합 문
화 공간 쿨트후셋은 탄생부터 남다르다. 자신의 땅을 상업 공간이 아니라 사람
들을 위해 의미 있게 이용하고 싶었던 건축주는 스톡홀름 시에 땅을 기증하면
서 문화 공간을 제안한다. 때마침 스톡홀름에 모더니즘이 유행하면서 세르겔
광장에도 영화, 미술, 건축과 관련한 현대적 문화 공간이 마련되어야 한다는 움
직임에 따라 스톡홀름 시 정부는 건축가의 제안을 받아들이게 된다.

건물은 20세기 중반 스웨덴 최고 건축가 중 한 명이었던 페테르 셸싱Peter
Celsing이 설계하여 1974년 10월 15일에 완공했다. 이후부터 스톡홀름의 모더
니즘을 대표하는 건물이 되었다. 총 면적은 10억 제곱미터에 이르며 지금도 계

쿨트후셋을 등반하는 여인상

"Reading rebels against the managed world of information & the chaotic world of data. Reading is meaning." Jeanette Winterson, 2011

개방형인 플라탄 도서관 입구

자연의 빛을 활용하는 도서관

이용객의 동선을
배려하는 배치

다양한 공연 및 강연이 열리는 공간

주제별로 분류한 서가

속 건물 내에 새로운 문화 공간을 만들어 가고 있다.

공공을 위한 공간으로 탄생하여 대중의 문화 공간을 지향하고 있는 쿨트후셋은 공연장, 미술 전시관, 극장과 함께 유아부터 성인을 위한 도서관 5개가 들어서 있는 복합 문화 공간이다. 건물 외벽 꼭대기에 암벽 등반을 하는 여인상이 매달려 있어 건물 입구부터 생동하는 힘이 느껴졌다.

취향에 따라 영감을 얻는 문학과 미술 전문 도서관 '플라탄'

세르겔 광장의 별칭으로도 불리는 플라탄Plattan 도서관은 쿨트후셋에 있는 성인을 위한 도서관 3개 중 하나다. 컴퓨터 사용 공간과 잡지 읽는 공간, 서가 등이 자유롭게 열린 개방형 도서관이다. 쿨트후셋의 5개 도서관은 각 도서관마다 주제가 분명한데, 플라탄은 주로 미술과 문학 분야의 도서를 보유하고 그에 따른 다양한 프로그램을 운영하는 도서관이다.

서가는 주제별 분류를 선택하여 이용객이 자신의 관심사를 찾거나 영감을 얻는 공간이다. 단편소설만 모아 놓은 서가, 재미있는 유머만 모은 서가, 2010년대의 스웨덴 작가만 모아 둔 서가 등으로 분류하여 누구나 자신의 취향에 따라 쉽게 자료를 찾아볼 수 있다. 예술의 방을 따로 두고 미술 관련 책만 모아 둔 공간에는 미술과 사진 및 디자인 관련 잡지 등 다양한 시각예술 관련 연속간행물을 함께 구비하여 이용객들에게 제공하고 있다.

플라탄 도서관에는 갤러리뿐 아니라 100명 정도를 수용할 수 있는 무대가 있어 문학이나 미술에 관한 특별 프로그램을 주 1회 진행하고 있다. 복합 문화 공간답게 사서, 프로그래머, 음악가 등 주제별 전문 인력을 유치하여 연극, 토론, 노벨 시상식 중계 등 다양한 문화 행사를 진행한다.

유모차를 밀고 그대로 들어올 수 있는
플라탄 도서관의 유모차 주차 공간

이용하는 사람을 위한 배려가 돋보이는 공간

서가와 무대, 갤러리 등을 열린 구조로 자유롭게 배치한 플라탄 도서관에서 특히 인상적인 공간은 유모차를 나란히 대어 놓은 유모차 주차장이었다. 쿨트후셋 건물 전체로 보면 지하에 해당하는 플라탄 도서관은 세르겔 광장에서 바로 진입할 수 있도록 광장을 비스듬히 깎아 입구를 만들었기 때문에 유모차를 밀거나 휠체어를 타고 곧장 도서관으로 들어올 수 있다. 유소년 도서관이 2개나 있는 쿨트후셋을 편리하게 이용할 수 있도록 배려한 공간 배치다. 유모차를 한쪽 벽에 나란히 대어 놓은 플라탄 도서관은 그래서 문화의 집 쿨트후셋의 중앙 입구 역할을 하며 건물 전체의 0층에 해당하는 공간이다.

이용자의 의견을 반영하여 만드는 청소년 도서관

문학과 미술을 즐기는 이용자를 위한 플라탄 도서관에서 중앙 엘리베이터를 타면 쿨트후셋의 전 층으로 올라가게 된다. 1층은 한창 공사 중이었는데 14~19세 청소년을 위해 쿨트후셋의 여섯 번째 도서관을 개관할 예정이라고 한다. 청소년의 의견과 아이디어를 반영하여 도서 대여 공간, 콘서트홀, 휴식 공간, 패션쇼장, 공예실 등 청소년이 원하는 도서관을 만드는 중이다.

도서관을 이용할 사람들의 요구를 최대한 반영하는 모습에서 공공도서관의 역할을 다시 돌아보게 한다.

아름다운 삶, 아름다운 도서관

1층 청소년 도서관은 공사 중

영화, 음악, 만화를 위한 특별한 도서관

2층에는 비블리오테크 필름 앤 뮤직Bibliotek Film & Musik이라는 이름의 영화와 음악 도서관, 세리에테케트Serieteket라 부르는 만화 도서관, 그리고 10세에서 13세를 위한 티오 트레톤Tio Tretton(1013) 등 도서관 3개가 있다. 한 공간에 있는 도서관 3개는 이용객의 취향을 고려하여 서로 독립적이면서도 예술과 문화라는 고리를 통해 유기적으로 연결된다.

영화와 음악 도서관은 다양한 세계 음악과 예술영화를 위한 아트 하우스다. 레코드판, 악보, 음악과 영화 잡지, 그리고 할리우드 영화가 아닌 예술영화를 만드는 감독의 영화 작품을 보유하고 있다. 이용객들에게 기타와 키보드 같은 악기를 대여하고 점심시간에는 왕립 음악대학에서 나와 콘서트를 열기도 한다. 우리나라도 세종문화회관 뒤뜰이나 국립극장 광장 같은 공공장소에서 음악회가 다양하게 열리고 있으니 공공도서관에서 음악회와 미술 전시회를 즐길 수 있는 날을 기대해 본다.

세리에테케트는 만화 전문 도서관으로 주제별로 서가를 배치했다. 당연히 작은 전시회를 여는 공간도 있다. 매년 봄 이곳에서 북유럽 최대의 만화 페스티벌을 개최한다. 만화를 주제로 하는 워크숍을 열고 만화 전문 출판사별로 부스를 운영하여 만화를 좋아하는 북유럽의 만화 애호가들을 불러 모으고 있다. 앞으로 이 도서관에는 만화에 관심 있는 사람들을 위한 연구실을 만들 예정이다.

영화와 음악 도서관 입구

바퀴가 달려 움직이기 쉬운 서가

음반과 함께 구비한 관련 도서

만화 도서관의 개인 열람 의자

스톱! 어른은 오지 마세요! 우주 행성을 닮은 1013 비밀의 방

2층에서 가장 인상적인 도서관은 티오 트레톤이다. 티오 트레톤은 10~13세를 위한 공간으로 쿨트후셋에서 가장 비밀스러운 곳이다. 출입 금지선이 그어져 있어 10~13세가 아니면 출입할 수 없다. 10~13세 아이들은 어른들의 눈길과 관심에서 벗어나 마음껏 자신들만의 문화를 즐기고 누린다. 이곳은 서가, 주방, 침대 겸용의 편안한 소파, 컴퓨터를 둔 스튜디오, 프린팅 공간으로 구성되어 있다.

올라갈 수 있는 높다란 구조물이 유리창가에 배치되어 있는 이곳에서 아이들은 작곡, 앱 만들기, 영화 촬영 같은 문화 활동 뿐 아니라 편안한 휴식까지 마음대로 즐긴다. 이 나이는 책

하얀 선으로 어른들의 출입을 막은
아이들만의 공간

을 가장 많이 읽거나 아예 안 읽는 시기이기 때문에 책이 아닌 다른 것, 즉 요리를 할 수 있는 주방 기구, 작곡과 웹 디자인을 위한 컴퓨터 등을 제공하는데 그 분야를 더 잘하기 위해서 결국은 책과 독서로 돌아온다고 한다. 요리는 주방에서 하지만, 요리책을 보고 레시피를 참고해야 더욱 창조적이고 맛깔스러운 요리를 만들 수 있기 때문이다.

단짝 친구와 우주 여행을 떠나자
— 디자인과 색감이 독특한 2인용 2층 의자

마음껏 자유롭고
편안한 아이들

자의식이 자라면서 간섭받기 싫어하는 아이들의 특성을 이해하고 그들의 독
립심을 배려한 이 특별한 도서관은 인간의 다양성을 존중하는 스웨덴 문화의
특징이 가장 잘 드러난 공간이었다.

발달 단계를 고려한 공간 구성이 돋보이는 어린이 도서관

쿨트후셋 5층에 있는 어린이 도서관은 4층에서 올라오는 엘리베이터 입구부
터 시작된다. 편안한 색감의 아기자기한 구조물들이 아이들의 호기심을 자극

하는데 건물 외벽에 노란색, 초록색, 빨간색 등을 달아 도서관에 입장한 인원을 미리 알려 준다고 한다. 아이들이 부모와 함께 쾌적하게 이용할 수 있도록 이용 인원을 제한하는데 어린이들이 도서관 앞에서 지루하게 기다리는 시간을 덜어 주기 위한 배려다. 작은 배려로 자칫 생길지도 모르는 지루한 도서관에 대한 기억을 미리 막는 것이다. 부모와 함께 온 아이들은 번호표를 받고 입장 순서를 기다린다.

도서관 입구에는 기다리면서 글을 배우도록 아이들의 감각에 맞춘 다양한 색감과 모양으로 글자를 만들어 걸고 달고 깔고 세우고 붙여 두었다. 아이들 키에 맞춘 미끄럼틀과 벤치, 연두색 기둥과 주황색 구조물들도 입구에서 아이들을 반긴다.

글자와 책에 대한 호기심을 자극하는 어린이 도서관 입구

바닥에 책이 널려 있는 노란 방

'아이들을 위한 방'인 어린이 도서관은 눈으로 읽는 책의 개념을 비틀어 오감으로 책을 느끼게 하는 공간이다. 서가 모양부터 색감까지 아이들의 발달 단계에 맞추어 세심하게 공간을 배치했다. 가장 어린 아이들인 1~2세를 위한 노란 방은 연두색 커튼과 흰색 울타리, 파란 글씨로 아기자기하게 꾸몄다. 글자를 모르는 아기들이 이용하는 방답게 책은 분류와 정리를 전혀 하지 않아 벽과 바닥에 장난감처럼 널려 있다. 기어 다니는 아기들이 오르내리는 나무 구조물, 붙잡고 일어설 수 있는 나무 울타리는 어린 아기들이 자연스럽게 책과 친해지게 하는 장치다.

가장 작은 아이들이
책을 가지고 노는 노란 방

마음껏 몸을 움직이면서 뇌를 자극하는 갈색 블록 집

아직 책 읽기에 서툰 3~6세 아이들을 위한 갈색 방은 왕자, 공주, 자동차 등 아이들의 수준에 맞는 주제로 분류를 시작하는 곳이다. 아기들에 비해 활동량이 많고 움직임이 더 자유로운 아이들을 고려하여 책을 배치했다. 우주와 하늘, 새에 관한 책은 높은 곳에 두고 땅과 농작물, 물고기에 관한 책은 낮은 곳에 두

아이들이 최대한 몸을 움직이면서 책을 보도록 배려한 갈색 방

살아서 움직이는 생생한 복합 문화 공간
쿨트후셋

어 사다리와 계단을 오르내리며 최대한 몸을 움직이도록 유도한다.

　서가와 가구는 모두 몸에 전혀 해가 없는 원목으로 만들었다. 독립에 대한 욕구가 시작되는 시기인 만큼 혼자만 들어가서 놀 수 있는 동굴 같은 블록 집도 있다. 가만히 앉아서 눈으로 읽는 전통적인 도서관에서 발전하여 온몸으로 책을 느끼게 하는 모습이다.

　7세 이상 더 큰 아이를 위한 흰색 방에는 녹음된 이야기를 들을 수 있는 빨간 의자가 놓여 있다. 이 방은 내용에 따라 정확하게 분류하여 서가를 배치했다. 가구는 모두 움직일 수 있도록 제작하여 수시로 공간 구조를 바꾸어 준다.

7세 이상의 아이들을 위한 하얀 방

언제나 흥겨운 음악이 있는 미술 워크숍 공간

　어린이 도서관도 쿨트후셋의 다른 도서관처럼 다양한 프로그램을 운영하고 있다. 어린이의 수준에 맞추어 노래 부르기, 음악 듣기, 동화 구연, 작가와의 만남, 전시회 등을 수시로 연다. 특히 미술 관련 프로그램이 인기가 있어 미술 워크숍 공간을 따로 두었는데 이곳에는 언제나 흥겨운 음악이 흐르기 때문에 중간중간 미술 활동을 멈추고 신나게 춤을 추기도 한다. 금요일에는 아예 어른 아이 할 것 없이 참여하는 댄스 프로그램을 운영하여 장르를 막론하고 서로 통하는 예술과 문화를 어릴 때부터 자연스럽게 경험하게 한다.

사서가 입은 앞치마까지 어린이의 눈높이에 맞춘 어린이 도서관에는 아이들이 부모와 함께 간단한 식사나 간식을 먹을 수 있는 작은 방이 있다. 수시로 간식거리를 챙겨야 하는 어린이의 특성을 이해하고 만든 공간을 지나니 천장과 벽에 하얀 별이 반짝이는 푸른 방이 나타났다. 푹신한 양탄자가 깔린 둥근 방이다. 한없이 큰 우주 공간 속 어느 미지의 별인 듯 아늑한 푸른 방에서 관장 헬리아나, 사서 마리아와 이야기를 나누었다.

민주 시민사회의 바탕에는 책이 있다

스톡홀름 시에서 운영하는 문화의 집 쿨트후셋은 이용자와의 유대를 매우 중시한다. 사서가 이용자에게 다가가 책을 추천하고 책을 매개로 대화를 나누다 보니 대출량이 늘었고, 다양한 이벤트는 도서관의 문턱을 낮추어 시민들이 자연스럽게 드나들게 되었다. 시민들을 위해 늘 새롭고 특별한 것을 고안하는 쿨트후셋은 자연스럽게 스톡홀름에 있는 42개 도서관 중 가장 진보적인 도서관이 되었다. 전체 시민을 위한 도서관이다 보니 특정한 지역의 주민에게 맞출 필요는 없어 더욱 자유롭게 운영할 수 있다고 한다.

쿨트후셋은 특히 사서와 전문가의 협력이 돋보인다. 문학, 음악, 미술, 만화, 영화 등 다양한 방면의 전문가들은 쿨트후셋 5개 도서관과 전시장, 공연장에서 특별하고 새로운 이벤트를 진행한다. 이들이 진행하는 프로그램들은 모두 그 중심에 책을 두고 있다. 성인 도서관이든 청소년 도서관이든 어린이 도서관이든 풍성하게 진행하는 프로그램들은 책을 통해 더욱 깊고 특별해진다. 책은 자기 생각이 있는 민주 시민사회의 한 사람으로 당당하게 살아가게 하는 가장 완

▲ 미술 워크숍을 위한 방
◀ 간단한 식사를 할 수 있는 공간

벽한 유기체다.

　"책이나 일간지를 읽고 어떤 의견이 있는지 아는 사람이 민주 시민이다. 쿨트후셋은 책을 읽고 토론하여 자기 생각을 정리하고 그것을 표현할 수 있는 시민이 사회의 한 사람으로 행복하게 사는 법을 배우고 즐기는 공간이다."라는 사서 마리아의 말에 쿨트후셋의 성격과 지향점이 그대로 드러난다. 도서관은

아름다운 삶, 아름다운 도서관

민주 시민을 양성하는 곳이며 사서는 민주 시민을 교육하는 사람이라는 인식이 단단히 뿌리내리고 있는 스웨덴에서 민주 시민 사회를 만드는 단단한 기초는 문화임을 다시 확인했다.

아이들의 눈높이에 맞춘
어린이 도서관 사서의 앞치마

공간 전체가 생생하게 살아 움직이는 자유롭고 유쾌한 복합 문화 공간 쿨트후셋은 문화의 힘이 얼마나 사람을 행복하게 하는지 증명한다. 자기 땅에 상업 공간이 들어오는 것을 거부했던 건축주는 그 땅에 공공을 위한 멋들어진 문화 공간을 탄생시켰다. 복지의 기본 바탕이 되는 인간 존중은 공공성을 강조할 때 더욱 빛난다.

백범 김구 선생은 1947년에 간행한 《백범일지》 뒷부분에 덧붙인 〈나의 소원〉 중 '내가 살고 싶은 나라'에서 이렇게 밝히고 있다.

"……나는 우리나라가 세계에서 가장 아름다운 나라가 되기를 원한다. 가장 부강한 나라가 되기를 원하는 것은 아니다. 내가 남의 침략에 가슴이 아팠으니 내 나라가 남을 침략하는 것을 원치 아니한다. 우리의 부력富力은 우리의 생활을 풍족히 할 만하고, 우리의 강력強力은 남의 침략을 막을 만하면 족하다. 오직 한없이 가지고 싶은 것은 높은 문화의 힘이다. 문화의 힘은 우리 자신을 행복하게 하고 나아가서 남에게 행복을 주겠기 때문이다……."

높은 문화의 힘으로 복지국가를 이룩한 나라 스웨덴, 우리는 국민을 행복하게 하는 그 힘을 쿨트후셋에서 확인할 수 있었다.

헬싱키에서
영혼의 쉼터 암석교회와 캄피채플을 만나다

북유럽 도서관 여행에서 잠시 짬을 내어 들렀던 각 나라의 명소들이 있다. 워낙 꽉 짜인 여정이라 충분히 즐기기는 어려웠지만, 과제를 수행하듯 열심히 공부해 가며 들렀던 공식 방문지와 달리 관광 명소에서는 긴장을 풀고 편한 숨을 쉬며 여행의 즐거움을 만끽할 수 있었다.

핀란드는 우리가 첫 번째로 탐방한 나라이다. 북유럽 여행이 시작된 헬싱키에서 우리는 몇 군데 이름난 명소들을 방문할 수 있었다. 헬싱키 앞바다에 있는 여섯 개의 섬을 연결하여 만든 수오멘린나Suomenlinna 요새는 러시아의 침공에 대비하기 위해 18세기에 지어진 곳이다. 지금은 요새라기보다 박물관과 수많은 예술품 전시관들과 함께 멋진 주변의 풍광으로 입소문이 자자한 곳이지만, 도착 첫날 밤 인적이 드문 어둠 속을 부랴부랴 다녀온 기억은 지금 생각해도 매

헬싱키 중앙역

우 아쉬운 일정이다. 내복을 두 겹씩 껴입고 에스키모인처럼 중무장을 했지만, 매서운 북유럽의 강추위를 제대로 체험했던 그 밤에 펭귄마냥 목을 움츠리고 황량한 겨울 성곽을 돌았던 기억은 마치 꿈 같을 뿐이다.

헬싱키 중앙 사거리를 끼고 있는 헬싱키 중앙역은 레닌이 러시아혁명 직전 상트페테르부르크로 출발하며 공산당 선언문을 낭독한 역사적인 장소이다. 그곳은 러시아와 유럽을 잇는 교통의 요지로 숱한 역사를 묵묵히 품은 채 지금도 건재하다. 헬싱키 대성당은 국민 대부분이 루터파를 믿는 나라답게 헬싱키를 대표하는 건물로 평가받고 있는 곳이다. 러시아 알렉산더 대왕 2세의 조각상이 있는 넓은 광장을 내려다보며 높은 언덕에 선, 하얀 대리석 몸체와 녹색의 둥근 돔이 맑고 시린 겨울 하늘과 어우러져 눈부시게 빛나고 있었다. 또한 핀란드 하면 빼놓을 수 없는 음악가 시벨리우스를 기념하기 위해 조성된 시벨리우스 공원에서 우리는 짧은 겨울 해가 만든 애잔한, 북구의 찬란한 노을 속에서 한없는 아쉬움에 빠져 보기도 했다.

헬싱키 대성당

암석교회 외부

　핀란드 헬싱키를 떠올릴 적마다 먼저 생각나는 곳이 있다. 규모는 크지 않았지만, 고요한 침묵과 경건함으로 가득 찬 암석교회와 아름다운 작은 교회 캄피채플Kamppi Kapelle이 그곳이다. 암석교회는 정식 명칭이 템펠리아우키온 교회Temppeliaukion Kirkko로 1969년 티모와 투오모 수오말라이넨Timo, Tuomo Suomalainen 형제의 설계로 만들어졌다. 화강암으로 된 바위산 중앙을 폭파하여 교회 내부를 짓고 다시 암석으로 외부를 쌓아 올려 교회 내부로 들어서면 자연적으로 생긴 커다란 동굴 안에 들어선 것 같은 착각이 들었다. 교회를 지으면서 기존의 바위로 교회 외부를 언덕으로 쌓아 올리고 교회의 실내 벽과 제단까지 자연스럽게 암석을 이용했기에 최첨단 공법을 사용하면서도 인공적인 요소가 들어가지 않은 것처럼 자연스럽게 느껴진 것이다. 특히 이곳은 이색적인 파이프오르간 연주로도 유명한데, 자연적인 음향 효과를 살리기 위해 음향학 전문가가 설계 제작에 처음부터 참여했기 때문이라고 한다.

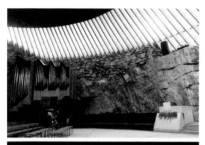

암석교회 내부

스무 명이 넘는 우리 일행은 그곳에 들어가자마자 자연스럽게 흩어졌다. 더러는 발걸음을 죽이고 소박한 교회 제단에 가까이 가서 둘러보기도 하고 또 누군가는 길다란 나무 의자에 앉아 기도를 하거나 명상에 잠기기도 했다. 잡담이 금지되어 있었기에 교회 어디나 고요함이 내려앉아 있었다. 제단 옆에 나란히 놓인 정갈한 촛대 두 개에 불이 켜져 있었고 어디선가 물 흐르는 소리가 났다. 나중에 알아보니 암석 사이로 물이 흐르는 장치가 마련되어 있었다.

암석교회 천장은 구리 동판으로 둥글게 만들고 가장자리에는 유리창 180개를 만들어 자연 채광이 이루어지도록 설계되어 있다. 천장을 올려다보면 구리와 유리의 조화가 멋진 미술품을 보는 듯 아름다웠다. 천장의 유리에 비친 햇살 때문에 실내는 어둡지 않았고, 우리가 들렀던 날이 사진기 배터리가 얼어 작동이 안 될 만큼 몹시 추운 날이었는데도 내부는 따뜻하고 아늑했다. 거기에서는 어떤 종교적인 권위나 억눌림이 없었다. 마치 오래 수련한 맑고 지혜로운 성자의 품에 안긴 듯 편안할 뿐이었다.

암석교회와 유사한 느낌이 들었던 곳이 캄피채플이다. 캄피는 헬싱키의 중심지에 있는 지역 이름으로 상업과 문화의 거리로 아주 유명한 곳이다. 쇼핑센터가 즐비한 상가들 사이에 주변 건물들과 매우 이질적으로 작고 아담한 둥근 원통 모양의 주홍색 건물이 바로 캄피채플이었다. 캄피 지역에서 점심 식사를 하고 잠시 짬을 내어 들른 그 교회에서 우리는 어떤 건물에서도 느껴보지 못했던 경이로운 체험을 했다. 그곳은 마치 우주의 중심 같았다. 사람들이 분주하게 오가고 차 소리가 들리는, 소음으로 가득 찬 도심에서 어느 먼 우주로 공간 이동을 한 듯한 기분이 들었다.

캄피채플 외부

내부는 처음부터 끝까지 온통 원목으로 되어 있었다. 사방의 벽은 마치 별이 흘러가는 움직임을 이어 붙인 양 나무의 결을 가로로 입체감 있게 둥글게 만들어 놓았다. 원목 패널을 붙인 널따란 둥근 천장과 벽이 만나는 지점에서는 부드러운 조명이 흘러나왔다. 내부가 타원형이기에 실제로 좁은 곳이었지만 전혀 좁다는 느낌도 들지 않았다.

그곳에는 말로 다 할 수 없는 경건함과 엄숙함이 밀려왔다. 우리가 살아왔던 세계와 다른 세계처럼 느껴졌고 시간이 멈춘 듯한 착각마저 들었다. 누군가 이곳을 현대적인 감각으로 만든 고요함의 극치라고 표현

캄피채플 내부

했고, 또 누군가는 우주의 자궁 안에 들어간 것 같았다고 자신의 놀라운 느낌을 털어놓았다. 도심 한가운데, 도심과 우주의 이 어울리지 않는 조합이 희한하게 참 잘 어울려 보였다.

　돌아와 생각해도 이 두 건물은 모두 독특했다. 지나가는 여행객마저 지친 삶을 위로받고 영혼의 울림 소리를 듣게 만드는 그 힘은 어디에서 나왔을까? 우리는 돌과 나무를 이용한 독특한 건축 재료와 구조 때문이라고 생각한다. 그리고 건축물 하나를 지을 때도 사람을 중심에 놓고 사람이 쉴 수 있는, 사람에게 이로운 문화가 무엇인지 생각하는 그들의 공동체 문화를 꼽지 않을 수 없다. 도서관과 학교에서 느꼈듯이 개인의 이익을 바탕에 둔 경쟁주의가 아니라 사람을 중심에 놓고 공동체를 지향하는 합리적이며 실용적인 사회정신이 새로운 문화를 창조하는 자유롭고 독립적인 힘으로 작동하고 있는 것이다.

21세기에 들어서면서 세계인의 이목을 집중시키고 있는 북유럽의 교육.
미국을 비롯한 서구의 신자유주의 국가들이 학교에서조차 시장 논리를 앞세워
교사와 학생에게 '경쟁'만을 강요할 때
'협력'과 '배려'의 교육이야말로 '진정한 경쟁력'임을
생생한 현장 교육을 통해 세계인에게 증명해 보여 준
핀란드, 스웨덴, 노르웨이, 덴마크의 학교 현장을 찾아 나선다.
이들은 아이 한 명 한 명의 특성을 잘 살피고 존중하며,
서로 다른 그들이 자신의 악기를 아름답게 연주할 때
비로소 위대한 오케스트라가 탄생할 수 있음을
몸으로 보여 주고 있었다.

키르코야르벤 종합학교
우트빌드닝 실베르달 고등학교
노르베르그 학교
한스 공립 초·중등학교
코펜하겐 이드렛스 에프터스콜레

학교

핀란드

배려와 실용, 아름다움이 살아 숨 쉬는 곳

키르코야르벤 종합학교 Kirkkojärven koulu

백화현 (전)중학교 교사, 독서 운동가

홈페이지 www.espoo.fi/kirkkojarvenkoulu

주소 Kotikyläntie 6, 02770 Espoo

연락처 358 9 81631302

건물 벽 한쪽으로 'Kirkkojärven koulu' 학교명이 보인다

키르코야르벤 종합학교 현관

키르코야르벤 종합학교를 가다

"순위와 평가는 우리 사회에 불필요한 공황 심리를 조장합니다."

"우리는 단 한 명의 아이도 포기할 수 없습니다."

이러한 말들을 교육 관계자 누구에게서나 어렵지 않게 들을 수 있다는 핀란드는 '죽기 전에 꼭 가 보고 싶은 나라 1위'를 차지할 만큼 내게 깊은 감동과 영감을 불러일으키는 나라이다. 그 나라 학교 현장을 직접 방문하는 2014년 1월 13일, 새벽부터 일어나 준비를 서두른다.

8시가 넘어도 해가 뜰 줄 모르는 핀란드의 어둑한 겨울 아침을 달려 우리 일행이 학교에 도착한 시간은 오전 8시 50분. 기다리고 있었던 듯 몇몇 분이 우리를 반갑게 맞는다. 현관문을 열고 안으로 들어서자마자 일행들은 탄성을 쏟아 놓는다. 따뜻하다, 아름답다, 세련됐다, 멋지다, 정갈하다, 전혀 학교 건물 같지 않다, 색감이 부드럽다……

우리의 흥분이 잦아들자 자신을 카리 루히부오리라고 소개한 교장 선생님이 학교의 역사와 건물에 대해 설명한다.

"'키르코야르벤'은 학교가 위치한 지역 동네 이름으로 '교회 호수'라는 뜻을 가지고 있습니다. 이 지역은 역사가 오래된 지역으로 중세에 교회가 있었고 지금은 말라붙었지만 큰 호수가 있었기 때문에 이런 명칭을 얻었지요. 이 학교는 본래 초등학교였는데 2010년에 종합학교로 바뀌었고 학교 건물도 그때 새롭게 건축된 것입니다. 학년은 '프리 스쿨(유치부)' 과정 1년과 초등에 해당하는 1학년~6학년, 그리고 중등에 해당하는 7학년~9학년으로 구성되어 있습니다. 핀란드에서는 집에서 가까운 곳으로 학교가 배정되기 때문에 학생들이 이 지역 주변에서 오는데 중학교는 규모가 커서 더러 지역 밖에서도 옵니다. 키르코야르벤은 평범하고 일반적인 공립학교로 핀란드 여느 학교들처럼 등록금과 급식비, 준비물비나 체험 활동비 등이 전액 무료입니다."

키르코야르벤 종합학교에서는
부드러운 곡선을 교사 곳곳에서 볼 수 있다

감탄과 회한이 뒤섞인 탄식의 소리가 여기저기에서 새어 나오자, 그는 잠깐 말을 멈췄다 덧붙인다.

"핀란드에서는 이미 오래전에 부모의 경제력이나 지적 능력에 상관없이 아이들 누구나 공평하게 교육받을 권리가 있다는 것에 대해 사회적 합의를 이루었기 때문일 것입니다."

이처럼 어려운 말을 저토록 쉽게 하다니! 3년 전 무상 급식 문제로 온 나라가 전쟁을 치르듯 난리가 났던 일이 떠올라 가슴이 쓰리다.

"그리고 이 건물은 '형제들'이라는 공모전을 통해 선발된 팀이 2010년에 건축한 것인데, 이 공모전은 69개 팀이 응모할 만큼 인기가 많았습니다. 우리가 공모전 이름을 '형제들'이라 한 것은 초등학교는 리틀 브라더little brother, 중학교는 빅 브라더big brother로 서로 형제들임을 강조하기 위함이었습니다. 이 건물의 공간들은 학생 체형에 맞춰 크기가 다른데 우리가 서 있는 이곳이 넓고 큰 것은 여기가 중학교 공간이기 때문입니다. 저쪽으로 점점 좁아지고 작아지는 게 보이죠? 저기는 초등학교 공간입니다."

일자형 학교 건물에 익숙한 우리로서는 교사 곳곳에서 부드러운 곡선을 발견한 것만으로도 놀라운데 체형에 맞춰 공간 크기를 다르게 했다니! 학교 공간에 기울이는 그들의 관심과 정성을 새삼 실감한다.

학교 가득 '배려심'이 넘실거리다

5분도 채 안 되는 그의 이야기 전면에 흐르고 있는 것은 아이들 하나하나를 위한 섬세한 '배려'였다. 교육은 '사람'을 대상으로 하는 것이기에 '배려'는 교사와 교육 관계자들에게 특별히 요구되는 덕목일 테지만 이것만큼 실천하기 어려운 것이 또 있을까. 그런데 3시간 남짓 머문 키르코야르벤 종합학교에는 곳곳에서 배려의 향기가 진하게 배어나고 있었다.

"이곳은 유치부와 초등학교 저학년 교실이 모여 있는 공간입니다. 우리는 건물을 지을 때 동쪽 운동장에서 가장 가까운 곳에 이 교실들을 배치하도록 했습니다. 어린 학생들이 가장 일찍 해를 맞이하고 쉽게 운동장으로 나갈 수 있도록 한 것이지요."

해가 먼저 뜨는 곳에 저학년 교실이 있다

교실 복도마다 옷장과 신발장이 놓여 있다

저학년 옷장, 옷장 아래 긴 나무 의자가 돋보인다

아름다운 삶, 아름다운 도서관

교실 복도마다 옷장과 신발장이 놓여 있다

신발장 옆 다용도실
빨간 눈썰매가 인상적이다

그가 가리키는 저학년 교실 복도 밖으로 연한 햇살을 머금은 운동장이 보인다. 그들의 섬세함에 가슴이 뭉클해지는 순간 복도 벽 양쪽에 비치되어 있는 옷장과 신발장이 눈길을 잡아끈다. 옷장에는 아이들이 벗어 놓은 알록달록한 외투들이 줄지어 걸려 있고 그 위 칸에는 모자와 장갑 들이 개켜져 있다. 옆에는 신발장, 그 옆에는 신발을 털고 손을 씻을 수 있는 다용도 공간이 있고 그곳에 빨간 눈썰매도 하나 놓여 있다. 핀란드 학교에서는 공부 못지않게 노는 것을 중요하게 여긴다더니 빈말이 아니었나 보다. 그러고 보니 옷장 옆에 장난감 통이 높다랗게 쌓여 있는 것도 눈에 들어온다. 어린이의 마음을 헤아리지 않고서야 어찌 이런 일들이 가능할까.

　교장 선생님을 따라 학교 이곳저곳을 지나며 보니, 아이들 모두 양말만 신고 돌아다니는 게 눈에 띈다. 심지어 이 추운 겨울에 반팔만 입고 있는 아이도 있다. 또, 복도마다 둥근 소파와 원형 탁자들이 놓여 있고 드문드문 탁구대가 비치되어 있다. 화장실은 남, 여, 장애인 표시가 되어 있는 1인용 화장실이 복도 곳곳에 설치되어 있고 교실문 밖 위쪽에는 텔레비전 모니터들도 보인다. 교실마다 실물화상기는 물론이고 개수대도 갖춰져 있다. 또한 교실에 따라 칠판 밑에 긴 나무 의자를 놓아 평소에는 의자로 활용하고, 칠판 위쪽에 글을 써야 할 경우 학생들이 그 의자를 딛고 올라설 수 있도록 하는 자상함도 보인다. 저학년 옷장 아래 놓여 있던 나무 장의자들도 이런 용도였나 보다.

탁구대가 있는 복도 풍경 ▶
복도에는 원형 탁자에 소파, 탁구대가 있다 ▶▶
밖은 영하 18도인데 학교 실내는 ▼
반팔에 양말만 신고 다닐 만큼 따뜻하다

학교라기보다는 거대한 집 같은 느낌이다. 밖은 영하 18도를 오르내리는 추운 날씨임에도 학교 전체가 신발이랑 외투를 벗고 다녀도 전혀 추위를 느낄 수 없는 데다 화장실마저도 집에 있는 것처럼 1인용에 샤워기까지 갖춰져 있고, 모자 함까지 딸린 옷장에 신발장, 피곤할 때는 두 팔을 쭉 뻗고 드러누울 수도 있는 푹신한 둥근 소파까지……, 마치 학교와 선생님들 모두 매일같이 '어떻게 해야 우리 아이들을 편안하고 행복하게 해 줄 수 있을까?'만을 궁리하고 있는 것처럼 눈길 닿는 곳마다 배려심이 가득하다. 3년 전 미국 학교들을 방문했을 때와는 사뭇 다른 느낌이다(미국 학교도 시설은 좋았지만 이처럼 구석구석에서 따뜻함이 묻어나지는 않았다). 이러한 배려를 일상적으로 경험하며 자란 아이들은

남, 여, 장애우 표시가 되어 있는 1인용 화장실이
복도 곳곳에 설치되어 있다

샤워기형 비데가 부착되어 있는 화장실 내부

복도 벽 곳곳에 설치되어 있는 텔레비전 모니터

교실의 칠판 아래에 놓여 있는 장의자　　　　　　교실 개수대
의자에 올라가면 칠판 높은 곳도 활용할 수 있다

굳이 '배려'를 강조하거나 강요하지 않더라도 자연스레 타인을 배려할 수 있지 않을까?

우리는 단 한 명의 아이도 포기할 수 없다

저학년에서 기초를 놓친 아이들은 고학년에서도 학습 부진아가 될 확률이 높다. 더구나 우리나라처럼 국가가 정해 준 교육과정을 학년마다 정해져 있는 교과서에 전적으로 의지한 채 두세 달 만에 치르는 일제고사를 통해 정답 하나를 고르도록 하는 평가 방식을 고수할 경우, '저학년 때 학습 부진아는 영원한 학습 부진아'가 되기 십상이다. 또한 고학년에서도 어쩌다 학습의 끈을 놓치는 순간 사교육에 의존하지 않고서는 거의 회복이 불가능하다. 교사는 늘 곧 다가올 '평가'에 맞춰 '교과서 진도'를 나가야 하기 때문에 아이들 하나하나에게서 일어나는 '배움'보다는 자신이 끝내야 할 '진도'에 급급할 수밖에 없고, 설혹 뜻이 있다 한들 한 교사가 담당하는 학생 수가 너무도 많아 곧 지치는 탓이다.

1972년부터 1991년까지 핀란드 국가교육청장을 맡아 핀란드의 교육개혁을 이끌어 온 에르키 아호Erkki Aho는 '우리는 단 한 명의 아이도 포기할 수 없다.'

디귿 자 모양으로 앉아 수업하고 있는
저학년 교실

저학년 교실에는
교사가 둘이다

저학년 교실 내부

는 의지를 교육개혁을 통해 실현한 사람이다. 말만 앞서는 우리네 관료들과 너무도 달라 그의 진정성을 의심할 정도였다.

　의심을 떨치지 못했던 탓일까? 저학년 수업을 직접 참관하지는 않았지만 몇몇 교실을 유심히 들여다보니 보이는 풍경만으로도 의심이 사라지는 듯하다. 책에서 읽었던 것처럼 저학년 교실에는 교사가 둘씩이고 학생 수가 15명 안팎이다. 책상 배치는 일자형도 있고 디귿 자 모양도 있지만 아이들 모두 편안하고 자유로워 보인다. 사진처럼 유난히 학생 수가 적은 교실이 눈에 띄어 물어보니, 이 학교에는 외국 이민자가 많아 몇몇 과목은 따로 수업을 진행한단다.

　　　　　　　　　　　　　　　아름다운 삶, 아름다운 도서관

이민자 아이가 핀란드어를 전혀 모를 때 한 공간에서 같은 내용을 공부시킬 수는 없는 것 아니냐는 것이다.

이러한 원칙은 고학년 교실이라 해서 크게 다르지 않았다. 우리 일행은 네 팀으로 나누어 각기 다른 수업을 참관했는데 우리 팀은 5학년 수학 수업을 참관하게 되었다. 우리가 교실에 도착하자 몇몇 아이들이 교실을 빠져나간다. 수업이 시작되었음에도 그 아이들은 돌아오지 않고 교실에는 남학생 셋, 여학생 셋만 남아 공부한다. 먼저 선생님이 지난 수업을 복습하고 오늘 배워야 할 내용을 설명한 후 각자 공부하도록 하더니 교사는 교사대로 아이들은 아이들대로 자기 할 일만 한다. 대칭 단원인 듯한데 아이들은 자기 방식대로 문제를 푼 후

▲▲ 5학년 수학 수업
학생 수준에 맞게 분반되어 이 교실에는 6명이
공부하고 있다
▲ 5학년 수학 시간
학생들이 개별 지도를 받고 있다

5학년 수학 수업
학생 6명이 대칭 수업을 하고 있다

건물 중앙에 위치한 도서관

도서관 내부

도서관에서 게임으로
수학 공부를 하고 있다

교사에게 개별 지도를 받는다.

이 학교는 학급당 학생 수가 저학년은 15명 안팎, 고학년은 25명 안팎, 중학교는 20명 안팎인데 읽기와 쓰기에 문제가 있는 학생들은 특수 교사가 따로 지도하고 이민 온 지 얼마 안 되는 학생들 역시 별도의 수업을 받으며, 수학은 때때로 소그룹으로 나눠 수업하고 고학년으로 갈수록 선택 과목이 많아 또 나눠지기 때문에 오히려 학급원 모두가 한 교실에서 수업하는 일이 더 적은 것처럼 보인다. 실제로 우리가 교실들을 둘러봤을 때 20명 넘게 앉아 수업하고 있는 교실이 몇 안 되었다.

이들은 말로만이 아니라 진정으로 아이 하나하나의 배움에 관심을 집중하고 있는 것이다. 특히 저학년 때 기초를 놓치면 배움 자체가 어려워질 수 있음을 정확히 인지하여 저학년에는 교사를 둘씩 두어 한 명 한 명을 찬찬히 돌보고, 과목과 단원의 특성에 따라 합반과 분반을 유연하게 조정하여 어떤 아이도 방치하지 않는 듯하다.

복지 구역 입구

복지 구역에는 상담실, 보건실, 복지실이 모여 있다

복지 구역 옆 복도, 이곳에 서면 체육관이 내려다보인다

보건실 내부

배려가 넘치는 학교도서관과 복지 구역

잠깐 들여다본 도서관과 복지 구역 역시 아이 한 명 한 명에게 쏟는 그들의 정성이 엿보였다. 이 학교에는 전교생이 함께 사용하는 중앙도서관과 상담실, 보건실, 복지실이 한 곳에 모여 있는 복지 구역이 건물의 중심부에 위치해 있다.

도서관은 얼핏 보기에 우리나라 학교도서관과 크게 달라 보이지 않지만 초등부와 중등부가 만나는 건물의 중앙, 식당으로 가는 길목에 아름다운 모습으로 자리 잡고 있다는 점에서 돋보인다. 핀란드는 공공도서관이 워낙 발달해 있는 데다 가정마다 서가가 구비되어 있고 책을 사서 보는 것을 즐기는 나라여서인지 우리처럼 학교도서관을 절대시하지는 않는 듯하다. 그러나 도서관 컴퓨터를 이용하여 게임을 하며 수학 수업을 하게 할 만큼 아이들의 눈높이에 맞는 도서관 활용 수업을 자연스럽게 하고 있고, 읽기나 심리에 문제가 있는 학생들의 경우 특수 교사가 도서관에서 독서 교습을 집중적으로 하고 있다는 점으로 미루어 볼 때, 그 어떤 아이일지라도 도서관을 통해 배움의 기초를 닦고 배움의 즐거움을 얻게 하려는 마음이 엿보인다.

　마음이 아프다 보면 몸이 아프기 십상이고 가정환경이나 경제문제 등으로 어려움을 겪고 있는 아이가 탈이 나기 쉽다는 것을 모르는 사람이 없건만, 우리는 왜 이들처럼 상담실과 보건실, 복지실을 한 곳에 모아 놓을 생각을 하지 못한 것일까? 이들은 이곳에 함께 근무하며 아이에게서 일어난 일들을 서로 공유하여 일을 함께 풀어 나간다고 한다. 뿐만 아니라, 일주일에 한 번씩 학년 대표 교사들과 함께 이곳의 상담사, 간호사, 복지사 들이 정기적으로 만나 아이들 문제를 논의하여 사전에 문제를 방지하고, 문제가 발생한 경우 서로 협력하여 다각적인 방법으로 문제를 풀어 나간다 한다. 그리고 문제를 학교 안에서 해결하기 어려운 경우에는 지역의 복지사나 상담사를 회의에 동석시켜 그들과 함께 문제를 풀어 나간단다. '한 아이를 키우기 위해서는 한 마을이 필요하다' 더니, 이곳에서는 이러한 것들이 회의 체계와 교육 시스템으로 자리 잡아 아주 당연하고 자연스러운 일이 되었음을 실감한다.

　재정이 넉넉한 탓일까? 우리와 비교할 때 핀란드는 1인당 국민소득이 2배(2013년 기준 1인당 GDP 대한민국 2만 3837달러, 핀란드 4만 7650달러)이고 세율도 45퍼센트 안팎으로 우리의 2배나 되는 데다 인구는 대한민국의 1/9밖에 안 되니 우리보다 여유가 있을 수는 있겠다. 그러나 넉넉한 재정만으로 이러한 교육이 가능하다면 세계에서 핀란드보다 잘사는 나라가 한둘이 아닌데 왜 유독 핀란드만이 교육 강국으로 세계인의 주목을 받게 된 것일까?

이것은 가치와 철학의 문제이리라. 이들은 600년 동안 스웨덴의 통치를 받고 100년을 러시아의 식민지 상태로 지내다 1917년에 겨우 독립을 이루었다. 그러나 얼마 후 발발한 2차 세계대전에서 러시아가 빼앗아 간 자신들의 영토를 되찾기 위해 독일 편에 가담하여 패전국이 되는 바람에 빚더미에 깔렸던 뼈아픈 역사를 지니고 있다. 이런 와중에도 이들은 자신들의 모국어인 핀란드어를 끝까지 지켜 낼 만큼 민족적 긍지가 대단하고, 어쩌면 그러한 고난 속에서 국민 한 사람 한 사람의 소중함과 교육의 가치에 눈떴을지 모르겠다.

그렇다 해도, 이렇게나 빨리 자신들의 이상을 전국 어느 학교에서나 가능한 현실로 만들었다는 것은 여전히 놀랍다. 3년 전 미국에 있는 학교들을 탐방할 때 좋은 학교만이 아니라 나쁜 학교도 보고 싶었지만 교섭 담당자로부터 '절대 불가'라는 통보를 받았는데, 그 이유가 '잘못하면 총 맞아 죽을 수 있기 때문'이지 않았던가. 이러한 학교, 이러한 사회는 결코 돈만으로 만들어질 수 있는 것은 아니리라.

실용 교육의 중요성을 깨닫다

핀란드에서 실용 교육이 중시된다는 것은 알고 있었지만 그 현장을 직접 보니 기대 이상으로 신선하고 여러 생각들을 불러일으킨다. 어쩌면 이러한 실용 교육이야말로 독서와 도서관에만 빠져 사는 우리에게 새로운 영감을 불러일으켜 줄 것 같은 예감이 들어 마음을 집중한다.

우리가 첫 번째로 들른 곳은 중학생들이 사용하는 미술실. 거의 모든 종류의 기술과 재료를 사용해서 그림, 스케치, 디자인, 판화 등의 미술 작업을 하며 이곳에는 별도의 암실도 있다. 또한 노트북을 충분히 갖추고 있어(미술실 전용 10대, 이동식 25대) 관련 자료도 찾고 디자인 작업도 할 수 있다.

미술실 내부는 다양한 학생 작품으로 가득하다

배려와 실용, 아름다움이 살아 숨 쉬는 곳
키르코야르벤 종합학교

233

◀ 미술실 교사 공간
▼ 미술실 학생 작품

다음으로 이동한 곳은 재봉실. 이 학교에서는 3~5학년 때까지 목공과 재봉을 필수 과목으로 배우고 6학년 때 두 과목 중 하나를 선택해서 7학년까지 계속하며, 8~9학년 때는 계속할지 여부를 선택한다고 한다. 3학년 때는 기본 기술을 배우고 점차 심화 과정으로 들어가는데, 재봉 시간을 통해 재봉틀 면허도 딸 수 있다고 한다. 재봉은 주로 여학생들이 선택하는 듯 교실에는 여학생 10여 명만이 보인다.

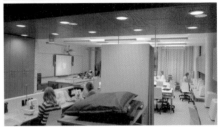

재봉 수업 풍경,
3학년 때부터 익힌 재봉 기술 덕에
학생들은 웬만한 옷을 스스로 만들어 입을 수 있다

다시 장소를 이동하여 간 곳은 음악실. 실물화상기를 이용해서 수업하는 장면도 인상적이지만 음악실 안에 비치된 기타 여러 대와 밴드용 악기들이 내내 눈길을 끌어당긴다. 수업을 참관했던 5학년 교실과 지나가며 들여다본 여러 교실에 작은 드럼과 기타, 피아노와 신시사이저, 마이크 등이 비치되어 있는 것을 보았는데 그건 기본에 불과했던 모양이다. 작곡실(음악 편집실)과 음악 동아리실은 따로 있다니 입이 다물어지질 않는다.

음악실에는 기타와 밴드용 악기들이 갖춰져 있다

일반 교실에도 작은 드럼, 마이크와 앰프
신시사이저 등이 갖춰져 있다

음악 동아리실에서 작곡과 편집도 할 수 있다

아름다운 삶, 아름다운 도서관

가사실 조리 기구 ▲
가사실 요리 수업 ▶
4명씩 모둠을 짜 3코스 짜리 요리를 계획하고 있다

　이번에는 가사실. 이 수업은 최대 16명이 함께할 수 있고 기구마다 4명씩 사용한다는데 그 시간에는 12명이 세 개 팀으로 나눠 수업 중이었다. 수업용 요리는 독립했을 때 필요한 기술을 배우는데 이날은 봄 학기 준비를 위한 3코스 짜리 요리를 계획 중이라 한다. 블루베리 케이크 만들기 수업을 위해 학생과 교사가 함께 논의하는 모습이 정겹고 아름답다.

　다음으로 이동한 곳은 기술실. 놀라운 신세계! 기술 시간에는 목재부터 금속, 플라스틱, 전기를 다루는 방법까지 배운다. 처음에는 기본적인 도구 사용법을 배우지만 나중에는 프로젝트를 통해 디자인부터 하나의 제품을 완성하도록 하고 있단다. 교장 선생님이 학생들이 만든 작품을 보여 줬는데, 먼저 스피커. 스피커는 목공과 전기공학의 융합을 배우는 데 필요한 기본적인 것이란다. 다음으로 들어 올린 것은 전기기타. 아직 몸통뿐인데 곧 완성해 갈 거라 한다. 이어

목공실 입구

금속제 삽, 촛대 등을 설명하는데 삽을 만들기 위해 금속 용접도 배우고 촛대를 만들기 위해 금속 용접과 목공을 함께 배운다 한다.

아직 어린 학생들이 이렇게 고난도의 기술을 익히고 있다는 것도 놀랍지만 도구와 기계 들이 매우 위험해 보이는데 사고라도 나면 어쩌나 하는 걱정이 먼저 앞선다. 우리의 염려를 눈치챈 듯, 기술실에서 사용하는 위험한 기기는 어린 학생들은 사용할 수 없고 중학생인 고학년부터 사용할 수 있다는 설명이 따른다. 그리고 이곳은 학교에서 가장 위험한 구역으로 교사가 함께 있을 때만 사용할 수 있고, 아주 위험한 작업은 교사가 해 주기 때문에 큰 위험은 없다고 한다.

핀란드 아이들은 인간이 살아갈 때 기본적으로 필요한 의식주 관련 교육을 의무교육 단계인 종합학교에서 모두 배우고 있다는 생각이 든다. 요리, 재봉, 목공. 게다가 인간의 마음을 위로하고 감성을 발달시켜 주는 음악과 미술까지 이처럼 풍성하고 다채롭게 경험하고 익힐 수 있게 한다.

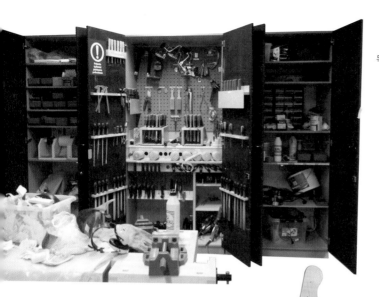

목공실 도구들

학생 작품 – 스피커

학생 작품 – 전기기타 몸통

목공 재료들

목공실에 비치되어 있는 얼굴 가리개와 귀마개

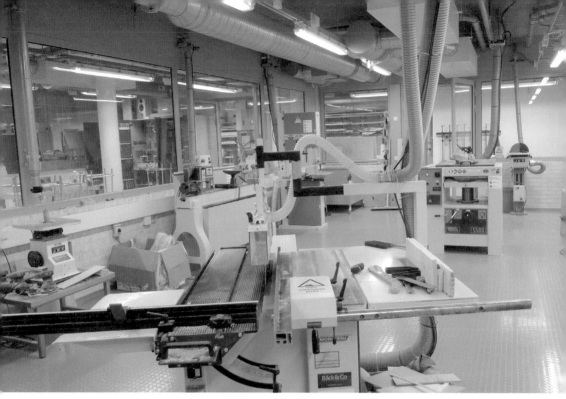

목공실 내부

   인간이라면 누구나 그 나이에 경험하고 누려야 할 것들이 있고 더 적합한 배움의 방식이 있을 텐데, 몸을 비비 꼰 채 하루종일 의자에 앉아 문제만 풀어 대고 있는 우리 아이들을 생각하니 가슴이 먹먹하다. 우리 아이들에게도 요리, 재봉, 목공을 배울 기회와 이처럼 다채로운 음악과 미술의 세계를 경험할 기회를 더 자주 제공한다면 아이들이 지금처럼 우울증과 정서 불안증, 왕따와 폭력 문제에서 허덕대지 않을 것이라 생각하니 미안하고 죄스러워진다.

   "아이를 중심으로 생각하면 교육이 방향을 잃을 리가 없습니다."

   실용 교육의 중요성과 함께 이를 가능케 한 힘은 늘 '아이'를 중심에 놓고 생각하는 태도와 교육철학이었음을 깨달으며 다음 장소로 자리를 옮긴다.

아름다운 삶, 아름다운 도서관

아름다운 공간, 아름다운 아이들

학교에 들어서자마자 우리의 탄성을 자아내리만큼 이 학교는 아름답다. 북유럽 탐방을 준비하며 서울시립미술관이 주최한 '북유럽 건축과 디자인전'을 다녀온 적이 있는데, 그때 이 학교도 '아름다운 건축물'에 뽑혀 소개되어 있었다. 당시 사진을 못 찍게 하여 잠시 눈으로밖에 볼 수 없었지만 얼핏 '아름다운 꿈의 학교' 같다는 인상을 받았었다. 이 학교는 교육 프로그램이나 시스템 면에서는 핀란드에서 매우 평범한 일반적인 학교에 속할지라도 건축물만큼은 여느 학교보다 훨씬 더 멋질 것 같아 교장 선생님께 물으니 다음과 같은 답이 돌아온다.

다양한 체육 수업이 가능한 아름다운 체육관

체육관 측면 한쪽이 교사와 붙어 있어 복도에서 체육관을 내려다볼 수 있다

저학년 체육 수업 역시 교사가 둘이다

체육 수업
아름다운 공간 아름다운 아이들

아름다운 삶, 아름다운 도서관

"이 지역은 다른 곳에 비해 매우 가난하지요. 때문에 우리는 이런 지역에 더 아름다운 학교를 건축하여 가난한 아이들이 아름다움의 세계로부터 소외되지 않도록 신경을 씁니다."

갑자기 한 대 얻어맞은 것처럼 정신이 번쩍 든다. '공평과 정의'가 핀란드를 비롯한 북유럽 사회의 공통되는 가치라는 것은 알고 있었지만 '미의 공정한 분배'에 대해서는 별 생각이 없었던 터라 뒤통수에 강한 펀치를 맞은 듯 충격에 휩싸인다.

학교 구석구석 아름답지 않은 곳이 없지만 압권인 것은 학교 전체를 감싸고 도는 부드럽고 화사한 조명과 화려하면서도 안정감 있는 색감이다. 또한 건축물 자체가 부드러운 곡선과 직선이 조화를 이루고 있고, 특히 우리에게는 우중충하고 썰렁한 느낌으로 각인되어 있는 체육관과 식당이 매우 아름답고 감미롭다. 이러한 외관의 아름다움과 함께 시설 하나하나가 실제 활용하기에 매우 편하게 되어 있다는 것도 감동적이다.

옷걸이 밑에 선반을 마련하여 발을 올리거나 물건을 넣을 수 있게 한 것, 의자를 넣을 수 있는 식당의 식탁, 다용도로 쓸 수 있는 체육관에 있는 예쁘게 구획된 선들, 농구 골대, 위에서 내려오는 줄, 옷걸이와 칠판 아래에 비치한 긴 나무 의자……

이러한 섬세한 배려와 아름다운 건축물 속에서 생활하는 아이들은 설혹 거친 마음을 가졌다 해도 넉넉하고 부드러워질 듯하다. 그런 탓일까? 만나는 아이들마다 눈빛이 곱고 표정이 아름답다.

"공부는 당연히 중요합니다. 하지만 공부 때문에 아이들이 자신의 권리를 잃으면 안 되지요. 우리에게는 그것을 빼앗을 권리가 없습니다."

학생 하나하나의 배움에 중심을 두고 있는 핀란드에서조차 '공부' 때문에 아

아름다운 식당

아름다운 공간 아름다운 아이들

식탁 밑으로 의자를 끼워 넣으면
보기에도 아름답고 청소하기에도 좋다

식당의 조명이 유난히 아름답다

이들의 권리(놀 권리, 친구를 사귈 권리, 자신을 발견할 권리, 노작 활동을 할 권리, 예술을 만끽할 권리, 아름다움을 누릴 권리 등 자신을 전인격체로 성장시킬 권리를 말하는 것 아닐까)를 빼앗으면 안 된다고 역설하는 핀란드 교육위원 로카넌의 말을 다시금 가슴 깊이 새기며 아름다운 키르코야르벤 학교를 나선다.

진정한 평등 교육의 모습

우트빌드닝 실베르달 고등학교 Utbildning Silverdal

강애라 서울 미양중학교 교사

홈페이지 http://utbildningsilverdal.se

주소 Silverdalsvagen 12, 191 38 Sollentuna

연락처 08-579 228 01

바다 안개 저편으로 모습을 드러내는 스톡홀름

핀란드와 스웨덴을 오가는 실야 라인 Silja Line. 꿈에 그리던 크루즈 여행이지만 우리는 탐방 일정을 점검하며 선실에서 오래도록 회의를 했다. 바다 안개 저편으로 모습을 드러낸 도시 스톡홀름. 감라스탄의 골목골목과 멜라렌 겨울 호수 앞 견고하고도 웅장한 적벽돌 외관의 시 청사를 둘러보며 흑백 사진

같은 과거의 도시에 잠시 머물렀다. 스웨덴에서 2일 차, 10시 반에 예약된 학교 방문을 위해 서둘러 이동을 하며 차가운 공기만큼 날이 선 정신 줄을 팽팽하게 잡아당겨야 했다.

학교 안 또 하나의 작은 학교

우트빌드닝 실베르달 고등학교가 위치한 솔렌투나 코뮌은 시 청사 건물에서 한 시간을 이동한 곳에 위치해 있다. 도시에 대부분 인구가 몰려 있는 스웨덴답게 차창 밖으로 보이는 도시는 깔끔하게 정돈되어 있다. 도로는 넓고, 건물들은 질서 정연하게 늘어서 있다. 솔렌투나 지역이라는 표지판이 보이는 곳부터는 하얀 칠을 한 저층 아파트 형태의 주택이 즐비했다. 통역하는 이하영의 이야기를 빌리면 이곳은 스톡홀름에서 비교적 경제적으로 여유가 있는 사람들이 많이 모여 사는 지역이라고 한다. 감라스탄이 과거의 스웨덴이라면 이곳 솔렌투나는 현재의 스웨덴 모습 같다. 하얀색 아파트 사이에 삐죽이 올라와 있는 건물이 방문하기로 되어 있는 학교다.

우리가 안내를 받고 탐방하기로 한 곳은 학교 안 또 하나의 작은 학교 아스

시 청사 앞에 있는 멜라렌 겨울 호수

솔렌투나 지역에 있는 깔끔한 아파트

적벽돌로 된 시 청사

퍼거 증후군 아이들의 학교이다. 탐방을 섭외할 때 아이들의 특수성 때문에 많은 인원이 한꺼번에 견학할 수 없다고 통보받았다. 스웨덴 팀과 노르웨이 팀으로 구성된 선생님들 열 명만 무장한 군인처럼 비장하게 버스에서 내리고 나머지 선생님들은 아쉬움을 달래며 다른 도서관으로 이동했다. 내려서 보니 약간 언덕진 곳에 학교가 위치하고 있어서 공간이 한눈에 다 보이지 않았지만 제법 규모가 있었다.

우트빌드닝 실베르달 학교는 일반 고등학교이지만 이 학교의 경우 같은 건물 안에 아스퍼거 증후군 아이들을 따로 모아 교육하고 있다. 아스퍼거 증후군에 대한 이해를 완벽하게 하고 있는 교장 선생님과 교사들은 그들에게 맞는 교육 시스템을 운영하고 교육 환경 역시 아스퍼거 증후군 특성에 맞추어 조성한 학교 안의 또 다른 작은 학교다.

작은 학교의 맞춤식 개별 학습

헬레나 파텔 교장 선생님은 장시간 아스퍼거 증후군에 대해 설명을 하였다. 이 증상의 아이들을 어떤 방법으로 배려하고 그들에게 맞게 학업이 진행되어야 하는지 우리에게 이해시키려 노력하였다. 이 증후군의 아이들은 지능이 정상적일 뿐만 아니라 보통보다 우수한 경우가 더 많다고 한다. 이곳의 교육과정이 일반 고등학교와 같다고 설명했을 때 의아했는데, 아이들 학습 능력이 뒤지지 않아서 굳이 달리할 필요가 없었던 거였다.

이 증후군의 특성은 학습 능력보다는 사람들과의 관계 맺기에서 어려움을 나타낸다. 한번 입력된 규칙과 원칙을 매우 중요하게 여기는 특성은 사람들과 관계에서 자신의 원칙을 고수하기 때문에 사회성 부족으로 나타난다. 사람들과의 관계가 중요해지는 시기부터 친구들과 부딪침이 잦고 자신들의 원칙과 규칙에 어긋나는 것을 민감하게 받아들이고 못 견뎌 하는 특성 때문에 사소한 마찰에도 화를 내고 과도한 반응이 나온다. 그러면서 학교의 일상생활이 힘들어지고 그러한 관계 형성의 어려움은 학업에도 지장을 주게 된다는 것이다.

인간관계로 인한 힘든 요소가 아이들을 좌절하게 하고 날카롭게 만들기 때문에 이런 요소를 제거해 주어 학업에만 전념할 수 있게 해야 함을 강조했다. 학업 능력을 가지고 있는 이들이 인간관계에 대한 장애 때문에 그 능력이 사장되지 않도록 배려해서 교육해야 함을 강조했다. 그들의 학업 능력을 향상시켜 자립을 돕는 것이 중요하다고 했다. 개별 학습을 할 경우 학업적인 면에서 성과가 있고 일상생활의 어려움도 많이 극복할 수 있기 때문에, 아이들은 훈련된

구석구석 꾸며 놓은 쉼터와 ▲
건물의 답답함을 해소하는 뚫린 천장

교실 문에 부착된 ▶
한 반 구성원의 사진

현관을 열고 들어서면 바로 보이는 ▼
건물 중앙의 놀이 시설과 아이들

진정한 평등 교육의 모습
우트빌드닝 실베르달 고등학교

선생님들로부터 반복적이고 세심한 개별 지도를 받고 있었다. 그들의 특성을 감안한 세심한 돌봄을 실천하고 있는 것이다.

학교에서 실시하고 있는 교육은 철저하게 맞춤식 교육이다. 이 증후군 아이들이 초등 4학년 이후에 일반 학교에서 분리되어 교육받는 이유도 스웨덴 교육과정이 초등 4학년 이후부터 토의 학습, 협동 수업, 체험 학습이 많아지기 때문이다. 이러한 활동은 아스퍼거 증후군 아이들에게 매우 힘들고, 아이들은 그 과정에서 또래 아이들과의 충돌로 상처받거나 좌절할 수 있다. 그렇기 때문에 그들이 겪는 어려움을 최소화하기 위해서 개별적으로 안내하고 반복적으로 지도하고 있다. 한 반은 5명에서 7명 정도로 구성되어 있고 아스퍼거 증후군에 대한 이해와 교육을 받은 교사와 보조 교사가 그 아이들을 담당하고 있다. 교장은 그들에게 맞는 공간을 구성하고 개별적이고 지속적인 돌봄이 가능하도록 운영 시스템에 신경을 쓰고 있다. 아스퍼거 증후군이라는 특성을 정확하게 알고 그 다름을 극복할 수 있도록 배려하고 특성에 맞게 학생 개개인에게 개인별 학습을 진행하고 있는 것이다.

헬레나 파텔 교장 선생님의 안내를 받으며 학교 안으로 들어가니 일반 학교와 매우 다른 모습이다. 이 건물은 원래 건축 사무소 건물이었다고 한다. 계단이 가파르고 좁아 아이들 다니기에 적합해 보이지 않았고 엘리베이터가 하나 있었지만 인원을 제한해야 할 만큼 비좁아 학생들은 잘 사용하고 있지 않았다. 그나마 건물 중앙이 뚫려 있어 답답함이 좀 덜해 보였고 들어서자마자 보이는 공간에 학생들 놀이 시설을 두고 아이들이 자유롭게 드나들도록 했다는 점은 좋아 보였다.

아이들에게 조금이라도 독립된 공간을 확보해 주려고 벽면을 향하여 책상을 배치하고, 빛을 싫어하는 특성을 고려해 커튼을 항상 내려 빛을 차단해 준다.

▲▲ 빛과 소음을 차단하려 애쓴 책상과 교실
▲ 벽 쪽으로 향한 책상 배치

진정한 평등 교육의 모습
우트빌드닝 실베르달 고등학교

간이 급식실

잔잔한 음악을 틀어 민감해하는 소리를 줄여 주고 소음이 큰 급식실에서 밥을 먹지 않고 각자 좋아하는 공간에서 개별적으로 밥을 먹게 하고 있다. 이 아이들은 음식도 같은 것을 반복해 먹고 싶어 하며 맛이 일정한 것을 선호한다고 한다. 그래서 간이 조리대에서 간단한 요리를 지도 교사와 함께 해 먹는 경우가 많다고 한다. 한번 입력된 원칙을 중요하게 여기는 이 증후군의 특성은 학교 생활에서 여러 상황에 대처하는 힘이 부족한 것으로 나타나기도 하는데 이 아이들을 교사가 일대일로 반복해서 그 여러 상황을 다시 반복적으로 알려 주고 지도한다고 한다.

이 아이들이 겪는 갈등의 요소는 주로 사람과의 관계 맺기이기 때문에 지속적이고 반복적인 관계 맺기 훈련을 통해 관계에서 오는 갈등을 없애 준다. 이 아이들이 힘들어하는 환경적 요소를 제거해 주는 것이 아주 중요한 교육 환경 조성이며, 지속적이고 반복적인 설명과 도움이 갈등을 없애는 중요한 교육 활동이다. 일반적인 학교 건물로는 좀 답답하다는 생각이 든 이 건물도 이 아이들에게는 도리어 안정감을 주고 있었다.

특수한 경우는 평등한 조건을 조성하는 것부터

우리는 우트빌드닝 실베르달 고등학교에서 스웨덴은 장애를 가진 학생의 교육을, 장애의 특성을 고려해서 세심하게 운영하고 있음을 확인했다. 스웨덴 교육법에 "어디에 살든 어떤 종류의 장애가 있는지에 상관없이 모든 아동들에게 동등한 질의 교육을 제공해야 하고 학교생활에서 특별한 도움을 필요로 하는 학생들에게 반드시 그 도움을 제공할 것을 명시하고 있다."고 하더니 동등한 질의 교육을 제공받는다는 것이 어떤 것인지 우리에게 보여 주었다.

우리의 경우를 예로 들어 스웨덴에서는 전부 이런 형태로 장애 교육이 이루어지는지 질문하였다. 교장 선생님의 설명에 따르면 가장 중요한 것은 장애의 성격에 따라 교육의 모습도 다르다는 점이고 이곳 우트빌드닝 실베르달 고등학교처럼 학교 내 작은 학교 형태로 운영되는 곳도 있고, 코뮌에 따라 일반 학교에 섞여서 공부하기도 하고, 몇 명으로 구성해서 특수 학급처럼 운영하기도 한다는 것이다. 어느 경우가 교육적 효과가 더 있다고 생각하느냐는 우리의 우문에 장애의 특성에 따라 다르기 때문에 두 경우를 병행해서 본인들에게 선택의 기회를 주는 것이 중요하다는 현답을 하였다. 더 나아가 본인이 교육받을 의지가 없거나 부모가 교육시킬 의지가 없는 경우 나라가 나서서 교육하고 직업을 구할 수 있도록 최대한 도와야 한다고 확신에 차서 설명하였다.

"스웨덴의 장애인 정책의 기조가 그들을 단순히 사회 서비스 대상으로 보는 것이 아니라 사회 주류의 하나가 되도록 하는 데 있고, 장애인에 대한 중학교 의무교육 이후 고등학교 진학률을 높이고 무엇보다 완전하게 노동시장에 참여하게 한다."고 스웨덴 복지를 다룬 책 《복지국가 스웨덴》(2011)에서는 말한다. 이 말이 단지 문구에 그치지 않고 일선 학교에서 실현되고 있었다.

설명을 듣다 보니 내가 담임이었던 학생이 계속 떠오른다. 성적은 아주 우수하지만 평소 아이들과의 관계를 힘들어하고, 그 어려움을 호소하는 방법도 반복적이고 집요한 보통의 학생들과 다른 학생이었다. 학급을 운영하는 데 이 아이의 사회성 결여가 매사에 힘든 요인이었다. 이 아이도 다른 아이들도 모두 피해자 가해자가 되는 상황이 1년 내내 계속되었고 서로에게 도움이 되지 않고 상처가 되었다. 혹시 이 아이가 아스퍼거 증후군이 아닌가 생각하니 기가 막히다. 우리의 경우 교사도 이런 증후군에 대한 지식이 없고, 학생의 부모 역시 그에 대한 정확한 정보를 학교에 알려 주고 있지 않다. 어쩌면 부모도 이 장애의 성격을 정확하게 인식하고 있지 않을 수도 있다. 혹시 불이익이라도 있을까 숨기는 것이라면 더 문제이다. 중요한 것은 이 아이가 자신에게 맞지 않는 학교 시스템에서 아주 힘들어하고 있다는 점이다. 이 아이는 일반고로 진학하였고 만약에 아스퍼거 증후군이라면 중학교 때보다 더 힘들어하지 않을까 싶다.

우리의 교육 현장도 장애를 가진 아이들을 정책적으로 배려하고는 있다. 하지만 그 배려가 아직은 단순한 돌봄이나 우선권을 인정하는 정도이다. 같이 생활할 수 있는 정도의 장애를 가진 아이들이 함께 공부하는 경우, 학교나 교사 부모 모두 주의 깊게 살펴보고 최대한 배려한다고 하지만 그들이 가지고 있는 장애의 특성에 맞는 교육은 제공하지 못한다. 학업 능력 면에서 문제가 덜 되는 장애인 경우는 대부분 부모는 학업을 중심에 둔다. 내가 만난 부모의 경우도 이 아이가 초등학교 때 학업 면에서 뒤처지지 않았음만 강조하고 아이가 그냥 어울려 공부 잘하기를 원했다. 결과적으로 부모가 이 아이의 의지와 상관없는 장애로 인해 겪는 고통을 외면하는 꼴이다. 아스퍼거 증후군 같은 장애는 학년이 올라갈수록 학업 능력이 도리어 저하된다. 관계에 대한 갈등이 심화되기 때문이다. 더더욱 아직은 우리 교사도 장애에 따른 다름을 세심하게 인식하지 못하고 있기 때문에 도움이 못되고 있다는 점이다.

이곳 우트빌드닝 실베르달 고등학교에서 아스퍼거 증후군 아이들이 제공받고 있는 교육 환경과 교육 시스템이 굉장한 것은 아니었다. 이 아이들이 다름을 인정하고 이 증후군의 특성을 정확하게 인식한 전문가인 교장과 교사가 그 특성에 맞는 교육 환경을 제공하고 있다. 그리고 다수의 아이들을 위해 이 아이들을 희생시키지 않고 철저하게 이 아이들에게 맞추어 반복적인 노력을 하고 있을 뿐이었다. 이들이 말하는 "평등은 같은 조건의 아이들에게도 적용되지만 특수한 경우는 평등한 조건을 조성하는 것부터"라는 그들의 구호가 가슴을 울린다.

협동과 체험 학습을 중시하는 스웨덴 교육
  ─ 스웨덴 고등학교 졸업반 학생들과 나눈 대화

강애라 서울 미양중학교 교사

　스웨덴에서 방문한 학교가 아스퍼거 증후군 아이들을 위한 특수학교로 학교 안 작은 학교 형태였기 때문에 스웨덴 교육 전반을 살펴보는 데 부족함이 있었다. 아스퍼거 증후군 아이들을 담당하는 헬레나 파텔 교장 선생님께 스웨덴 일반 학교 교육 전반에 대한 질문 몇 가지를 했지만 충분한 설명을 듣지 못했다.

　우트빌드닝 실베르달 고등학교 교장 선생님께 학교의 교육목표가 무엇이냐고 질문하자 '높은 학업 성적'을 꼽았다. 아스퍼거 증후군 아이들로 이루어진 이 학교의 경우 학업 능력으로 이들의 자립을 돕는다는 측면으로 이해한다 해도 일반 학교인 우트빌드닝 실베르달 고등학교도 이 코뮌에서 현재 2등인 학업 성적을 1등으로 올리고 싶어 한다는 통역자 이하영의 부언은 우리 팀원을 혼란스럽게 했다.

　우리는 북유럽 국가에서 학교의 교육목표를 '높은 학업 성적'으로 꼽으리라고는 전혀 생각하지 못했다. 성적을 중요하게 여기는 우리도 학교의 교육 이념을 물으면 인성과 행복을 언급하는데, 아주 당연하고 진지하게 '높은 학업 성적이 교육목표'라니……. 우리들끼리 회의를 했지만 의문은 풀리지 않았고, 우리가 놓치는 것이 무엇일까 점검이 필요했다. 여기서 말하는 학업과 성적의 개념을 정리할 필요가 있었다. 통역자 이하영과 질문자인 우리 탐방자 사이에 같은 단어에 대한 개념이 일치하지 않음을 감지했기 때문이다.

우리는 이 혼란을 해결해야 했다. 그래서 통역자 이하영과 그의 친구 두 명을 초대하여 스웨덴 교육 전반에 대한 인터뷰를 하기로 하고 시간을 잡았다. 스웨덴 방문 팀 교사 10명과 사서, 스웨덴 교육을 12년간 받은 두 학생과 한국에서 7년, 스웨덴에서 5년의 교육을 받은 이하영, 이렇게 13명은 호텔 로비 커피숍에서 스웨덴 교육 현장의 이야기를 주고받았다.

| 함께하는 협동 학습 속에서 내가 얼마만큼 변화하였는가를 중시하는 교육

우리는 스웨덴 교육에서 강조하는 협동과 배려와 평등이 그들의 학교 현장에서 어떻게 적용되는지 아주아주 궁금했기 때문에 질문을 한꺼번에 쏟아냈다. 특히 교육과정과 평가에 협동과 배려와 평등을 측정하는 부분을 집중적으로 질문했다. 세 학생의 대답을 정리하면 초등학교 3학년 이후로는 모든 교과에서 모둠으로 주제를 나누어 주고 수행하는 과정을 평가하는 식의 수업이 대부분이며, 현장학습을 하는 경우도 많고, 대부분 현장학습도 팀을 꾸려 수행하고 보고서를 낸다고 한다. 모든 교과가 주어진 주제를 해내는 '과정'을 평가받는 것이 아니냐며 질문의 의도를 의아해했다.

질문을 바꾸어 그러면 스웨덴에서 공부하는 친구들은 이런 협동 학습과 협동 학습으로 매겨지는 자신의 성적에 대하여 어떻게 생각하느냐고 물어보았다. 본인들은 부모님들이 공부를 많이 한 분들이고 공부하는 것이 재미있어 성적에 신경을 썼지만 일반적으로 스웨덴 친구들은 우리가 말하는 성적, 즉 순위에는 별로 관심이 없다고 말했다.

각자 미래를 향해 자신에게 맞는 일을 찾고 그것을 위한 준비를 하고 있으며, 그 과정에서 스스로 얼마나 변화하고 성취했는지에 관심을 가지는 정도라는 것이다. 우리가 생각하는 순위, 숫자로 확인하는 학업에 대한 스트레스는 없는 편이라는 것이다. 우리처럼 모두 대학에 가야 한다고 생각하거나 더더욱 성적순으로 대학을 선택하는 일은 없다고 한다. 친구 이하영에게 들어서 알게 된 한국 교육과 비교해 볼 때 스웨덴 학생들은 행복한 것 같다며 본인들은 한국이 이해가 안 간다는 몸짓을 취했다.

| 함께 성장하는 데 내가 어떠한 역할을 했느냐가 평가의 핵심

인터뷰 내용을 요약하면 모든 학습은 협동이 기본이고 그 협동 학습을 잘 이끌고, 또는 그 구성원으로 역할을 하는 것이 자신을 성장시킨다고 생각한다는 것이다. 본인들 역시 이러한 협동의 과정에서 문제를 해결하는 능력이 길러졌다고 했다. 남과 비교해서 칭찬받는 경우는 거의 없고 얼마나 본인이 성장했는가를 측정한다고 말했다. 따라서 스웨덴에서는 혼자 잘하는 것은 그다지 인정받지 못하고 함께 성장해야 하는데, 내가 어떠한 역할을 했느냐가 늘 평가의 핵심이라는 점이다.

이하영도 경쟁에 익숙한 한국의 학생으로서 한 팀에 속해 묻어가는 아이들과 똑같은 성적이 나오는 것을 평등하다고 해야 하는지 의문을 가진 적이 있었지만(특히 유학 초기에는 이런 경우를 매우 억울하게 생각했다고 한다) 결국 이런 협동 학습이 개인 성장에 많은 도움이 되었다고 말했다. 이하영은 중학교 2학년에 스웨덴으로 건너가 우리나라 교육과 스웨덴 교육을 함께 경험하였다. 그 경험을 토대로 쓴 《열다섯 살 하영이의 스웨덴 학교 이야기》(2008)에서도 스웨덴 협동 교육을 많이 언급하였고(중1까지 한국 교육을 받은 이하영은 경쟁이 아닌 협동을 중요시하는 스웨덴 교육에 많이 혼란스러웠다고 말했다) '1등을 포기하니 배우는 것이 더 많았다'고 한 일간지 신문 인터뷰에서 말하기도 했다.

이하영과 인터뷰에 응한 또 다른 한 학생은 우수한 학업 성적으로 영국 케임브리지 대학에 지원을 해 입학 허가서를 받아 놓은 상태였다. 이하영에게 왜 스웨덴 대학교를 선택하지 않았느냐고 물었을 때 스웨덴 정부에서 그동안 유학생에게도 지원했던 학비와 생활비를 2년 전부터는 대학교의 경우 지원하지 않기로 결정했기 때문이라고 했다. 한국 사람으로 경쟁에 익숙한 자신은, 어차피 유학 비용이 든다면 스웨덴 대학보다 경쟁을 중요하게 여기는 대학을 다녀야 한다는 생각이 들어 고민 끝에 선택했다고 한다. 한국인으로 살아가기 위해 내린 결론이라는 것이다. 이하영의 마지막 말이 목에 걸렸다. 우리가 다들 이상적인 교육을 꿈꾸면서도 실천하기 힘든 이유가 바로 한국인으로 살아가야 하는 현실 때문인 것을 여기서도 확인한 것이다.

한국인으로 살아가기 위해 그런 선택을 했다는 이하영도 7년째 스웨덴 교육을 받아서인지 통역을 할 때 우리를 어리둥절하게 하는 부분이 있었다. 우트빌드닝 실베르달 고등학교의 교육 이념을 교장이 '높은 학업 성적'이라고 대답했다고 통역한 것이다. 이하영은 스웨덴 학교에서 말하는 학업 성적에 대한 개념을 탐방자인 우리에게 보충 설명해 주어야 한다는 것을 인지하지 못했다. 통역한 말을 듣는 우리는 이하영이 말하는 학업과 성적을 자꾸만 순위로 받아들이고 학업의 개념도 지식의 습득으로 받아들이고 있었는데, 물론 이러한 오해는 계속된 우리의 질문으로 해소가 되었지만 경쟁 교육의 모순을 알고 바꾸어 보겠다는 우리들 머리가 경쟁의 논리로 찌들어 있었음을 깨달은 순간이기도 했다.

| 학습이 아닌 문화로, 일상화되어 있는 책 읽기

궁금했던 독서 교육 프로그램의 구체적인 형태에 대한 질문을 했다. 문학 작품은 어떻게 학교 교육과정에 녹아 있고 독서 프로그램으로 활용되는지 매우 궁금했다. 하지만 이 질문 역시 우리 식의 질문이고 궁금증이었다. 세 학생 모두 린드그렌의 경우 그를 작가라고 인식하기보다 스웨덴 전체 문화 아이콘으로 이해하고 있다고 대답했다. 어린 시절부터 그의 이야기를 듣고 자라고 사회 전체가 린드그렌이 만든 이야기와 연결되어 있기 때문에 학습으로 그의 이야기를 인식하지 못했다는 것이다. 고개가 저절로 끄덕여지고 가슴이 먹먹해지게 만든 대답이었다.

우리는 자꾸만 구체적인 독서 프로그램이 있는가라고 질문했지만 인터뷰에 응한 이들은 독서 프로그램이라는 말을 잘 이해하지 못했다. 책을 읽는 데 프로그램이 따로 필요하냐는 식이었다. 그만큼 그들에게 책 읽기는 학습이 아니라 문화였고 자연스러운 생활이었다. 우리가 목을 매고 책과 관련된 교육을 강조하는 것은 우리 교육을 포함해 사회 전체가 이런 문화의 결핍을 느끼기 때문이라는 것을 새삼 깨달았다.

어린이 청소년 행복 지수 설문 조사를 보면 생활수준 부분에서 우리나라는 OECD 국가 중 만족도가 높은 편이다. 그에 반해 '아이들은 어떨 때 행복함을 느끼는가?'라는 질문에는 친구들과 사이좋게 지낼 때(30.3퍼센트)가 성적이 좋을 때(12.8퍼센트)보다 압도적으로 높았고, 행복하지 않을 때로는 '성적에 대한 압박'과 '학습 부담'을 짚었다. 일상생활에서 어떤 경우에 행복을 느끼는가?"라는 질문에는 "좋아하는 일을 충분하게 했을 때"라고 대답했다.[*] 설문에 응한 아이들은 행복의 요건으로 화목한 가족과 자유를 꼽았다.

설문 결과로 미루어 보건대 우리 아이들은 좋아하는 일을 충분하게 하지 못하며, 성적에 대한 압박과 학습 부담으로 행복의 요건인 가족의 화목이 많이 깨진 상태이며, 자유도 주어지지 않는 상태임을 알 수 있었다. 나라는 비교적 부유해지는데 개인은 상대적 빈곤감으로 주관적 행복감이 낮고, 나라의 위상은 높아 가는데 개인의 위상은 그만큼 높지 않아 불균형을 느끼게 하는 사회, 지금 우리의 모습이다. 그래서 더욱더 좋은 대학에 가야 한다고 생각하지만, 모두가 좋은 대학에 갈 수 없기에 숨이 턱까지 차오르고 행복하지 않다.

우리는 아스퍼거 증후군 특수학교 우트빌드닝 실베르달 고등학교에서 진정한 의미의 평등 교육을 보았다. 학생들과 인터뷰를 통해 경쟁의 논리에 찌들지 않고 당당하고 건강하게 미래를 설계한다는 이곳 아이들의 목소리를 들었다. 평등의 조건을 갖추는 것부터 실천하고 있는 이들은 함께 성장하는 데 가치를 두는, 협동 여부를 중시하는 평가 방법을 통해 배려를 체험하게 하고 있었다. 이곳을 방문한 우리는 한 아름 숙제를 부여받았다. 함께 고민하다 보면 우리 실정에 맞는 작은 실천거리를 찾을 수 있을 거라 스스로를 위로하며 꿈 같은 나라 노르웨이로 넘어간다.

---

[*] 〈2014학년도 한국 어린이 청소년 행복 지수-국제 비교 연구 조사 결과 보고서〉, 연세대학교 사회발전연구소, 책임 연구원 염유식 외 3명, 83~88쪽.

노르웨이

우직하게 미래를 준비하는 아름다운 학교

노르베르그 학교 Nordberg skole

박정해 서울 양동중학교 교사

홈페이지 www.nordberg.gs.oslo.no

주소 Sognsveien 210b, 0863 Oslo

연락처 22584900

핀란드에서 시작해 스웨덴을 거치며 학교와 도서관을 탐방해 온 우리 일행은 노르웨이 베르겐을 거쳐 수도 오슬로에 입성하면서 여행의 반을 넘겼다. 핀란드에서 스웨덴으로 넘어올 때는 크루즈를 탔고, 스웨덴에서 노르웨이 베르겐으로 넘어올 때는 비행기를 탔다. 베르겐에서 오슬로로 올 때는 피오르 해안 관광도 겸하면서 버스와 배, 기차를 갈아타면서 왔다. 도시 내에서 이동할 때는 버스나 지하철, 트램을 타고 다녔다. 우리끼리 우스갯소리로 택시 빼고는 북유럽의 교통수단을 다 이용해 봤다고 이참에 택시도 한번 타 보자고 자랑삼아 말을 하기도 했지만, 추운 북유럽의 날씨 속에서 14박 15일의 짐을 끌고 30명 가까운 사람들이 이동해 다닌다는 것은 참 고된 일이다. 그러나 나라나 도시가 바뀔 때마다 풍경과 사람들이 달라져서 탐방객의 마음은 늘 설렌다. 지난밤 늦게 오슬로 숙소에 도착해 몸은 피곤함에 절어 천근만근 늘어지지만 오늘도 새롭게 시작되는 일정에 기대감이 부푼다.

학생과 교사가 서로 존중하고 배려하는 일이 가장 중요하다

아침 일찍 약속 시간에 맞추어 학교 안으로 들어가니 교장 선생님과 교감 선생님, 그리고 사서가 우리를 반긴다. 북유럽 신화 속에서 튀어나온 듯이 거구의

교장 선생님이
프레젠테이션 하는 모습

얀 하이델 교장 선생님이 털북숭이 얼굴에 인자한 미소를 띠며 이 학교에 대한 프레젠테이션을 해 준다.

노르웨이의 수도 오슬로 동쪽에 자리 잡고 있는 노르베르그 학교는 중학교 과정의 8, 9, 10학년 학생들이 다니는 학교이다. 총 21개 학급에 학급당 학생 수는 30명가량으로 학생이 총 600여 명 정도 다니고 있다. 교장과 교감 외에 학년별로 학년 교감이 있고, 각 학년은 두 팀으로 나뉘어 팀마다 팀장을 두고 학년별 협력 체제를 구축하고 있다. 또한 연 2회 학부모와 교사, 학생과 교사, 교사와 교장의 만남을 정례화하고, 학생회, 학부모회, 학교 운영 위원회와의 만남을 통해 서로의 의견을 조율하고 있다.

교장 선생님은 학교의 인적 구성과 각종 협의 체제를 가장 먼저 소개하면서 '학생과 교사가 서로 존중하고 배려하는 일이 가장 중요하다'고 강조한다.

"교사는 학생이나 학부모와 만나서 주로 학생의 성적이나 사회성 등에 관한 이야기를 나누며 학생의 발전을 도와주려고 합니다. 수업 계획을 세우고 평가를 할 때도 학생들의 의견을 많이 듣고 이를 반영해서 학생에게 도움을 주려고 하지요. 교장도 교사와의 대화를 통해 교사가 학년 초에 자신이 세운 수업 목표를 제대로 달성할 수 있도록 도와줄 점이 무엇인지를 파악하고 교사 스스로 자신의 성공과 실패 여부를 되짚어 볼 수 있도록 합니다."

수업 계획이나 평가 방식 등은 교사의 고유한 전문 분야라고 볼 수 있다. 우리의 경우 학생의 특성을 고려하여 수업 방식이나 평가 방식 등을 조정하기는 하지만 그 주도권을 교사가 쥐고 있다. 아무래도 교사가 수업에 관한 한 전문가이고, 미숙한 학생에 비해 원숙한 존재라고 생각하기 때문이다. 이런 부분을 비전문가이자 교육의 대상인 학생들의 의견을 반영하여 결정한다는 것은 어떤 의미일까? 이는 원숙한 존재인 교사가 미숙한 존재인 학생을 지도하고 이끈다

수업 참관을 온 우리에게 오히려
환경 관련 인터뷰를 시도하는 학생들

는 생각이 아니라 교사와 학생이 동등한 존재라는 인식이 바탕에 깔려 있어서 이루어진 일이다. 아울러 수업은 교사가 학생에게 일방적으로 지식을 전달하는 과정이 아니라 학생의 학습을 돕는 과정이라는 생각이 기본 전제로 깔려 있을 때 가능한 일이다.

교장 역시, 교사의 수업을 참관하고 수업에 대해 교사에게 지도나 조언을 하는 우리 식의 장학 개념을 가지고 있지 않다. 교사와 대화를 나누면서 교사 스스로 세운 목표를 달성할 수 있도록 도와주는 역할을 할 뿐이다. 상호 신뢰 속에 서로 존중하고 배려하는 문화는 이 학교만의 독특함이 아니라 노르웨이 전역에 퍼져 있는 기본적인 인식인 것 같다. 현재 노르웨이 오슬로 대학 교수인 박노자의 《좌우는 있어도 위아래는 없다》(2002)를 보면 노르웨이에는 교수와 학생 사이는 상하 관계가 아니라 평등 관계이며, 사제 간이라기보다는 동료 간이라는 인식이 강하다고 한다.

그렇게 존중받고 자라서인지 복도나 교실에서 만난 이 학교의 학생들은 참

밝다. 처음 보는 낯선 동양인 무리에게 먼저 "곤니치와", "니하오"하고 말을 걸며 인사를 하며 깔깔대기도 하고 "안녕"이란 인사말로 대답하는 우리 일행을 따라 "안녕" 하고 큰 소리로 외치기도 한다. 수업 참관을 위해 교실에 들어간 우리를 보고는 오히려 우리에게 인터뷰를 시도하며 자신들의 수업 과제를 그 자리에서 해결한다.

교사는 학생이 스스로 세운 목표에 도달할 수 있게 도와준다

교장 선생님에게 "이 학교에서 절대로 바꾸고 싶지 않은 소중한 것이 무엇입니까?"라고 물었더니 다음과 같이 대답한다.

"'노르베르그 학교는 미래를 시작하기 가장 좋은 곳!'이라는 비전입니다. 우리 학교는 학생들의 학업 성취는 물론 심리적인 안정까지 전체적인 면을 도와주려고 합니다. 학생 개개인이 스스로 학습 계획과 학습 방법을 세우고, 교사는 이에 대한 피드백을 철저히 해서 자신이 세운 목표에 도달할 수 있게 도와주는 점이 가장 자랑스럽습니다."

이 학교의 학생들은 1~2주에 한 번씩 상·중·하 난이도 중 자신의 능력에 따라 학습 계획을 세우고 달성해야 할 목표를 정한다. 자신의 학습 스타일에 따라 개별 학습을 할지 협력 학습을 할지도 결정한다. 교사는 학생이 세운 목표를 잘 달성할 수 있도록 최대한 지원을 하는 역할을 한다. 수업 시간마다 수업 목표를 명시해 주어 학생 자신이 학습 목표를 달성해 나갈 수 있도록 안내한다. 평가를 할 때는 반드시 평가 기준표를 함께 제시해서 학생들이 기준에 맞게 활동을 할 수 있도록 알려 준다. 또한 학생들의 활동 결과에 대한 피드백을 성실히 하여 학습의 과정 및 결과에서 학생들이 주체적으로 학습할 수 있도록 도와준다. 수업 시간 중에 치르는 지필 평가의 경우 사전 평가를 한 후 피드

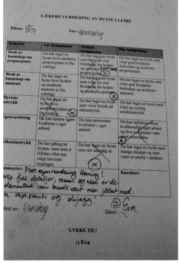

▲ 칠판에 적힌 학습 목표

◀ 평가 기준표

빛의 굴절과 반사 실험을 하는 학생들　　　　　　　　환경 관련 프로젝트 수업 장면

백을 주고 나서 똑같은 평가를 다시 한 번 하는 방식으로 학생이 자신의 학습을 완성시킬 수 있도록 도와준다.

실제로 우리가 수업 현장을 둘러보았을 때 교실마다 칠판에는 학습 목표가 크게 적혀 있었다. 영어과의 경우 수업 전에 학교의 노트북을 빌려 2~3명으로 이루어진 모둠별로 환경 관련 프로젝트 수업을 진행하고 있었다. '환경'이라는 주제로 인터뷰 질문을 만든 후 그 결과를 도표나 그래프로 만들어서 발표를 하는 것이다. 교사가 평가 내용과 기준이 적힌 수행평가 기준표를 학생들에게 미리 나누어 주어 학생들이 평가 기준을 명확히 알고 과제 수행을 할 수 있게 한다. 또한 교사는 평가 기준표를 학생별로 만들어 학생들의 수행 과정을 점검하고 피드백을 주며 결과를 평가한다.

이에 비하면 자신의 머릿속에만 수업 목표와 수업 진행 계획을 잘 넣어 두고 학생들에게 별 다른 안내 없이 수업을 진행하는 교사들은 얼마나 불친절한 교사인가? 평가 후 그 결과에 따라 등급만 매기는 교사는 또한 얼마나 학습의 과정에 무책임한 교사인가? 교사의 머리에서 입을 거쳐 밖으로 나온 수업 내용은 학생들에게 전달되어 내면화되지 않는 한 교사의 독백에 지나지 않는다.

학습 계획을 스스로 세우고 학습 목표에 대해 인식하고 그것에 맞게 활동을

아름다운 삶, 아름다운 도서관

해 나가는 이 학교의 학생들은 이미 학습의 주체이다. 다른 사람과의 경쟁에서 이기기 위해, 더 좋은 상급 학교를 진학하기 위해서가 아니라 자기 자신이 세운 목표를 달성하기 위해서 공부를 한다. 이런 학생들이 자신의 목표를 달성할 수 있도록 돕는 일이 바로 교사의 역할이다.

평등한 사회가 평등한 교육을 만든다

각기 다른 능력과 관심을 가진 학생들을 어떻게 한 교실에서 지도할 수 있을까? 우리의 경우에는 수준별로 학생을 나누어 서로 다른 교실에서 지도하거나 아예 특목고나 자사고 등을 세워 우수한 학생을 따로 지도하려고 한다. 장애가 있을 경우에는 학교 내의 특별 학급이나 별도의 특수학교에서 지도하려고 한다. 남녀의 성차를 고려해 남학교, 여학교로 분리해서 지도하려고도 한다. 한마디로 차이가 있을 경우 그 차이에 맞게 지도할 수 있도록 학생들을 분리하는 정책을 취한다. 그것이 효율적이라고 생각하는 사람들의 목소리가 크다.

노르웨이에서는 우리와 다른 방식으로 접근한다. 차이를 인정해 분리를 시도하는 것은 평등의 기회를 원천적으로 봉쇄한다는 인식이 강해서이다. 노르웨이에서 교육은 국민이 기본적으로 보장받아야 할 인권이다. 경제적인 문제로 차별받지 않도록 고등학교 과정까지 무상교육이 법적으로 보장되어 있다. 교과서나 수업료 부분의 영역만이 아니라 교통비, 체험 활동비, 수학여행비 등도 무료이다.

장애인, 이민자, 학습 부진아는 교육을 방해하는 요소를 제거해 주어 동등하게 교육받을 수 있게 해 준다. 시각장애인에게는 점자 책으로 수업을 하고, 청각장애인에게는 수화로 수업을 하거나 수화 통역사를 두고 수업을 한다. 이민자에게는 모국어로 수업을 받을 수 있게 해 준다. 주의력 결핍 장애 등의 특수

공간을 구분해 ▲
교실 내 새로운 공간을
만들어 내는 칸막이

수업 준비실이나 개별 학습 ▶
통합 학습의 공간 등
다양하게 활용 가능한 교실 옆 보조실

아는 특수 교사의 지도하에 교육적, 심리적 치료를 받을 수 있고, 학습 부진아는 노르웨이 기준 최하 2단계에 해당하는 과목 코스를 따로 이수하거나 정규시간에 별도로 시간을 확보하여 교사의 개별 지도를 받을 수 있다. 우수한 학생일 경우에는 자신보다 높은 학년이나 상위 학교의 수업을 들을 수 있다. 어떤 경우든 그들을 위한 별도의 학교를 세우지 않는다. 우수한 학생과 부진한 학생을 나누어 교육하는 것이 교육의 평등한 기회를 원천적으로 차단한다는 생각에서이다.

학생 개개인이 자신의 능력과 재능에 맞게 교육을 받을 수 있도록 최대한 지원을 하고 있는 이 학교의 노력도 이러한 교육철학을 바탕에 두고 있는 셈이다. 수업이 이루어지는 과정 외에 시설 면에서도 학생 개개인에게 맞추려고 하는 학교의 노력을 엿볼 수 있다. 교실 한 칸이 수업할 때 이용할 수 있는 공간의 전부인 우리와 달리 이 학교에서는 교실 옆에 준비실이 있거나 칸막이 등으로 구분해 둔 공간이 있다. 수업 방식이나 학습 방법에 따라 분리나 확장이 가능할 수 있도록 공간에 여유를 둔 것이다. 수학과의 경우 수업 중에 먼저 문제를 푼 학생은 자율적으로 칸막이로 구분된 공간으로 자리를 옮길 수도 있다고 한다.

빛의 굴절과 반사 실험이 이루어지고 있는 과학과의 경우 학생들이 기자재를 공유하여 실험을 한 후 결과를 정리하면, 교사는 돌아다니며 개별 학생의 결과를 확인하고 전체적으로 알아야 할 사항만 설명하는 방식으로 수업이 진행된다. 이민자 학생이 이런 과정에서 어려움을 겪으면 보조 교사나 친구의 도움을 받아 실험 과정을 마친다.

우리도 교육 예산이 많아지면, 학급당 학생 수가 적어지면 이런 일이 가능해질까? 예산도 예산이지만 어떤 사회를 만들 것인가, 어떤 교육을 할 것인가에 대한 사회적인 합의가 있어야 가능한 일이다. 신분이나 부를 과시하는 것을 용납 못 하고 어떤 직업이라도 인간의 존엄성을 지킬 만한 임금과 사회적 위치를 보장해 주어야 한다는 평등 의식이 보편화되어 있는 노르웨이 사회이기에 이런 일들이 가능한 것 같다.

실용성과 창의성이 만든 아름다운 나라

교장 선생님의 프레젠테이션이 끝난 후 우리 일행은 세 팀으로 나누어 교실 곳곳을 둘러보았다. 복도를 걷다 보니 복도 벽면과 천장이 예사롭지 않아 저절로 눈이 간다. 마치 미술 전시회장에 온 것처럼 벽에 멋진 작품이 쭉 전시되어 있다. 또 다른 벽에는 세로로 긴 나무조각 여러 개를 덧대어 놓아 가정집에 온 듯 따뜻한 느낌이 든다. 계단 벽면에는 재미난 그림을 새겨 넣어서 저절로 미소가 번지게 한다. 천장에도 아이들이 만든 작품을 매달아 놓아 학교가 미술관 같다. 복도 한편에 아이들 오며 가며 먹으라고 무심히 놔둔 사과와 배를 담은 상자나 교실에 놔둔 사과 몇 알도 그 자체가 정물화 같다. 한마디로 일상이 예술이다. 그러고 보니 노르웨이 오슬로 공항이나 베르겐의 식당에서 봤던 화장실 입구 그림도 참 유머러스하면서 특이했다. 오래된 목재 건물과 자연 풍경이 눈에 시리도록 예뻤던 베르겐의 도시 모습도, 피오르 해안의 웅장한 자연 풍경도 아름답고 아름다웠다. 다이크만스케 도서관의 실내 모습은 또 얼마나 아름다웠는가? 이 나라는 일상이 예술인가 보다. 이렇게 일상이 예술로 둘러싸인 나라에서 생활하는 사람들의 미의식은 어떨지 궁금해진다.

　북유럽으로 오기 전 서울시립미술관에서 열린 '북유럽 건축과 디자인 전'을 보러 간 적이 있었다. 실용성과 예술성을 갖춘 학교 건물도 인상적이었지만 다

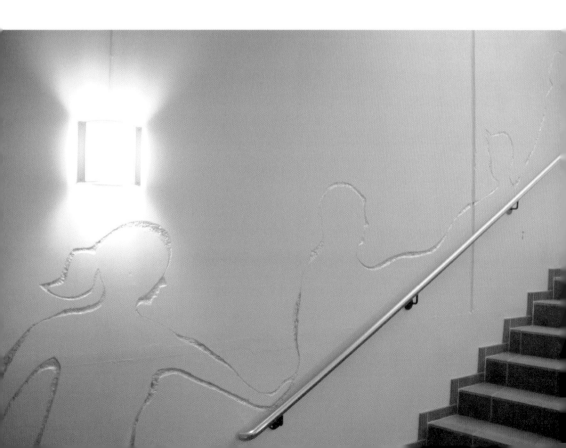

다양하고 아름다운 복도의 풍경

양한 디자인의 의자와 소품도 참 인상적이었다. 앞에서 보면 그냥 계단인데 뒤에서 보면 뒤 벽면을 파내어 쉴 수 있는 또 다른 공간을 만들어 놓은 의자, 바닥이 평평하지 않고 비스듬한 의자, 브이 자로 파여 있는 의자, 벽면에 예쁘게 걸어 놓은 장식품처럼 생긴 옷걸이, 저 물건의 용도는 무엇일까 궁금해지게 만드는 낯선 디자인의 소품들. 이 사람들은 어떻게 이런 재료로, 이런 디자인으로 물건을 만들었을까 감탄을 하고 보았는데 이곳에서 보니 그 이유를 알 수 있을 것 같다.

핀란드에서도 그랬지만 이곳에서도 미술실이나 조리실, 목공실 등이 규모나 시설 면에서 훌륭하다. 작업할 수 있는 널찍한 공간과 갖가지 작업 도구, 재료 등이 잘 갖추어져 있다. 의식주를 스스로 해결할 수 있는 노작 능력을 학교교육에서 키워 주고 있는 것이다. 그런데 더 놀라운 것은 이곳에서 이루어진 수업의 결과물들이다. 조리실의 한 테이블에는 여러 가지 모양의 빵이 전시되어 있다. 모둠별로 만드는 재료, 시간, 모양 등을 다 달리해서 만든 빵을 전시해 둔 것이다. 이때 얼마나 창의적으로 빵을 만드느냐가 중요한 평가 요소라고 한다. 학교 다닐 때 같은 재료로 최대한 능숙하게 조리해서 음식을 완성하는 조리 실습만 해 본 우리로서는 생각도 못 해 본 일이다.

학생들이 만든 창의적인 빵

목공실 한편에는 나무, 철사, 털실 등 다양한 재료로 다양하게 만든 조그만 의자들이 전시되어 있다. 목공실 안쪽에서는 이와 같은 작은 의자를 만드는 수업이 진

아름다운 삶, 아름다운 도서관

학생들이 만든 창의적인 디자인 의자

작은 의자 만들기 과정

행되고 있었는데 학생들이 각자 선택한 재료로 자신만의 방식으로 의자를 만들고 있다. 이 각양각색의 재료는 학생 개인이 준비해 오는 것이 아니라 학교에서 준비한 것이라고 한다. 한 가지 재료로 통일하면 준비하기가 쉬울 텐데 수고로움을 감수하고 다양하게 재료를 준비해서 학생들의 창의성을 키워 주려는 학교의 의지가 빛난다. 열심히 의자를 만들고 있는 한 학생에게 "왜 의자를 그렇게 만드니?"라고 물어보니 "내 마음이에요."라는 대답이 돌아온다. 우문현답이다. 예술을 전공하는 학생이 아닌 일반 중학생에게도 이렇게 창의적인 수업을 하는 나라이니 일상이 예술일 수 있을 것이다.

학교에서 준비해 두는
각양각색 재료들

이들의 창의성은 실용성에서 비롯된다. 자신이 앉고 싶은 의자를 자기 마음대로 디자인해서 만들어 보게 하니 어찌 창의성이 발현되지 않을 수 있을까? 쇼핑백을 만드는 미술 수업 시간에도 창업 계획을 먼저 세우게 하고, 자신이 만든 회사나 가게를 홍보할 쇼핑백을 만들게 하고 있다. 컴퓨터 아트 수업 시간에는 '어느 지역'에 있는 '어떤 가족'이 사는 집이라는 형

자기가 살고 싶은 아파트
도면 그리기 수업

식으로 구체화해서 자기가 살고 싶은 아파트 도면 그리기를 하고 있다.

지식과 예술이 추상적으로 존재하지 않고 실생활과 밀접하게 관련되어 있음을 늘 눈으로 보고 몸으로 느끼며 자란 국민들에게 아름다움이란 미술관의 전시품에서만 찾을 수 있는 것이 아닐 것이다. 실용성과 아름다움을 갖춘 북유럽의 가구나 인테리어는 요즘 우리나라에서도 인기를 끌고 있다. 겉모습뿐 아니라 그런 가구나 인테리어를 만들어 낼 수 있는 기반이 되는 그들의 미의식과 교육 방법에 대해 먼저 관심을 가졌으면 싶다.

학습의 공간이자 휴식의 공간인 학교도서관

이 학교의 도서관은 학교 출입문 바로 옆쪽, 학교 구성원들이 접근하기 좋은 위치에 자리 잡고 있다. 입구 쪽에 사서의 작업 공간과 수업 시간에 쓰는 복본을 모아 놓은 파란색 플라스틱 상자들이 여럿 있고, 안쪽으로 컴퓨터 10여 대와 여러 명이서 함께 활동할 수 있는 작업 공간이 있다. 그 안쪽에 서가가 자리 잡고 있다.

이 학교도서관 담당자는 교사가 아니라 사서이다. 학교도서관 담당자가 사서

가 아닌 경우가 많은 북유럽에서는 학교도서관보다 공공도서관이 먼저 발달해서인지 아직까지 사서 교사의 필요성에 대한 인식이 미흡하다. 독서를 '학습'의 중요한 수단으로 생각하는 미국과 달리 북유럽에서는 독서를 '생활'의 일부분으로 생각하는 경향이 강한 것 같다. 어둡고 추운 긴 겨울을 보낼 때나 해가 오래도록 지지 않는 백야의 여름을 보낼 때 북유럽 사람들 곁을 지켜 주었던 것이 바로 책이다. 아마 이들은 북유럽 신화 속 신들이나 판타지 소설과 범죄 추리소설 속의 인물들과 이야기를 나누며 긴긴 밤을 보냈을 것이다. 이런 문화적 특성에다 실용성이 강하고 허례허식이 없는 민족적 특성이 가미되어 책뿐 아니라 생활 전반에 걸쳐 이용자에 대한 서비스가 뛰어난 공공도서관이 인근에 많다 보니 학교도서관의 필요성을 상대적으로 덜 느끼는 것 같다.

그렇지만 노르웨이에서도 학생들이 학교도서관을 이용할 권리를 보장해 주어야 한다는 인식이 보편화되어 교육법상에도 학교도서관에 관한 조항이 들어

도서관 컴퓨터

복본용 도서를 담은 블루 박스

도서관 안에 있는
보드게임과 뜨갯감

있고, 학교도서관을 지원해 주어야 한다는 조항이 공공도서관법에 들어 있다. 실제로 이 학교에서는 3년의 학사 과정과 2년의 석사 과정을 거친 공공도서관 근무 경력이 있는 사서가 학교도서관 사서로 근무하고 있으며 장서나 독서 프로그램과 관련해서 인근 공공도서관과 협력하고 있다.

작가 작품 릴레이 추천

학교도서관을 '학습 목표 달성에 도움을 주는 공간이자 휴식의 공간'으로 생각하고 있는 데시레 고레 비에른스타 피단Desiree Gaare Bjornstad Fidan 사서는 교사와 긴밀히 협력하여 정보 이용 교육, 도서관 협력 수업 등을 하고 싶어 한다. 아직 이 학교에 온 지 6개월밖에 되지 않아 눈에 띄는 성과물이 없다고 겸손하게 말은 하지만, 하나 둘 털어놓는 이야기 속에 학교도서관에 대한 애정이 담뿍 느껴졌다.

"수업 시간에 독서를 과제로 만나는 학생들에게 어떻게 독서의 즐거움을 느끼게 해 줄까 고민하다가 작가 소개 프로젝트에 맞추어 그 작가의 작품을 릴레이로 추천하는 활동을 함께 진행하고 있어요. 학생들이 학업이나 친구들이 주는 압박감에서 벗어나 편히 쉴 수 있도록 도서관 한구석에 보드게임과 뜨갯감을 놓아두기도 하고요. 또한 '읽기'를 책 읽기로 한정하지 않고 광고나 방송, 영화 등 다양한 방식의 읽기로 어떻게 확대시킬까 계속 궁리 중이에요. 이용자의 나이 수준에 맞는 정보 서비스를 알려 주는 일이 사서의 중요한 역할이라고 생각하고요."

공공도서관과 별개로 학교도서관은 고유의 역할이 있다. 학교도서관은 취미

나 생활의 독서를 학습의 영역으로 이끌어 올 수 있다. 수업 시간에 학교도서관에 있는 다양한 자료로 학생들 개개인의 관심과 능력에 맞춘 수업을 진행할 수 있고, 학생들에게 좀 더 높은 단계의 독서 능력을 키워 줄 수도 있다. 또한 학교 내에서 정서적으로 어려움을 겪는 아이들이 편히 쉴 수 있는 공간이 되어 주기도 한다. 조용히 책을 읽으며 즐거워하는 아이, 조용히 손뜨개질을 하면서 마음의 위안을 삼는 아이, 친구들과 보드게임을 하며 즐거움을 찾는 아이를 다 품어 주는 곳이 학교도서관이다.

부자 나라의 우직한 국민

교육과 의료, 노후 등 복지 제도가 잘 갖추어져 있고, 임금 격차가 크지 않으며 양성평등이 잘 이루어져 있어 UN 인간 개발 지수 세계 1위(2013), OECD 행복 지수 세계 1위(2013), 레가툼 번영 지수Legatum Prosperity Index 세계 1위(2013) 등 삶의 질을 평가하는 각종 지수에서 높은 평가를 받는 나라가 노르웨이이다. 게다가 노르웨이는 애니메이션 '겨울 왕국'의 모델이기도 할 정도로 아름다운 자연 풍광도 지니고 있다. 석유, 천연가스 등의 자원도 풍부해 여기서 나오는 부로 국부 펀드를 조성해 현재뿐 아니라 미래의 국민들을 위해서까지 부를 축적해 두고 있으며, 국가가 부를 공정하게 분배해야 하고, 모든 국민이 동등한 사회적 권리를 누리며 존엄성을 존중받아야 한다는 사회민주주의가 통용되는 나라이기도 하다. 한마디로 살기 좋은 아름다운 부자 나라이다.

그러나 우리가 만난 노르웨이 사람들은 마냥 행복에 젖어 있지는 않았다. 부자라고 으스대지도 않고, 게으르거나 나태하지도 않은 듯했다. 사회의 구성원으로서 각자 자기가 맡은 역할을 묵묵히 해낼 뿐이었다. 그것이 자신이 속한 사회를 건강하게 만드는 것임을 잘 알아서이다. 그런 사람들이 1640년부터

1814년까지 360여 년간 덴마크의 지배를 받았고, 1814년부터 1905년까지 90년간 스웨덴의 지배를 받아 독립국가로서의 위상도 미약하고, 경제적으로도 가난했던 나라 노르웨이를 오늘날의 모습으로 만든 것이다.

노르웨이 사회의 건강한 구성원이 되기 위해서 학생들은 배우는 일을 꾸준히 해야 하고 정서적으로 혼란한 시기에 내면을 바로잡는 일을 해야 한단다. 배움은 지식을 습득하는 과정에서만 일어나는 것이 아니다. '평등'과 '정의'의 덕성을 기르는 과정에서도, 체력을 키우는 과정에서도, 예술 작품을 만들어 가는 과정에서도, 땀 흘려 노동하는 과정에서도 일어난다. 학생이 좋아하고 잘할 수 있는 일이 무엇인지 발견해 가고, 그것을 잘 해내도록 도와서 학생들이 미래에 훌륭하고 행복한 사회 구성원이 될 수 있도록 준비시키는 일, 그것이 바로 교사가 해야 할 일이고, 교육이 나아가야 할 방향이었다.

이 학교의 하이델 교장 선생님은 "학업 성취 면에서 성공적인 학교가 되고 싶다. 학생들에게 왕따, 학교 폭력이 없는 학교라는 평가를 받고 싶고 학생들의 심리적 문제를 더 도와주고 싶다. 언제나 완벽해지려고 꾸준히 노력하고 싶다."고 소망을 밝힌다. 군더더기 없이, 미사여구 없이, 어느 한쪽으로 치우치지 않고 학생들이 당면한 문제를 직시하고 그 문제를 해결하는 데 도움을 주기 위해서 묵묵히 노력하는 그들의 우직함이 깊은 여운을 남긴다.

덴마크

아이들을 위해 존재하는 학교

한스 공립 초·중등학교 Sct. Hans Skole

박샘 서울 서울정수초등학교 교사

홈페이지 www.scthans.odense.dk/

주소 SCT Hans, Skibhusvej 188, 5000 Odense

연락처 63752500

코펜하겐에서 오덴세Odense로 향하는 길은 가도 가도 끝이 없을 것만 같다. 회색이 감도는 쪽빛 구름과 그 주변에 그윽하게 스며드는 햇살이 깊은 정취를 자아낸다. 선연한 노란 빛깔이 따스하게 하늘을 물들이며 아침을 열고 있다. 마주한 이 풍경만으로도 이날 일정은 충분하다 싶었다. 광활하게 펼쳐지

오덴세 가는 길

는 바다를 건너 아늑하고 소박한 느낌의 오덴세에 닿을 때까지 하염없이 창밖을 바라보았다.

제일 먼저 학교 앞에 즐비하게 세워진 자전거들이 눈길을 끌었다. 코펜하겐 시내에서 자동차와 나란히 도로를 누비던 자전거들을 볼 때마다 자전거의 나

교문 앞에 세워진 자전거

벽에 걸려 있는 아이들 작품

라임을 실감할 수 있었는데 오덴세도 그랬다. 덴마크에서는 어려서부터 학교
에서 자전거 타는 법을 배운다고 하니 다른 북유럽 나라들처럼 학교교육이 일
상과 생활을 담고 있을 것이라 짐작하며 교문 앞을 서성이고 있었다. 이내 우
리 일행을 발견한 아이들이 어찌나 반갑게 손을 흔들며 인사하던지 그 해맑음
에 우리까지 환해졌다.

편안하고 자유로운 분위기가 흐르는 한스 공립 초·중등학교

학교 소개를 시작하기 전 교감 선생님은 우리 일행에게 식사를 권했다. 샐러
드, 샌드위치, 음료 등 우리를 위해 특별히 정성껏 마련한 음식이 참 고마웠다.
촉박한 시간 속에서도 친절한 배려 덕분에 잠시 여유를 가질 수 있었다.

한스 공립 초·중등학교는 9년 동안 초등 및 중등 저학년 과정을 공부하는

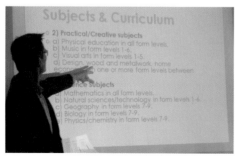
학교 소개 장면

곳이다. 학년에 따라 필수 교과가 인문학 관련 과목(덴마크어, 영어, 기독교, 역사, 사회), 실용/창의 관련 과목(체육, 음악, 시각예술, 디자인, 목공, 금속공예, 가정), 과학 관련 과목(수학, 자연과학, 기술, 지리, 생물, 물리, 화학)으로 나뉜다. 과목별로 달성해야 할 공통 목표, 다루어야 할 필수 주제 정도만 정해져 있고 어떻게, 언제, 어떤 주제로 풀어 나갈 것인가는 교사가 정한다.

복도에 있는 사물함 상자, 옷걸이

이전에 방문했던 핀란드의 키르코야르벤 종합학교는 깔끔하고 단정하여 차분한 분위기였다. 반면 한스 공립 초·중등학교는 정돈되지 않은 자유로움과 느긋함이 흘렀다. 교감 선생님이 간략하게 학교 소개를 할 때도 억지로 보여 주는 것이 없었다. 학교 이곳저곳을 둘러볼 때도 꾸미지 않은 날것을 보는 느낌이었다. 벽에 전시되어 있는 작품이나 복도에 놓여 있던 사물함 상자, 옷걸이 등에서 아이들의 발랄함과 소탈함이 묻어났다.

덴마크의 학제는 학습자의 요구를 세분화하여 반영하고 있다는 점에서 북유럽 국가들 중에서도 유난히 독특하다. 폴케스콜레Folkeskole(공립 초·중등학교)와 프리스콜레Friskole(자유 초·중등학교)는 1학년부터 9~10학년 학생(우리나라의 초등학교와 중학교 3학년 내지 고등학교 1학년에 해당)이 다닌다. 덴마크에는

1814년에 최초로 학령기 아동(7~14세)을 대상으로 국가 차원에서 7년간의 의무교육 제도가 도입되었다. 이 국가적 제도에 대응하는 입장에서 19세기 중엽 프리스콜레가 태동했다. 이는 당시 절대왕정 체제의 덴마크 사회를 근본적으로 뒤바꾸어 놓은 시민사회의 풀뿌리 운동과 함께 시작되었다.

이 밖에 릴레스콜레Lilleskole(작은학교)는 1960년대의 진보적 운동에 영향을 받은 개혁 교육운동을 기점으로 생겨났는데 대안 문화 운동의 흐름이 반영되었다. 에프터스콜레Efterskole(자유 중등학교)는 폴케스콜레나 프리스콜레 졸업자나 졸업을 앞둔 14~18세 청소년들이 약 1년 동안 공동 생활을 하면서 일반 교육과 더불어 자신의 개성과 적성 및 진로를 탐색하고 심화할 수 있는 인생 학교이다. 또한 폴케회어스콜레Folkehøjskole(시민대학/평민대학)는 일반 교양 교육을 통해 자신의 삶을 돌아보고 앞으로의 삶을 설계하는 평생교육 기관으로, 농민들과 도시민들의 의식을 일깨워 주인 의식을 갖게 함으로써 시민사회가 성숙할 수 있는 기반을 닦는 데 중요한 역할을 했다.

우리가 방문한 한스 학교는 이들 중에서 폴케스콜레에 해당된다. 교육은 그 사회의 맥락과 기본 토대 위에 이루어지는 것이라서 덴마크의 교육을 우리 사회에 바로 대입하여 적용할 수는 없을 것이다. 학습자의 선택을 존중하는 다양한 프리스콜레와 학습자 저마다의 속도와 호흡을 인정하는 에프터스콜레, 폴케회어스콜레 같은 틈새 학교의 존재가 우리 사회와 교육에 던지는 시사점도 크지만 과연 덴마크의 공립 초·중등학교는 어떤 저력을 가지고 있을지, 우리의 일반적인 공립학교들이 어떤 힌트를 얻을 수 있을지 궁금했다.

2003년에 개정된 덴마크 학교법에 의하면 공립 초·중등학교의 목적은 '학생의 소질과 능력을 계발·촉진하고, 그들의 성격을 강화·증진하며 그들에게 쓸모 있는 지식을 주어야 한다'는 것이다. 이에 걸맞게 이 학교의 주된 교육목표는 고등교육further education을 준비하고 학생들에게 더 배우고자 하는 욕구를 심어 주며 개별 학생이 고루 발달된 전인으로 성장할 수 있도록 돕는 것이다. 특히 초점을 맞추어 주력하는 분야는 건강, 혁신, 국제 영역이었다. 그런데 그저 구호로만 그치지 않고 실제로 구현되고 있을까?

'학교'라는 공간은 아이들을 위해 존재할 때 빛난다

간단한 학교 소개를 들은 후 우리는 세 그룹으로 나누어 학교를 둘러보았다. 이때부터 '국제' 영역에서 활동하는 학생들이 학교를 안내해 주었다. 외국에서 온 방문자에게 학교를 소개하면서 '국제'를 몸소 체험하고 실용적 능력을 발휘

편안하게 대화하고
협동 과제를 할 수 있는 공간

할 수 있으니 학생들에게 훌륭한 교육적 기회가 되리라 생각했다. 돌아다니다 보니 어느 층에는 대부분의 교실이 텅텅 비어 있어서 의아했다. 알고 보니 1년에 한 번 있는 국제 주간을 준비하기 위해 모둠별로 삼삼오오 학교 어디에선가 머리를 맞대고 있다고 했다. 실로 교실 사이에 드문드문 편안하게 대화하고 협동 과제를 할 수 있는 공간이 있었다. 그리고 복도마다 전시물이 양껏 붙여져 있어서 복도는 단순히 교실을 연결하는 통로 이상이었다. 학교의 모든 공간이 아이들의 배움터라 느껴졌다.

학교 곳곳에 붙은
활동 전시물

아름다운 삶, 아름다운 도서관

이 학교는 교육과정이 바뀌면서 내년부터 수업 시간이 늘어나게 된다(늘어나는 수업 시간에 8, 9학년 학생들은 건강, 혁신, 국제 중에서 자신에게 맞는 과목을 선택하고 학생의 특성에 맞게 개별화 교육을 진행할 것이라 했다). 학교에서 보내는 시간이 길어진 만큼 교사와 아이들은 어떻게 하면 더 즐겁게 학교생활을 할 수 있을지 다 같이 의견을 나누고 있었다. 놀라운 것은 수업이나 프로그램뿐만 아니라 더 나은 공간에 대해 고민한다는 점이었다. 교사 휴게실에는 각자 떠오르는 아이디어를 레고로 표현한 입체적인 조형물들이 전시되어 있었다. 각각의 조형물 앞에는 무엇을 구상했으며, 왜 그렇게 디자인했는지 설명을 적어 둔 붙임

레고로 구상하는
학교 공간

쪽지가 있어서 서로 생각을 공유할 수 있었다. 아이들은 어떤 것이 가장 마음에 드는지 이야기 나누곤 했다.

덴마크 빌룬드Billund에 본사를 둔 레고는 아이들에게 인기가 높은 장난감으로, 그야말로 '작은 벽돌로 이루어진 멋진 세상'이다. 원래 목수였던 레고 사의 창업자 올레 키르크 크리스티얀센은 자신의 아이들을 위해 나무로 된 장난감을 만들어 주었는데, 아이들이 매우 즐거워하는 모습을 보면서 새로운 장난감을 꿈꾸게 되고 결국 장난감 사업의 독창적 기틀을 갖추게 되었다. 아이들에게 어떤 공간이 필요하고 아이들이 어떤 공간을 원하는지 연구하며 설계해 보는 한스 공립 초·중등학교 교사들의 마음도 그의 마음과 비슷하지 않을까. 어떻게 하면 학교가 더 재미있는 공간으로 거듭날 수 있을지, 즐겁게 놀면서도 배움이 일어날 수 있을지에 대한 고민은 아이들을 위하는 마음에서 시작했을 것이다.

굉장히 인상적이었던 레고 조형물을 보면서 그동안 우리 학교는 아이들을 위해 존재했나, 아이들이 학교를 위해 존재했나 생각해 보았다. 학교에서 아이들이 머무는 시간은 덴마크보다 우리가 훨씬 많다. 그럼에도 불구하고 우리의 경우 공간의 중요성에 대한 인식이 굉장히 낮은 편이다. 이용자가 이용자를 위해 디자인하는 학교는 함께 아이디어를 모으고 상상하며 만들어 가는 과정 속에서 탄생한다. 새로운 공간이 그냥 주어지는 것이 아니라 '머물고 싶은 학교는 어떤 형태여야 할까, 어떤 학교를 만들어 나가야 할까……' 자신의 욕구를 반영하고 고민하고 참여하면서 주인 의식도 커질 것이다.

아이들의 건강과 성장을 고려한 공간
학교 구성원들의 사고방식이 이러하다면 실제로 아이들의 필요가 반영된 색

다른 공간이 분명히 있지 않을까 궁금해졌다. 아니나 다를까, 마음에 남는 곳이 몇 군데 있었다. 그중 가장 특별하게 다가온 공간은 '무빙 룸'이라는 곳이다. 무빙 룸은 말 그대로 아이들이 몸을 움직이면서 운동 능력을 키우는 방이다. 여기에는 무게를 실어도 미끄러지지 않도록 미끄럼 방지 처리가 되어 있는 도구들이 놓여 있다. 아이들은 도구에 올라앉아 몸을 움직이면서 여러 근육을 사용하고 균형 감각을 익히게 된다. 모양과 크기가 다양한 갖가지 도구에 몸을 기대어 책도 읽고, 돌아다니거나 누워서 쉬며 자유롭게 활동하는 아이들의 모습에 시선이 머무른다. 아이들은 지극히 즐겁고 편안해 보였다. 이곳에는 임시 교사가 상주하고 있어서 넘어지거나 다치는 아이들을 돌봐 주며 예약을 하면 수업 중에도 사용 가능하다. 나아가 연령대별로 이용할 수 있도록 더 어린 아이들을 위해 두 번째 방을 만들 예정이라고 했다.

　무빙 룸은 아이의 발달단계와 성장에 대한 이해가 바탕이 된 공간이라 느껴졌다. 아이들은 미처 인식하지 못하더라도 즐겁게 활동하는 사이에 근육이 분

무빙 룸

화되고 감각이 민감하게 발달될 것이기 때문이다. 몸을 쓰는 것, 몸에 대해 이해하는 것, 각 근육을 골고루 균형 있게 발달시키는 것은 어렸을 때부터 자연스럽게 이루어져야 한다. 신체의 올바른 성장은 우선 그 자체로 중요할 뿐만 아니라 집중력과 학습 능력에도 긍정적인 영향을 미친다. 또한 감각을 풍부하게 쓸수록 삶이 더 충만해진다. 우리의 학창 시절은 지나치게 머리를 키우는 것에 몰두하느라 감각을 깨우는 일, 몸에 대해 이해하는 것에는 상대적으로 소홀하지 않은가 하는 안타까움이 일었다.

무빙 룸과 더불어 많은 아이들이 마음껏 뛰놀고 있었던 놀이터 역시 아이들의 건강과 신체 발달을 고려한 공간이었다. 학교 입구에 들어섰을 때는 이런 공간이 있으리라 생각지 못했다. 건물 사이사이에 널찍한 마당이 있었고 군데군데 놀이 기구들이 자리하고 있었다. 그런데 색다른 점은 일반적인 놀이터에

놀이터

아름다운 삶, 아름다운 도서관

서 흔히 볼 수 있는 미끄럼틀, 정글짐 등과는 달리 놀이 기구들이 단순한 형태의 조합으로 되어 있었다는 것이다. 덕분에 놀이의 형태나 놀이 기구의 쓰임이 고정되지 않아서 놀이의 주체인 아이들이 창의적으로 놀이를 발견하거나 아이들의 상상력이 자극될 수 있을 것 같았다.

놀이가 곧 배움이다. 놀이의 힘은 무궁무진하다. 아이들은 놀이를 통해 반응이 풍부해지고 외부와 상호작용하는 방법을 배운다. 또한 놀이가 키우는 창조력과 유연한 적응력은 변화하는 세상에 대처할 수 있는 힘으로도 연결된다. 어린 시절에 놀이를 충분히 누리면서 실험하고 탐험하는 아이들은 잠재된 능력을 꺼내어 쓸 기회가 많을 것이다. 이곳의 무빙 룸과 놀이터를 보면서 놀이가 공부고 공부가 놀이인 학교와 교실을 상상해 본다.

아이들은 무엇을 어떻게 배워야 할까

북유럽이 전반적으로 가지고 있는 교육의 특징을 한스 공립 초·중등학교에서도 엿볼 수 있었다. 생활과 학교 공부가 밀착되어 있는 실용적인 교육 풍토는 핀란드, 노르웨이에서 본 학교들과 맥을 같이하고 있었다. 가정, 목공, 체육 등의 수업을 통해 건강한 생활인으로 자라나는 것을 돕는 분위기가 자연스러

학생 작품

체육관의 기계체조 도구

웠다. 요리 수업에서는 세계 문화에 대한 이해를 높이기 위해 모둠별로 미국, 스페인, 아프리카, 멕시코 등 다른 나라 음식을 하나씩 골라서 만들고 있었다. 인스턴트 음식에 노출되어 있는 아이들이 영양가 있는 음식을 손쉽게 만들 수 있도록 실습하기도 했다. 목공실은 주로 4, 5학년이 사용하는데 상자나 생활에 필요한 물건, 보드게임 용구 등을 만드는 수업이 이루어진다. 체육관은 일반적인 시설 외에 링, 평균대 등 기계체조를 위한 체육관이 따로 있었다.

현재 우리가 중시하는 교육은 인간의 수많은 능력 가운데 지적 능력, 특히 언어와 수리 영역에 과하다 싶을 정도로 편중된 경향이 있다. 방과 후 프로그램, 스포츠 클럽 등 다양한 형태로 예체능 교육이 이루어지고 있으나 과목 간 비중의 차이는 엄연히 존재하고 학년이 올라갈수록 확연해진다. 단편적인 지식에 함몰되고 정서적으로 불안하며 경쟁에 익숙한 구도에서 벗어나 보다 균형 잡힌 교육을 새삼 꿈꾸게 된다. 삶의 욕구와 행복의 조건을 만족시키는 데 필요한 지식, 실생활과 관련된 문제를 스스로 해결하는 데 필요한 지식, 자신의 미래를 주체적으로 설계하는 데 필요한 지식이 노작교육, 예술교육, 생활교육을 통해 실천적으로 습득된다면 아이들은 학교에서 훨씬 더 큰 의미와 재미를 발견할 수 있지 않을까.

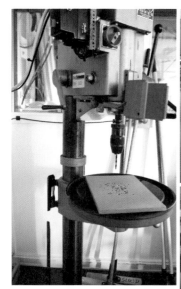

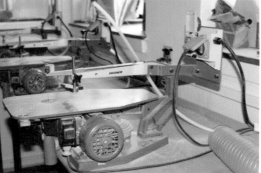

목공실

학교가 창의력을 죽인다고 이야기하는 영국의 교육학자 켄 로빈슨Ken Robinson은 현재 전 세계적으로 보편화되어 있는 영미식 교육에 대해 다음의 측면을 비판한다.

첫째, 특정 학습 능력(언어 및 논리, 수학적 사고 능력)에 대한 집착이 과도하다. 둘째, 과목 간의 위계(수학/과학/언어, 인문학, 예술)가 있어서 서열이 낮은 과목일수록 충분히, 고르게 학습할 기회가 주어지지 않는다. 셋째, 좁은 영역만을 평가하는 표준화된 시험에 의존한다. 이에 그는 교육을 개별화 하여 각 학습자가 무엇을 배우고 싶은지, 진정한 열정을 발견할 수 있는 지점은 어디인지 찾아갈 수 있는 환경을 제공해야 한다고 주장한다. 몇 해 전부터 북유럽 국가들이 하는 교육에 대한 관심이 커진 것은 많은 이들이 영미식 교육의 한계에 공감하며 더 나은 길로 향하고 싶은 열망에서 비롯되었을 것이다. 북유럽 교육의 공통적인 특징은 경쟁이 아닌 협력을, 소수의 엘리트 양성이 아닌 모든 아이들의 다양성 존중을 지향하며 어떤 분야든 즐겁게 배울 수 있도록 배려한다는 점이다.

이야기 의자와 책 읽어 주기

북유럽 국가들은 대체로 가정에서부터 읽어 주기가 자연스러운 독서 문화로 자리 잡혀 있다고 들었는데 한스 공립 초·중등학교의 도서관에서도 우리를 가장 먼저 반긴 것은 '이야기 의자'였다. 알록달록 밝은 색의 나비가 정겹게 미소 짓고 있는 이야기 의자를 보면서 이곳의 소중한, 그러나 공기 같은 일상이 그려졌다.

중요한 공간에는 아이들을 끌어들이는 상징적인 요소가 필요하다. 책을 친근하게 느끼지 못하거나 도서관을 즐겨 찾지 않는 아이들에게 이 이야기 의자는 책이나 도서관과 가까워질 수 있는 계기가 될 수 있지 않을까? 의자 자체가 갖는 상징성을 통해 독서의 생활화를 위한 작은 아이디어가 반짝였다. 번듯한 이야기 의자는 없지만 학급에서 책을 읽어 주는 경험을 떠올리면 이야기 의자의 효과에 대해 기대를 걸게 된다. 진득하게 앉아 집중하기 어려워하는 꾸러기들도 이야기에 쏘옥 빨려 들어 어떤 내용이 펼쳐지나 가만가만 따라가 보는 모습을 볼 때면, 책을 도무지 싫어하는 아이도 읽어 준 책을 학교도서관에서 다시 찾아서 읽으며 반가워하는 모습을 볼 때면, 소극적이고 표현하기 힘들어하는 아이도 읽어 주었던 주인공 목소리를 흉내 내며 깔깔거리는 모습을 볼 때면, 이야기 의자가 따스하게 품을 수 있는 것이 한두 가지가 아니겠다 싶다. 국내의 어떤 교육청에서도 각 도서관에 이야기 의자를 하나씩 두자는 제안이 있었다는데 안타깝게도 예산 부족으로 무산되었다는 소식을 들었다.

이야기 의자

《맹자》에 '조장助長'이라는 고사가 있다. 어느 농부가 논에 심은 벼의 모가 자랄 기미를 보이지 않자 초조해하면서 한 치씩 뽑아 올려 주었다. 그 농부는 잘 자랄 수 있도록 도와주었다고 뿌듯해했지만 모는 말라 죽게 된다. '助長', 글자의 뜻대로라면 성장을 돕는다는 뜻이지만, 조급한 마음에 그 생명의 특성과 상태를 살피지 않고 억지로 자라도록 힘을 가하면 오히려 해가 됨을 경계하라는 의미가 담겨 있다. 모든 생명은 제 힘에 의해서 솟구쳐 나올 때 제대로 꽃피고 제대로 결실을 맺으며 그 결실을 지켜 낼 수 있다. 어떻게 하는 것이 아이들을 진정으로 돕는 것일까. 어린 나이부터 지나치게 학습을 강조하고 선행 학습을 위해 학원을 다니게 하는 것의 이면에는 일렬로 줄을 세웠을 때 아이가 뒤처지지는 않을까 하는 불안감이 자리 잡고 있다. 정작 그 시기에 꼭 키워야 하는 것은 유보한 채, 중요하게 뿌리내려야 할 것들은 넘겨 버린 채 성급하게 아이들을 다그치고 있는 것은 아닌지 생각해 보게 된다.

학교를 나오며 구석구석 안내해 준 학생들에게 학교 다니는 것이 재미있냐고 물어보았다. 돌아오는 대답은 "Yes!"였다. 공부(새로운 것을 배우는 것)도 좋고 친구들과 선생님과의 끈끈한 관계 덕분에 학교를 떠나 있으면 그립다고 했다. 사실 굳이 물어볼 필요가 없었는지도 모르겠다. 표정에서 묻어나는 아이다운 생명력, 주변에도 번지는 아이들의 자유로운 에너지를 흠뻑 느꼈다. 학교가 온전히 아이들을 위해 존재한다면, 아이들의 숨통을 조이는 요소가 없다면, 학교가 아이들의 고유성을 존중하고 삶과 성장을 지원해 주는 공간이라면, 왜 즐겁지 않겠는가.

미래의 삶을 그리며 숨 고르는 곳

코펜하겐 이드렛스 에프터스콜레

København Idræts efterskole

양일규   서울 단국대학교사범대학부속중학교 교사

홈페이지 https://www.kies.dk/

주소 Kies, Julius Andersens Vej 25, 2450 København SV

이메일 Kontakt@kies.dk

연락처 36142460

"스무살이 되어도 꿈을 찾는 것이 꿈이 되어 버렸다."라며 명문대 자퇴를 선언한 대학생이 있었다. 이 외침은 특별한 한 명의 목소리가 아니라 우리 사회 젊은이들과 아이들의 크고 작은 마음속 소리 중 하나가 아닐까 한다. 자신을 돌아볼 여유 없이 입시에서 취업으로 이어지는 트랙을 숨 가쁘게 완주해야 하는 교육 현장에서 꿈, 성찰이라는 말은 뜬구름 잡는 소리이거나 교과서에만 등장하는 말이 된 지 오래이다.

작은 외침들이 울려 메아리친 결과일까. 공교육 현장에는 혁신 학교를 위시한 많은 변화의 움직임이 일어나고 있다. 최근 학교 현장의 이슈인 '자유학기제' 또한 그중 하나라고 할 수 있다. 치열한 경쟁에서 잠시 벗어나 아이들에게 자신을 돌아보며 미래를 그릴 수 있는 기회를 주자는 목소리는 분명 신선하고 유의미한 문제 제기이다.

덴마크에는 이른바 '숨 고르기 학교'라고 할 수 있는 에프터스콜레의 전통이 오래전부터 이어져 오고 있다. 1년간 정규 학제에서 벗어나 유예 기간을 가지며 자신의 삶을 성찰하고 다양한 경험을 할 수 있는 과정이다.

1851년부터 시작하여 160여 년의 역사를 가진 이 학교 형태에서 우리 사회가 가진 질문에 대한 힌트를 얻을 수 있다는 기대가 컸다. 북유럽 탐방의 긴 여정 끝에 도착한 마지막 나라 덴마크, 이곳에만 있는 특별한 학교를 만날 생각에 우리는 코펜하겐에 도착한 날 저녁부터 각자의 상상을 덧붙인 모습을 이야기하며 잠을 설쳤다.

미운 오리에서 백조로, 나에게 말을 거는 시간

에프터스콜레는 각 학교마다 색깔과 무늬가 다양하다. 일반 교과 교육을 기본으로 하되 청소년이 다양한 개성에 따라 각자의 인생을 탐색하고 심화할 수 있도록 '외국어, 예체능, 여행, 연극, 종교, 국제 교류, 프로젝트와 연구' 등등의 분야나 특성을 중점으로 잡아 학교를 운영한다. 학교는 국가교육과정에서 자유롭게 교과, 교수 방법, 교육철학 등을 재량껏 정할 수 있다. 학생과 학부모들은 자신의 요구와 개성에 맞는지, 스스로 인생을 설계하고 탐색할 만한 곳인지 등을 따져 가며 학교를 선택한다.

우리가 방문한 '코펜하겐 이드렛스(체육) 에프터스콜레'Københavns Idræts efterskole(이하 KIES)는 축구와 핸드볼을 주로 다루는 체육 중점 에프터스콜레이다. 학교는 코펜하겐에서 가장 큰 공원인 발비Valby 체육 공원 바로 옆에 자리 잡고 있다. 정문에 서면 학생들의 기숙사가 제일 먼저 눈에 들어온다. 단조로운 긴네모꼴로 2층 숙소가 줄지어 서 있고 그 끝에 강의실이 기역 자로 이어진다. 숙소와 강의실 건물 옆에 식당 겸 공동체 활동 장소로 쓰이는 중앙 센터와 작은 핸드볼 코트가 있다. 학교 건물만 보면 탐방단이 방문했던 여타 북유럽의

KIES의 축구팀

학교 입구

학교들과 다르게 소박한 느낌이 드는 단출한 구성이다.

규모 자체가 크지 않은 데다가 돔 형태의 대형 실내 경기장, 커다란 축구장 옆에 있어 학교 간판이 아니라면 공원에 딸려 있는 선수용 합숙소로 오해할 수도 있겠다는 생각이 든다. 하지만 체육 중점 에프터스콜레라는 본연의 목적을 떠올리는 순간, 학교의 외연은 곧 확장된다. 지역사회의 여러 클럽과 공원 내 체육 시설에 접근성이 좋고 이를 교육 활동에 최대한 활용할 수 있어 교육 반경으로 본다면 2~3킬로미터 이내 주변 전체가 학교라고 부를 수 있을 정도이다. 말 그대로 위치 자체가 신의 한 수인 셈이다.

수수한 차림의 얀 바슬레우 교장 선생님이 우리를 반긴다. 40대 중반인 젊은 교장 선생님의 프레젠테이션은 교육에 대한 열정과 진지함이 그대로 묻어났다. 정돈되지 않았지만 여유로운 느낌의 교실에 죽 둘러앉은 우리를 바라보며 에프터스콜레에 대한 설명으로 운을 뗀다.

기숙사에서 바라본 축구장

학교와 인접해 있는 돔 형태의 대형 실내 경기장

자전거 주차장

중앙 센터 옆으로 줄지어 선 자전거들,
일과가 끝나면 학생들은 자전거를 타고
주변 클럽에 가서 개인 연습을 한다

"에프터스콜레는 오래전부터 이어져 내려온 덴마크의 교육 전통입니다. 덴마크의 초등교육 의무 과정은 1학년부터 9학년까지입니다. 이 과정을 마치거나 혹은 마치기 전, 1년 동안 기존에 다니던 학교나 기숙학교 형태의 에프터스콜레에서 10학년을 다닐 수 있습니다. 현재 251개 학교가 운영 중이고 해당 학령기 학생들의 40퍼센트 정도가 선택하고 있습니다. 에프터스콜레라는 시스템이 중요한 이유는 언어나 수학, 물리 등 일반 학교의 교육과정을 중시하는 동

기숙사 옆에 위치한 대형 축구장

시에 다양한 특화 과정을 통해 학생의 자기 발견과 성장에 초점을 맞춘다는 것에 있습니다. 즉, 열다섯 살쯤 되어 집에서 독립해 살며 '무엇이 옳고 그른지', '내가 무엇을 하며 살고 싶은지' 등 본인의 삶에 중요한 결정을 내리고 이에 스스로 책임질 수 있는 태도와 능력을 갖출 수 있도록 교육합니다."

프레젠테이션을 하는
얀 바슬레우 교장 선생님

1~2년 쉬는 것을 흔히 '꿇는다'는 말로 표현하는 우리의 경직성과 비교해 봤을 때 배움과 성장의 과정을 좀 더 세심하게 인식하고 배려하고 있다는 것이 느껴진다. 삶의 전환기라고 할 수 있는 고등학교 입학 전 1년간(경우에 따라 2~3년) 주변에서 독립하여 오롯이 자신에 대해 생각해 볼 수 있는 기회와 환경을 보장해 주는 것, 그래서 자신의 길을 찾고 걸을 수 있는 기회를 주는 게 눈에 띄는 특징이다.

수업 시간에 토론을 하는 학생들

미니 게임 중 작전 회의를 하는 학생들

불현듯 우리 아이들이 떠오른다. 자신 안의 백조를 발견할 겨를도 없이 6-3-3-4로 대변되는 단선적 학제에서 이탈하지 않으려고 뜀박질하는 미운 오리 새끼들. 아이들이 스스로를 발견하고 성장하기를 기다려 주는 이들의 미덕이 부럽다.

덴마크 사회의 속살, 에프터스콜레

그룬트비   콜

에프터스콜레는 '누구든 교육받을 수 있고, 교육의 지향점은 삶에 대한 학습이 되어야 한다'는 그룬트비N.F.S. Grundtvig와 콜Kristen Mikkelsen Kold의 정신으로부터 시작한다. 19세기 중엽 덴마크에는 스스로의 문제를 스스로 해결해 보겠다는 민중들의 변혁 의지가 종교, 정치, 경제 등 사회의 여러 분야에 걸쳐 활발하게 형성되었다. 절대왕정 아래 제도적 교육에서 벗어나 자립적 삶을 영위할 수 있도록 하는 교육 운동도 시작되었고, 이 과정에서 민중들이 자신들의 삶의 터전에 기반을 두고 스스로 만든 '자유학교Friskole'의 전통이 시작되었다. 이러한 풀뿌리 시민운동을 주도한 실천가들이 그룬트비와 콜이다. 이들을 중심으로 청년들이 공동 생활을 하며 삶을 위한 배움을 함께하는 평생교육 차원의 '시민대학Folkehøjskole'과 그 중등 과정 격인 '에프터스콜레efterskole'가 전국 각지에서 자생적으로 만들어졌다. 그 결과 민중들로 하여금 교육의 주체는 국가가 아니라 부모를 비롯한 시민, 지역사회라는 인식이 자리 잡을 수 있게 했고, 평민이 주인되는 사회로 덴마크 사회의 모습이 근본적으로 바뀌었다.

이러한 정신은 19세기에 제정된 헌법에 그대로 반영되어 현재까지 이어져 내려오고 있다. 헌법이 보장하는 바에 따르면 모든 아동은 교육받을 권리가 있지만 반드시 공립학교에서 교육받을 의무는 없다. 부모가 원할 경우 자유학교나 홈스쿨링, 혹은 일정 조건만 갖추면 신념과 요구에 맞도록 스스로 학교를 만들어 운영할 수도 있다. 국가는 국민들 삶의 선택권과 교육권을 폭넓게 인정하고 학교의 설립 요건을 완화하여 그 다양성을 보장하는 울타리 역할을 한다. 또한 감사를 통해 운영의 질을 철저히 검증하여 학생들은 교육 내용과 질을 보장받는다. 게다가 사립이나 자유학교 등은 재정의 70퍼센트 정도를 국가가 지원하며 나머지는 학부모가 부담한다. 경제 여건에 따라 차등적으로 학비를 지불하기 때문에 무상교육인 공립에 비교하더라도 실질적인 부담은 크지 않다.

공교육과 대안 교육이 조화된 환경 아래 구성원들이 자신의 개성과 속도에 맞추어 성장할 터전을 선택할 수 있고, 이를 보편적 권리로 누릴 수 있도록 법, 경제적으로 보장하는 것. 이처럼 자유학교와 에프터스콜레로 상징되는 학교 제도는 덴마크 사회보장제도의 근간이자 힘이며 그것을 유지할 수 있도록 합의한 구성원들의 시민 의식을 상징적으로 보여 준다.

'자유학기제'가 벤치마킹한 아일랜드의 '전환학년제'나 영국의 '갭이어', 그리고 덴마크의 '에프터스콜레'까지 공통적으로 고입이나 대입을 앞둔 생애 전환기 시점에 이루어진다는 것은 이들 사회가 무엇을 중심에 두고 있는지를 시사한다. 자유학기제를 도입하기로 한 학령의 결정은 어디에 그 고민의 방점을 찍었는지 궁금해진다. 중학교 1학년 중 진로와 체험 위주로 채운 한 학기 이후에 아이들에게 펼쳐질 경쟁적 교육 환경에 대한 고민은 충분히 이루어진 것인지 생각해 볼 필요가 있다. 더불어 대다수 대안 학교가 '미인가 시설'로 제도권 밖에 있는 우리의 현실과 교과서 중심의 획일적 학습, 입시 경쟁 등에 대한 근본적인 의문과 성찰이 무엇보다 필요하다는 생각이 든다.

운동장의 삶이 교실로 이어지도록 하는 연결 고리, 교사

"학교의 하루 일과는 아침 7시에 시작합니다. 전체 학생들과 상주 교사 2명이 함께 아침 식사를 합니다. 내 경우는 일주일에 2~3번 아침밥을 함께 먹는데 이때 학생들과 교감하려고 노력합니다. 아이들의 눈을 보며 그날의 기분과 혹시 있을 문제를 파악하는 것은 굉장히 중요한 일입니다."

교장 선생님은 아이들과 눈을 마주친다는 것을 단호한 목소리로 강조한다. 아침마다 자신의 이야기에 귀 기울이며 따뜻하게 살펴 주는 존재가 함께 있다는 것은 사춘기 아이들에

아늑하고 따뜻한 느낌의 식당, 식당에서 밥을 먹는 학생들

게 든든함과 안정감을 줄 것이다. 흔히 '중2병'으로 불리는 시기의 학생들에게
이런 여유로운 학교 과정을 제공하고 애정 어린 관심을 쏟아 준다면 방황을 줄
일 수 있지 않을까. 교사로 생활하며 아이들과 눈을 마주치고 그 이야기에 귀
를 기울이려 얼마나 애썼는지 자문하니 죄스러움이 몰려든다.

미니 게임 후 간식을 먹는 학생들

아침 운동 후 수업에 집중하고 있는 학생들

　이어진 수업 참관 시간과 자유 탐방 시간에 관찰하고 인터뷰한 대부분 학생
들은 정서적으로 안정되고 자신감 넘치는 모습이었다. 그리고 학교와 수업에
대한 만족도와 신뢰도가 매우 높았다. 그 이유에 대한 답은 여러 가지가 있겠
지만 특히 교사와 학생 간의 돈독한 유대 때문이 아닐까 싶다.
　"우리는 학생들을 선발할 때 스포츠를 잘하느냐를 기준으로 뽑지 않습니다.
인터뷰를 통해 얼마나 스포츠를 좋아하고 성실히 생활하려는 마음이 있는지를
봅니다. 스포츠 과정은 전 교육과정의 25~30퍼센트 정도의 비중이지만 우리
학교의 모든 학생들은 스포츠를 좋아합니다. 그런데 모두 수업이나 공부와 같
은 학교생활을 좋아하는 것은 아닙니다. 자신들이 좋아하는 스포츠 코치와 일
반 수업을 한다면 스포츠 생활의 즐거움을 교실 생활로 자연스럽게 옮기는 것

이 가능합니다. 결국 핵심은 유대감과 관계입니다. 교사는 학생과 운동장에서 쌓은 유대감을 연결 고리로 삼아 학생들이 교실에 적응하고, 앞으로 이어질 후기 학교교육에서 다양한 삶에 적응할 수 있도록 이끄는 역할을 합니다. 그래서 모든 교사는 스포츠와 일반 교과를 함께 맡을 수 있는 자격을 갖고 있습니다."

교사는 스포츠를 매개로 학생들과 유대감을 쌓고, 이 교류는 교실 안과 밖에서도 이루어지며 학생의 개인적 발달과 사회성의 성장을 이끌어 낸다. 그리고 이를 통해 신장된 일반 교과의 학업 성취와 학습 태도는 앞으로 이어질 평생 학습을 이어 갈 밑거름이 된다.

이러한 특징은 다른 에프터스콜레의 교사도 마찬가지이다. 각 학교마다 특화 분야가 있기 때문에 교사들은 일반 교과 전공과 더불어 실용 분야 등의 전공을 추가로 얻는 경우가 많다. 그리고 특화 과목 관련이 아니어도 자기 계발이나 취미 등 교사의 필요와 요구에 따라 학교가 후속 지원과 연수를 아끼지 않

주말 캠핑을 떠난 교사와 학생들

실내 체육관에서 대화를 나누는 교사와 학생들

수업 시간에 학생과 대화를 나누는 교사

아름다운 삶, 아름다운 도서관

KIES의 교사들

는다. 에프터스콜레 협회, 자유학교 협회, 정부 소관의 지역별 교사 지원 센터, 심리 교육기관, 언어 교육기관 등은 물론 경우에 따라 사설 기관까지. 교사의 재교육을 위한 기관과 루트가 매우 다양하게 마련되어 있다.

기숙학교인 에프터스콜레의 교사는 단순한 교사가 아니다. 때로는 심리학자이며, 돌봄이이고 롤모델인 동시에 친구의 역할을 수행해야 한다. 말 그대로 학생의 삶과 밀착하여 멘토가 되는 교사의 모습, 그리고 이러한 교사가 더 잘할 수 있도록 학교와 정부가 책임지고 다방면에서 지원하는 시스템은 많은 생각을 하게 한다.

스스로 정하고 스스로 책임진다

교장 선생님의 안내로 학생들이 사용하는 기숙사를 둘러보았다. 기숙사를 둘러보기 전 교장 선생님이 신신당부한다. 방마다 청결이 천차만별이라는 점. 매주 화, 금요일에 청소하는 것을 원칙으로 하지만 청소는 전적으로 본인의 책임이라는 것을 강조한다고 한다. 이내 들어가 본 기숙사는 입이 쩍 벌어질 만큼 어질러져 있다. 아이들의 분주함이 그대로 느껴지는 방을 보며 우리네 학교 같았으면 방문객이 오기 전 분명 아이들을 시켜 청소를 했을 것이라는 말이 오갔다. 방은 지저분했지만 자신들이 중요하게 여기는 지점이 분명한 그들의 명확한 교육철학에 오히려 깔끔함이 느껴진다.

▲ 기숙사 방

◀ 거실

기숙사 전면
청소와 규칙 준수 등 생활 면에서 학생들의 자율과 책임을 강조한다

여학생 6명, 남학생 6명이 거실을 중심으로 각각 2개씩, 총 방 4개로 나뉘어 있는 집을 함께 쓰고 있다. 이런 집은 총 12개로, 각 집을 쓰는 12명이 모여 생활 규칙을 만든다. 각 집마다 1명씩 대표가 전체 학생회를 이루고 있으며 이들이 의논하고 건의하면 규정도 바뀐다.

학생들이 직접 만든 생활 규칙

"교칙의 경우 결정할 때 규칙에만 집착하면 관계에 부정적입니다. 물론 다양한 규칙이 있지만 대부분 아이들에게 기대를 하고 스스로 해결할 수 있도록 합니다. 모든 것이 상호 존중과 상식과 인내에 기초합니다. 덴마크에서는 청소년들이 본인 인생에 대해 스스로 결정하고 그에 대해 책임지는 것을 중요하게 생각합니다. 아이들은 기숙학교에서 생활하며 부모에게서 자립하여 협동하는 것을 배웁니다. 또한 문제가 생기면 외면하거나 도망치지 않고 스스로 해결을 해야 합니다."

생활 규칙 판넬을 제작 중인 학생들

커플 현황표는 중앙 센터의
눈에 잘 띄는 벽면에 부착되어 있다

붙이고 뗀 자국이 많은
커플 현황표

한 집에 남녀 학생이 함께 지내는 것에 대해 우려하는 목소리와 연애에 대한 물음에 이런 답이 돌아왔다.

"남학생과 여학생이 섞여 있는 편이 서로 예의를 갖고 청결을 비롯한 생활 규칙을 지키는 데 오히려 나은 면이 있습니다. 학생들이 연애하는 것을 막지는 않습니다. 연애 또한 사회성에 기초한 개인의 발달 과정의 하나라고 생각합니다. 다만 아이들에게 연애로 인해 학교에서의 삶이나 학업을 유지하는 데 지장이 있을 정도가 되지 않도록 스스로 통제하라고 조언합니다. 임신이나 성과 관련된 문제는 지금까지는 없었습니다." 여기에 덧붙여 "그래도 아이

KIES의 남녀 학생

들이 직접 만든 커플 현황표를 보며 모르는 척 예의 주시하고는 있습니다."라고 웃으며 말한다.

학생에 대한 믿음을 주는 것과 동시에 독립된 존재로서 스스로 결정하게 하는 생활. 1년간의 짧은 기간이지만 아이들의 마음은 훌쩍 자라날 듯하다. 교실에 앉아 민주주의를 배운다고 민주 시민이 되는 것은 아니다. 스스로 판단하고 행동하며 그에 대한 책임을 지는 자율적 생활 속에서 학생들은 서서히 자기 인생의 주인으로 자리 잡는 동시에 민주 시민의 자질을 갖추어 나가고 있다.

나의 심장이 향하는 곳은 어디인가

교육의 목표에 관한 설명을 하며 교장 선생님은 "학생들은 자신의 가능성을 발견하고 자신이 좋아하는 것을 찾아서 진로를 정해 그 길을 한 발짝씩 계단을 올라가듯 걸어가야 합니다. 그 결정에 따른 삶이 자신에게 이로운 것인가를 판단하는 데 도움을 주는 것이 교육이 가장 우선시해야 하는 역할입니다."라고

중앙 센터에 들어서자마자 학사 일정, 진로와 관련된 정보가
게시된 게시판이 자리하고 있다

말한다. 그가 강조한 것처럼 학교의 교육과정에 다양한 선택과목과 심화 과목들이 존재한다. 또한 덴마크의 10학년은 진로와 직업에 대한 이해 활동을 위한 다리 놓기 과정bridge-building course이 필수이다. KIES는 교육과정에 진로 탐색 프로그램으로 9, 11, 1월에 연속적으로 이어지는 인생 설계 수업Life plan을 진행한다.

9월에는 일주일간 꿈의 주간 Dream week을 실시한다. 자신이 서른 살일 때 어떤 삶을 살고 있을지 생각해 보고 그걸 이루기 위해 앞으로 15년 동안 어떻게 살 것인가를 기간별로 세세하게 계획한다. 교사의 도움을 받아 필요한 자료를 구체적으로 수집하여 보고서를 작성한다.

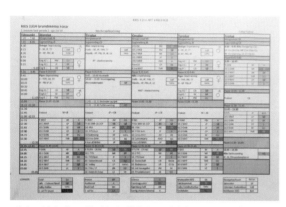

시간표. 남녀, 축구·핸드볼 팀, 학업 수준, 선택과목 등에 따라 다양하게 나뉜다

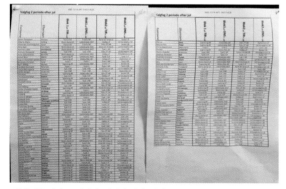

선택과목 시간표. 각자의 선택에 따라 개인별로 시간표가 기재되어 있다. 일반 교과 이외에 언어, 인문, 과학, 체육, 일반 교과 보충, 교양 등 다양한 선택과목이 있다

11월에는 고등학교를 방문한다. 덴마크의 고교 체계는 일반계와 실업계로 크게 나뉘고 그 내부에서 성격에 따라 각각 3~4개의 과정으로 구분된다. 굉장히 복잡한 체계이기 때문에 고입을 앞둔 학생들은 진로 선택에 신중할 수밖에 없다. 다양한 형태의 고등학교를 학교에서 섭외하면 학생들이

아름다운 삶, 아름다운 도서관

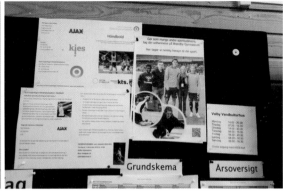

스포츠 엘리트 과정 프로그램에 대한 정보 　　　　　　주변 스포츠 클럽에 대한 소개 팸플릿들

각자 원하는 학교를 골라 신청한다. 이 과정은 잠깐의 방문이 아닌 일주일을 2일, 3일로 나누어 일과 시간을 모두 보내는 체험이다. 짧지 않은 시간 동안 상급 학교에서 생활해 봄으로써 자신의 결정이 확실한지를 판단하는 데 도움이 될 수 있고 막연한 불안감이나 막막함을 어느 정도 덜어 줄 수 있다는 생각이 든다.

　1월은 사흘에 걸친 직업의 날Career days이 있다. 스무살 정도의 청년들이 학교를 방문하여 자신의 인생을 이야기하며 학생들과 대화를 나누는 시간이다. 열다섯 살 때의 꿈은 무엇이었고 현재는 어떤 직업을 위해 노력하고 있는지, 그 과정에서 느낀 어려움과 극복 과정을 이야기해 준다. 사회적으로 성공했어도 나이 차이가 큰 사람들보다는 학생들에게 가까운 미래의 생생한 이야기라 오히려 동기 부여나 집중도 면에

직업의 날 일정표

서 효과적이라고 한다.

정식 교육과정은 아니지만 사회생활에 초점을 맞춘 테마 주말 프로젝트인 '슈퍼 위크엔드Super Weekend'도 빼놓을 수 없다. 부정기적으로 그때그때 학생들이 의견을 모아 교사와 함께 다양한 활동을 한다. 결혼식을 테마로 신랑들, 신부들, 주례, 들러리, 축하 공연, 하객, 음식 마련 등의 역할을 맡아 가상 결혼식을 하거나 팀을 나누어 여러 국가 중 하나씩 맡아 가상 올림픽을 하기도 한다. 흉내만 내는 것이 아니라 옷도 갖춰 입고 학교의 중앙 센터를 결혼식장으로 하여 그럴듯한 결혼식과 피로연까지 연다. 또, 가상 올림픽에는 국기와 유니폼을 직접 만들고 각 나라의 특징을 살려 모토를 정해 나름대로 계획한 게임을 진행한다.

'슈퍼 위크엔드'에서 아이들은 끼와 흥미, 주변 세계와 삶에 대한 다양한 호기심을 그대로 드러낸다. 주도적으로 프로젝트를 만들고 즐기는 과정에서 아이들은 자기 자신과 친구들을 더 알아 간다. 그리고 자신도 모르는 사이 삶이 가진 여러 빛깔과 무늬들을 발견하게 될 것이다.

수업 참관 시간에 잠시 틈을 내어 학생들을 인터뷰했을 때 한 여학생은 자신이 무엇을 해야 할지 몰라서 이 학교에 왔다고 했다. 입학하기 전에는 자기의 강점이 수학이라고 생각했는데 지금은 다른 강점이 있을 것 같다는 생각이 들어 그것을 찾는 중이라고 한다. 또 다른 여학생은 핸드볼을 좋아해 선수가 되고 싶기는 하지만 최근엔 수의사에 관심이 간다고 한다. 다른 남학생은 고등학교 체육 교사가 되기 위해 계속 공부를 할 생각이라고 한다.

이 아이들의 진로 계획은 우리나라의 아이들과 별반 다르지 않다. 하지만 에프터스콜레 학생들의 얼굴 위에 우리 학생들의 모습을 겹쳐 보니 이내 마음이 무거워진다. 우리 아이들에게도 이러한 시간과 기회를 선물하면 안 되는 것일

가상 결혼식 프로젝트에 참여할 사람은
왼쪽의 공간에 이름을 적으면 된다

▲▲ 가상 결혼식 장면
▲ 가상 결혼식 프로젝트에 참여한 학생들

▲▲ 가상 올림픽을 준비 중인 학생들
▲ 가상 올림픽 한국 대표 팀

가상 올림픽 개회식

수업 참관 중에 만난 학생들

까. 잠시 숨을 고르며 자신과 주변을 돌아보며 스스로 성장할 수 있도록 기다려 주면 안 되는 것일까.

"결국 자신의 심장이 향하는 곳이 어디인가를 발견하고 그 꿈과 목표에 대한 선택에 자신이 책임질 수 있는 힘을 기르도록 도와주는 것이 교육이 추구해야 할 목적입니다." 우리 주변에서 심심치 않게 들었던 말이다. 그러나 그 말을 1년간의 교육과정과 공동체 생활을 통해 온전히 실천하는 이의 입을 통해 들으니, 새삼 풀지 못한 숙제처럼 한마디 한마디가 뱅뱅 돌아 마음속에 무겁게 가라앉는다.

지역과 함께 꿈꾸는 학교

2001년, 핸드볼 팀 코치였던 얀 바슬레우 교장은 축구 감독, 핸드볼 감독이었던 다른 동료들과 모여 발비 지역에 협동조합 방식으로 학교를 만들자는 아이디어를 냈다. 빈곤한 지역인 이곳 발비에 스포츠를 좋아하는 젊은이들을 위한 학교가 있으면 지역사회에 새 기운을 불어넣을 수 있을 거라고 생각했다고 한다.

조합의 이사진을 소개하는 교장 선생님

지역 클럽 회원과 주민들을 주축으로 협동조합이 설립되었고 2004년에 실제로 KIES가 들어선 이후, 따로따로 흩어져 있던 스포츠 클럽이 서로 협력하면서 함께 축제, 클럽 대항 리그 경기 등을 유치, 운영하는 등 활발한 활동이 시작되었다. 지역의 스포츠 클럽들이 활성화되고 이용자가 많아지면서 낙후된 시설물을 개선하고 실내 수영장과 실내 축구장 등을 새로 건립하는 등의 예산을 지원받을 수 있게 되었다. 학생들 또한 지역 공립학교에 다니는 8~10세 아이들을 위한 스포츠 이벤트를 주최하는 등 지속적으로 지역사회와 함께하고 있다.

KIES의 홍보 이미지

이와 같은 학교와 지역사회 간 네트워크는 코펜하겐은 물론이고 다른 지역으로도 확산되는 모범 사례가 되었다고 한다. 교장 선생님은 2014년을 마지막으로 교장 직을 사임하고 지역 사회사업에 뛰어들 예정이다. 학교를 원동력으로 지역사회에 스포츠 문화를 활성화하고 지역 젊은이들을 위한 프로젝트를 이어 나갈 계획이라고 한다.

지역 주민이 주축이 되어 학교를 세우고 자신이 속한 지역사회의 구성원들이 기꺼이 체험과 교육 활동의 장을 제공한다. 학생들은 그 안에서 크고 작은 이벤트와 축제를 주재하며 스스로에 대한 믿음을 갖고 성장할 수 있다. 그리고 그 학교가 지역사회 발전에 구심점이 된다. 나아가 지역 주민은 물론 졸업생들도 협동조합의 회원으로 참여하며 네트워크를 형성하고 다양한 방식으로 지역사회에 뿌리내리고 있다. 이 과정에서 지역 주민과 학교와 학생이 잘 맞물린 톱니바퀴처럼 서로를 발전시키는 원동력이 되어 주는 작용은 우리도 눈여겨볼 필요가 있다.

정부의 정책은 학생들 개인의 자기 발견과 성장이라는 교육의 본질을 향하고 국가는 이를 가릴 수 있는 불필요한 형식과 겉치레를 걷어 낸다. 교육의 구체적 모습을 구현할 수 있는 방법과 내용은 구성원들에게 맡겨 각자 입장과 필요에 따라 다양한 색깔을 낼 수 있게 하고 학생들은 이러한 사회의 울타리 안에서 안정감 있게 스스로를 찬찬히 들여다보는 시간을 가질 수 있다.

이와 같은 교육제도에서 덴마크 사회가 가진 저력이 느껴진다. 한 인간이 자신의 삶을 온전히 살 수 있도록 구성원 모두가 기다리며 지원해 주는 공동체의 힘. 국가와 민간, 기성세대와 신세대가 서로를 신뢰하며 온전히 인간을 지향하는 이들의 모습에서 사회와 교육이 가리켜야 할 지점과 그 의미를 다시 한 번 새긴다.

\ 역사와 인생의 흔적이 보이는 스웨덴의 명소들

　아스트리드 린드그렌이 태어난 곳이라는 것만으로도 꼭 가 보고 싶은 나
라 스웨덴. 내 머릿속에 자리 잡은 아스트리드 린드그렌은 〈산적의 딸 로냐〉
를 비롯한 동화 속 세계 이외에도 올곧은 그의 삶과 생각에 대한 존경이 더
깊다.

　실야 라인에서 꿈 같은 하룻밤을 지내고, 스톡홀름을 보트니아 만에서 바
라보고 싶어 아침 일찍 눈발이 날리는 뱃전으로 향한다. 하늘을 뒤덮은 먹빛
구름은 바다와 숲의 경계를 허문다. 저 깊은 숲은 요정과 트롤의 이야기와 린
드그렌 동화의 원천이었을 것이다. 칙칙한 어둠의 바다에 떠 있는 섬과 집은

스토르토리에트 광장

바사호 박물관

동화 속 배경 그대로다. 눈 덮인 산을 뒤로한 바닷가의 집은 크리스마스 엽서에 나오는 풍경이다. 크고 작은 섬으로 이루어진 스웨덴의 수도 스톡홀름은 '북구의 베네치아'로 불린다.

스웨덴의 겨울. 4시가 조금 넘으니 해는 설핏하다. 관광하기에는 어둡지만 이제 북유럽의 이른 어둠에 익숙해지기 시작했다. 탐방 일정 중 짬을 내어 하는 관광이라 마음껏 구경할 수는 없지만, 건물과 사람들이 풍기는 그들만의 결을 느껴 보는 것으로 만족했다.

아스트리드 린드그렌의 정신이 녹아 있는 유니바켄의 감동을 안은 채 발목까지 빠지는 눈길을 헤치며 바사호 박물관으로 향했다. 배 모양의 바사호 박물관은 처녀 항해 때 침몰한 전함 바사호를 전시하기 위해 지은 박물관이다. 구스타프 2세 때 만들어져 1628년 침몰 후 333년 만인 1961년 인양된 바사호는 제대로 항해조차 못 한 전함이지만 정교한 조각과 화려하게 치장한 수많은 조각상으로 관광객의 발길이 끊이지 않는 곳이다. 바사호는 전체를 한눈에 볼 수 없어 엘리베이터를 타고 7층에 올라가 내려오면서 관람하는 것이 좋다.

바사호 박물관 관람 후 스웨덴 왕궁, 니콜라스 대성당과 옛 거리 감라스탄,

노벨 박물관이 있는 스토르토리에트 광장으로 향했다. 화려하진 않지만 위엄을 지닌 스웨덴 왕궁은 늦은 시간이라 들어가 볼 수도 없고, 매일 진행된다는 위병 교대식을 보지는 못했지만, 왕궁을 스스럼없이 들어갈 수 있다는 부러움을 여러 컷의 사진으로 대신했다.

니콜라스 대성당은 스톡홀름에서 가장 오래된 교회이며, 스웨덴의 중요한 종교 행사나 국왕의 대관식과 결혼식을 올린 곳으로 유명하다. 현 국왕인 카를 16세도 이곳에서 결혼식을 올렸다. 성당 내의 '세인트 조지와 용' 조각상이 유명하다. 조각상은 용이 샘 곁에서 제물로 바쳐지는 처녀를 잡아먹자 조지가 용을 죽인 이야기에서 유래했다. 세인트 조지는 원래 로마의 디오클레티아누스 황제의 근위대 장교였으나 예수 그리스도를 믿은 죄로 서기 303년 순교했다. 그래서 성당 안에 이런 조각상을 둔 것이다.

스웨덴에서 가장 매력적인 곳 '감라스탄'

스토르토리에트 광장은 1520년 '스톡홀름 대학살'이 일어났던 곳이다. 당시 귀족 82명이 스웨덴을 침입한 덴마크 왕 크리스티안 2세에 저항하다가 처형되었다. 광장은 옛 비극을 감추려는 듯 내린 눈 위로 사람들의 발자국만 어지럽다. 광장을 중심으로 2001년 증권거래소 자리에 들어선 노벨 박물관이 있다. 이곳에는 매년 노벨상을 결정하는 스웨덴 아카데미 본부가 있다. 우리나라의 유일한 노벨상 수상자인 김대중 전 대통령을 비롯하여 역대 노벨상 수상자들의 업적과 사진이 전시되어 있다는데 안타깝게 들어가 볼 수는 없었다.

13~19세기에 건설되어 750년의 역사가 담긴 옛 거리 감라스탄은 스토르

토리에트 광장에서 시작된다. 좁은 골목길에는 골동품 가게와 예쁘고 작은 카페들이 줄지어 있다. 폭이 90센티미터밖에 되지 않는 골목도 있다. 유난히 황토 빛 건물이 많아 포근하고 친근하다. 골목골목으로 이어진 감라스탄은 처음 온 사람에게는 미로 같다. 어둠이 깔리기 시작한 감라스탄은 많은 사람이 있음에도 조용하고 차분하다.

감라스탄에서 서점을 찾아 들어갔다. 일본 만화가 상당 부분을 차지하고 있어 지구의 반대편에서도 위력을 발휘하고 있는 일본 만화의 저력이 놀라웠다. 서점의 서가도 아래 칸은 경사를 깊게 두어 도서관 서가처럼 위에서 내려다봐도 제목을 쉽게 볼 수 있다.

골목 사이로 스며든 어둠이 길목의 방향을 어지럽혀 잠시 길을 잃었다. 북유럽의 겨울을 보내려면 긴 밤을 보내는 법을 터득해야 한다는 말을 밤에는 책을 읽거나 운동을 하거나 다양한 취미 생활을 하는 것으로 이해했는데, 밤을 익히는 눈썰미도 가져야 하는가 보다. 어둠이 관찰의 대상이 될 수 있는 곳, 잠시 멈춰 어둠을 응시해 본다. 오늘도, 내일도, 감라스탄은 사람들을 부른다. 사람들은 이끌려 들어간 감라스탄에 대한 추억으로 스웨덴의 숨결을 기억할 것이다.

감라스탄의 거리

민주정치의 상징을 보여 주는 '스톡홀름 시청'

　스톡홀름에 도착한 이틀째, 스톡홀름 시청을 잠깐 보고 이어서 학교와 도서관 탐방, 저녁 식사 후 인터뷰까지 일정이 빡빡하다. 이른 아침 짙푸른 구름 사이로 보이는 엷은 햇살은 눈 덮인 스톡홀름의 거리를 영화 속 풍경으로 이끈다. 공장의 굴뚝에서 나오는 연기마저도 다른 구름으로 보인다. 스톡홀름은 편안하고 아늑한 분위기지만 엄숙함도 있다. 누구를 봐도 그렇듯 그들의 힘찬 걸음걸이도 인상적이다.

　스톡홀름 시청은 노벨상 관련 장소로 유명하다. 단정하고 고풍스러운 시청사는 멜라렌 호수를 끼고 있어 관광지로 손꼽는 이유를 알 것 같다. 1923년 완성된 내셔널 로만 양식의 시 청사는 붉은 벽돌 800만 개와 빛바랜 듯한 녹

스톡홀름 시청

색 지붕이 우리를 이끈다. 멀리서도 보이는 탑은 106미터로 스톡홀름의 상징물이다.

1층 블루 홀은 1300여 명 정도가 참석할 수 있는 규모로 노벨상 수상자들의 만찬과 연설 장소를 비롯해 년 300여 개의 행사가 개최되는데, 매주 토요일에는 결혼식도 이루어진다. '왕자의 방'은 화가이기도 했던 왕자가 창문 밖 풍경을 그대로 옮겨 반대편 벽에 그림으로 그렸다. 제목은 '물가의 도시'다. 의원 회의장은 '이곳에서 비밀은 없다'는 생각을 구조화했는데 천장에 뚫린 구멍이 그것이다. 이 구멍은 의회 내에서 나누는 이야기는 스톡홀름 시내로 흘러 시민들이 모두 알 수 있게 한다는 민주정치의 상징적 의미가 있다.

2층에는 가장 아름다운 '황금의 방'이 있다. 무려 1860만 개의 금박 모자이크로 된 그림과 벽면은 화려함의 극치를 이룬다. 이곳에서는 노벨상 수상자들의 무도회가 열린다고 한다. 재미있는 일화로 제작자가 2년 만에 완성하느라 큰 실수를 했는데 수호성인인 성 에리크를 그리고 나서, 천장 테두리 장식을 하고 보니 성 에리크의 머리가 테두리 장식으로 가려져 없어지게 된 것이다. 작가는 나중에 수호성인이 머리가 잘려 순교한 것을 표현했다고 설명해서 그냥 넘어갔다고 한다.

여기서 스웨덴 사람의 성향을 볼 수 있다. 우리라면 과연 그랬을까? '그것도 계산을 안 했느냐', '당장 뜯어서 다시 해라' 등등 작가를 바보 취급했을 것이다. 하지만 그들의 너그러운 허용이 후대 관람객에게 재미있는 일화로 회자하고 있다. '내가 남보다 더 나은 존재가 아니다', '내가 남보다 잘한다'고 생각하지 말라고 가르치는 규범 속에서 자라다 보니 어느 정도의 허물은 웃어넘길 수 있는 여유와 유머가 생기나 보다. 남보다 잘하려다 보면 조금만

못해도 화가 나고, 자신감이 떨어지는 경쟁 사회에서 비켜선 그들의 삶의 여유를 찬찬히 톺아본다.

　스웨덴은 역사적으로 전란이 끊이지 않았지만 19세기 경제 건설에 총력을 기울여 공업을 발전시키고, 인권을 중심에 둔 사회 개혁으로 세계에서 가장 살고 싶은 나라로 손꼽히고 있다. 인고의 역사와 인생의 흔적이 이룩한 이 도시를 다시 한 번 와 볼 수 있기를 기대하며 발길을 돌린다.

'북유럽 스타일'이라는 말이 근래 부쩍 사람들 입에 회자된다. 자연 경관을 해치지 않으면서 주변과 아름답게 어우러지는 건축, 실용성을 갖추고 기능에 충실하면서도 세련된 디자인을 자랑하는 가구, 햇빛이 부족한 자연환경을 극복하기 위해 발달된 조명, 고드름, 눈의 결정체, 나뭇잎 등 반복되는 자연의 패턴에서 따왔다는 알록달록 화려하나 촌스럽지 않은 패브릭이나 그릇들.

세련됨 속에 따스함이 배어 있고, 화려함 속에 단순함이 숨어 있고, 형태는 기능을 넘어서지 않는, 실용성을 갖춘 북유럽 스타일. 그 스타일을 만들어 내는 북유럽 문화의 힘은 어디서 오는 것일까.

그 의문을 품고 우리는 여기저기를 들여다보고 다녔다. 핀란드의 거장 알바르 알토가 설계했다는 '아카데미 서점'부터, 아스트리드 린드그렌을 기리기 위해 만든 스웨덴의 '유니바켄', 도시 전체가 하나의 예술 작품인 노르웨이의 '베르겐'을 거쳐 세계적인 동화 작가의 자취가 남아 있는 덴마크의 '안데르센 박물관'까지.

그리고 어렴풋이 넘겨짚어 본다. 자연과 공존하려는 마음, 공공의 것에 대한 소중함을 알고 후대에게 남겨 주려는 배려, 무엇보다 모든 사람을 소중하고 평등하게 대하려는 정신이 북유럽 스타일을 만들고 그들의 아름다운 문화를 가꾸어 가는 것이 아닐까. 그리고 그 바탕에 이야기를 좋아하고 책을 읽고 스스로 성장해 가는 사람들이 있기에 가능한 것이 아닐까.

아카데미 서점

유니바켄

베르겐

안데르센 박물관

문화

AKATEEMINEN KIRJAKAUPPA
AKADEMISKA BOKHANDELN

핀란드인이 사랑하는 '책의 집'

아카데미 서점 Akateeminen Kirjakauppa

이해연 서울 금옥여자고등학교 교사

홈페이지 www.akateeminen.com

주소 Keskukatul, Pohjoisesplanadi39(PL 128), 00101 HELSINKI

소개 │ 아카데미 서점은 현재 헬싱키 중심부의 스톡만 백화점에 입주해 있으며, 1893년에 처음 문을 열어 2013년에 120주년을 맞이한 아주 유서 깊은 곳이다. 스톡만 백화점에 입점하면서 현재의 모습을 띠게 된 것은 1969년으로 북유럽 건축의 거장 알바르 알토의 설계로 완공되었다.

지하 포함 총 4개 층으로 이루어져 있다. 1층에는 소설류와 포켓북, 2층에는 취미 관련 서적들, 3층에는 논픽션물이 주로 진열되어 있고, 지하 1층은 화방 겸 문구점으로 이루어져 있다. 서점 2층에는 카페 알토가 입점해 있다. 현재 7만여 권(복본 제외)의 책을 갖추고 있으며, 자체 인터넷 서점도 운영하고 있다고 한다. 입점해 있는 스톡만 백화점과는 별개로 운영되고 있으며, 핀란드 내에 지점이 7곳 있다.

첫날부터 강행군으로 시작된 핀란드 여정의 마지막 날. 우리는 학교나 도서관이 아닌, 서점을 둘러보았다. 현재 핀란드에서 판매되는 다양한 책들을 볼 수 있다는 점과 북유럽 건축의 거장인 알바르 알토Hugo Alvar Henrik Aalto(1898~1976)의 건축물을 직접 볼 수 있다는 사실에 아침부터 살짝 들뜬 마음으로 호텔 문을 나섰다.

아카데미 서점은 대부분의 여행 안내서에 북유럽 최대의 서점이라는 수식어와 함께 소개된다. 하지만 핀란드인들은 '책의 집'이라는 정겨운 별명으로 이 서점을 부른다. 이들에게 아카데미 서점은 돈을 주고 책을 사는 단순한 상업적 공간 그 이상의 의미가 있는 것이다. 우리는 그 의미의 중심에 서점을 설계한 알바르 알토의 건축 철학과 지역사회 문화 공간으로 자리 잡아 온 서점의 역사가 있음을 확인할 수 있었다.

빛과 낭만으로 가득한 공간, 책과 사람이 만나다

"알바르 알토가 이 서점을 설계할 때에 가장 중시한 것은 빛과 공간 구성이었습니다. 거실에 들어온 듯한 안락함과 서점 전체를 한눈에 담고 원하는 곳을 찾아갈 있도록 한 개방성을 우선적으로 고려하였습니다."

이곳의 세일즈 매니저인 크리스텔이 서점 공간 설계의 특징을 묻는 우리들에게 던진 첫마디이다.

영하 18도의 추위를 뒤로하고 들어선 서점 내부는 3층까지 뚫려 있는 중앙부의 천창을 통해

서점의 상징과도 같은 크리스털 천창
책의 모양을 본떴다

크리스털 천창에서 쏟아져 내려오는 빛으로 가득한 서점 전경
그 빛 아래 서는 순간, 추운 겨울 집에 돌아온 듯 마음이 따스해진다

뿌려지는 햇살과 조명들로 인해 은은한 빛으로 가득했다. 펼쳐진 책의 모양을 형상화했다는 크리스털 천창의 독특한 아름다움은 서점의 상징으로서 손색이 없고, 흰 대리석으로 마감한 벽과 나무 바닥은 화사한 온기를 더해 준다. 입구에 들어서면 추운 겨울날 집에 돌아온 듯 따스한 느낌과 함께, 광장에 막 발을 들여놓은 사람처럼 어디부터 둘러볼까 하는 즐거운 고민 속에 빠지게 된다.

핀란드는 1년 중 절반 동안이나 추위와 어둠이 계속되는 나라이다. 그렇기에 알바르 알토는 건축에 있어서 내부 공간의 빛과 기능성의 문제에 깊이 천착했다고 한다.

일본의 건축학자 이토 다이스케는 책《알바 알토-거장이 연주하는 핀란드의 풍토》(2005)에서 이렇게 언급한다. 당시 기능주의 건축이 유행했던 유럽에서 '기능주의'적 건물이 아니라 핀란드 특유의 '기능적'인 건물을 지었던 것이 핀란드 건축의 특징이라고. 나아가 그는 알토의 건축에서 기능성의 '주장'이 아니라 기능성의 '향기'를 읽어 낸다. 기능성을 획득했을 때에야 비로소 그 공간의

아름다운 삶, 아름다운 도서관

삶이 '낭만적'일 수 있다는 말과 함께.* '주의', '주장'은 한낱 허공에서 외쳐진 후 흩어질 뿐이지만, 낭만의 '향기'는 그 안의 사람들을 따스하게 감싸 안는다.

아카데미 서점 2층에 있는 카페 알토
알바르 알토가 직접 디자인한 벨 모양의 조명이 사랑스럽다

핀란드 배경의 일본 영화 '카모메 식당'에서 주인공 사치에와 미도리가 2층 카페 알토에서 만나는 장면은 핀란드를 찾는 여행자들로 하여금 이곳을 여행의 필수 코스로 점찍게 만든 인상적인 장면이다. 사치에가 일면식도 없던 미도리에게 다가가 만화 '갓차맨-독수리 5형제'의 가사를 묻고선 어린애마냥 함께 부르는 장면은 우리 마음을 무장해제시킨다. 모든 것이 얼어붙어 버릴 것만 같은 차가운 북국에서 두 사람이 스스럼없이 마음의 문을 열 수 있었던 건 혹시

*《알바 알토- 거장이 연주하는 핀란드의 풍토》, 이토 다이스케 지음, 김인산 옮김, 우영선 감수, 르네상스, 2005. 참조.

탁 트인 공간 가득한 따스함과 빛들이 만들어 낸 낭만의 향기 때문은 아니었을까? 건축은 공간과 질료로 짜인 또 하나의 옷이라는 말이 있다. 알바르 알토는 핀란드인들에게 단순한 생활공간이 아닌, 낭만과 문화의 향기라는 옷을 선물한 것이다.

몇 년 전 아카데미 서점은 내부를 리모델링했다. 이 작업을 책임진 곳은 서점이 입점해 있는 스톡만 백화점이 아니라, 이곳을 유지하고 관리하는 알바르 알토 재단이었다. 당시 이곳을 아끼는 시민들의 여러 가지 제안들이 쏟아졌다고 한다. 하지만 그들은 단지 벽을 새로 칠하거나 작은 부분만 손댔을 뿐이다. 아마도 아카데미 서점을 원형 그대로 지켜 가고자 하는 의지이리라. 알바르 알토의 건축물에 대한 그들의 진한 자부심과 애정을 느끼게 하는 대목이다.

이렇게 아카데미 서점은 단순히 책을 파는 공간을 넘어 사람들이 만나 이야기하고 삶을 나누는 문화적 공간으로서 헬싱키 사람들의 자랑으로 존재하고 있었다.

'책의 밤'에서 '예술의 밤'으로, 지역사회와 함께 문화를 가꾸다

이른 아침 시간이라 아직 사람들이 많지 않다. 천천히 여유롭게 서점 내부를 둘러보았다.

1층 에스컬레이터 옆, 의자와 조명이 놓인 작은 무대가 눈에 들어온다. 서점으로서는 그다지 필요해 보이지 않는 공간이다. 그러나 이곳에서는 45년 전부터 한 달도 빼놓지 않고 '작가와의 만남'이 이루어져 왔다고 한다. 유명 작가들만 참여하는 것이 아니다. 얼마 전에는 스웨덴의 빅토리아 왕세녀와 007 영화로 유명한 로저 무어 등이 이곳을 찾아 독자들과 책에 대한 이야기를 나누기도 했다. 아카데미 서점이 지닌 역사와 가치가 그들을 기꺼이 발걸음하게 한 것이리라.

이뿐 아니라 매년 8월의 마지막 목요일에는 아카데미 서점이 중심이 되어 헬싱키 시와 함께 헬싱키 '예술의 밤' 행사를 연다. 작가 패널 토의, 마술 공연, 음악 연주, 시 낭송 등의 행사가 다채롭게 열려 헬싱키의 여름밤을 예술의 향기로 가득 채우는 축제와 같은 행사이다. 이는 원래 27년 전부터 서점에서 열어 온 '책의 밤' 행사에서 유래한 것이다. 서점 고객들이기도 한 시민들의 열렬한 호응으로 인해 시 전체의 문화 행사로 확대되었다. 현재는 헬싱키 시에서 프로모션도 담당한다고 한다. 상업적 공간이지

1층 에스컬레이터 옆 '작가와의 만남' 장소

만 시민들이 함께하는 문화 공간으로서 자신의 외연을 확대해 나가는 서점의 행보가 매우 인상적으로 다가왔다. 책은 곧 문화이고, 문화는 함께 나누는 속에서 풍요로워지며, 그 향기를 더해 가는 법이다.

'진짜 책, 좋은 책'은 소장하는 것, 그들의 독서 문화

인근의 반타와 에스포 시까지 포함하여 약 100만여 명이 거주하는 수도권의 중심, 헬싱키에는 거의 2킬로미터마다 하나씩 공공도서관이 있다. 마음만 먹으면 집 근처 도서관에서 언제든 쉽게 책을 빌려 읽을 수 있는 이 나라에서 도서관과 서점이 행복하게 공존할 수 있는 이유는 무엇일까?

이 질문에 대한 답은 핀란드인들의 삶에 뿌리내린 독서 문화로부터 찾아야

한다. 핀란드에서는 대부분의 가정이 거실을 책들로 채워 서재처럼 꾸민다. 그리고 아이들에게 가정과 학교에서 책을 읽어 주는 일은 무척이나 자연스러운 일상이다. 어린 시절 머리맡에서 듣고, 도서관에서 읽은 감명 깊은 이야기를 '내 책'으로 사서, 서재에 꽂아 두고 읽기를 원하는 마음이 서점으로 발길을 이끄는 가장 큰 힘이라고 크리스텔은 말한다. 책 읽는 사회는 '강요'되어 이루어지는 것이 아니라, 삶 속에 스며 있는 문화를 통해 자연스레 형성되는 것이라는 당연한 진리가 새삼 떠올랐다.

핀란드에서 아직 서점이 건재하고 있는 또 다른 이유는 우리와는 많이 다른 도서 출판 환경이다. 도서정가제가 무너지고 인터넷 서점의 대대적인 도서 가격 인하로 인해 서점들과 중소 출판사가 줄줄이 폐업해야만 했던 우리의 현실과는 많이 다르다.

이곳에서는 특별히 법으로 도서정가제를 시행하고 있지는 않으나, 온라인 서점과 오프라인 서점의 도서 가격 차이가 별로 크지 않다고 한다. 가격 경쟁력에서 별 차이가 없는 것이다. 그리고 알라딘, 아마존처럼 서점을 운영하지 않는 순수한 온라인 서점도 아직 없다. 무엇보다 일반 상품의 소비세가 대략 23퍼센트인 데 비해, 책의 소비세는 11~13퍼센트로 훨씬 낮은 편이다. 책이 상대적으로 가격이 저렴한 상품인 것도 책이 꾸준히 팔리는 이유 중 하나인 듯했다. 종이 책을 위협하는 전자책 시장은 거의 형성되어 있지 않으며, 아직도 핀란드인들에게 '진짜 책'은 종이 책으로 소유하는 것이라는 인식이 매우 강하다.

우리나라에서도 지난해 말부터 도서정가제가 전격 시행되었다. 무분별한 가격 경쟁을 막기 위해서 최대 할인폭을 15퍼센트로 제한하고 있다. 오히려 가격 거품만을 더 키우는 것이 아니냐는 일부의 우려도 있지만, 도서 출판 시장이 제자리를 잡는 계기가 되었으면 하는 조심스러운 희망을 가져 본다.

　인터넷의 발달과 스마트폰의 영향으로 점점 청소년층의 독서 인구가 줄어들고 서점으로의 발길이 뜸해지는 것은 핀란드 또한 우리와 별반 다르지 않은 고민거리였다. 서점 입구에 스타벅스를 유치한 것도 그곳에 들르는 청년들의 발걸음이 자연스럽게 서점을 향하도록 하기 위한 고육책이었다고 한다.

핀란디아 문학상 수상자는 그해의 '슈퍼스타'

　흔히 핀란드는 복지와 실용성의 나라로 인식된다. 그래서 책도 주로 실용적이고 학문적인 것들이 많이 출판되고 팔리지 않을까 짐작하게 된다. 하지만 핀란드에서는 문학작품이 가장 많이 출판되고, 인기도 제일 높다. 어린이들은 무민 이야기와 같은 핀란드 작가의 동화책을 즐겨 읽고, 나머지 연령층은 포켓북―저렴한 문고판 소설, 페이퍼북―을, 논픽션 중에서는 자기계발서와 인물전기를 가장 선호한다고 한다. 예전에 많이 팔리던 자연과학, 경제 관련 도서

▲ 알록달록 꾸며진 어린이 도서 코너
◀▼ 페이스 아웃 방식으로 진열된 책들
   다채로운 얼굴을 내밀고 주인을 기다리고 있다

지하 문구점의 모습

는 판매가 저조하다. 그중에서도 나이대와 상관없이 가장 인기가 많은 것은 스릴러나 판타지, 공상과학소설, 블록버스터, 드라마 시리즈의 원작들이다. 또한 제인 오스틴의 작품 등 고전적인 문학작품도 꾸준히 핀란드인의 사랑을 받고 있다.

이러한 문학작품의 인기에 더해 인구가 500만 정도로 적다 보니 조금이라도 책이 팔리는 작가나 시인은 곧 유명인이 된다. 매년 시상하는 핀란디아 문학상을 수상하는 경우에는 거의 '슈퍼스타'급의 인기를 누린다고 한다. 아이돌 같은 유명 연예인도 아닌 작가들이 그런 사랑을 받는다니 참으로 부러운 일이다.

상업 공간에서 만난 '낯선' 풍경, 인간에 대한 '배려'를 맛보다

에스컬레이터를 타고 올라가면서 살펴보니 책들 대부분이 페이스 아웃 방식으로 진열된 모습이 눈길을 끈다. 다채로운 얼굴을 내민 책들이 주인을 기다리고 있다. 공간의 상업적 쓰임새보다는 서점을 찾는 이용자의 편의를 먼저 고려한 것이다.

또한 서점 여기저기에 안락하게 책을 읽을 수 있는 공간이 넉넉히 준비되어 있다. 특히 어린이 도서코너에는 어린이 전용 도서관에서나 볼 법한 아기자기한 공간이 이용자들을 기다리고 있다. 우리나라에도 책 읽을 공간을 별도로 마련하는 대형 서점이 더러 있기는 하지만, 좁은 공간에 가능한 한 많은 책을 쌓아 두고, 어떤 책은 누가 읽을세라 비닐로 완전 무장시켜 놓고는 한다. 마음이 조금 씁쓸하다. 책을 한 권이라도 더 팔겠다는 의지(?)를 무작정 비난할 수는 없다. 하지만 학교나 도서관 같은

서점 내 인터넷 검색대

공공 기관이 아닌, 상업 공간인 서점에서까지 사람을 우선 배려하는 핀란드인 특유의 세심한 마음 씀씀이를 눈으로 확인한 순간 살짝 부러운 마음이 드는 건 어쩔 수 없었다.

바쁜 일정으로 인해 정오 해가 뜰 때쯤 우리는 아쉬운 마음을 달래며 서점 문을 나섰다. 길지 않은 시간이었지만 아카데미 서점에서 우리는 책과 사람, 사람과 사람이 따스하게 만나 이루어 내는 삶의 향기를 잠시나마 행복하게 누릴 수 있었다.

스웨덴

린드그렌이 선물한 '재미있는 집'

유니바켄 Junibacken

오미경 서울 등명중학교 교사

홈페이지 www.junibacken.se/

주소 Galarvarvsvagen 8, 115 21 Stockholm

소개　유니바켄은 《내 이름은 삐삐 롱스타킹》을 쓴 아스트리드 린드그렌이 직접 참여하여 만든 테마파크 겸 스웨덴 최고의 어린이 박물관이다. 1930년대에 지은 건물로 해군 소유의 어뢰 제작소로 사용되었던 것을 1996년 왕실의 지원을 받아 유니바켄으로 개장하였다. 2층 건물로 1층에 북유럽에서 가장 인기 있는 동화 작가의 작품을 체험하며 놀 수 있는 동화(책)의 광장을 비롯하여 린드그렌과 관련된 전시 공간, 스웨덴에서 가장 큰 어린이 서점과 카페테리아가 있고, 린드그렌 책의 이야기 속을 여행하는 이야기 기차를 타고 가면 2층 빌라 빌레쿨라('삐삐'의 뒤죽박죽 별장) 공연장으로 들어선다. 2층 공연장은 이야기 기차를 타고 오거나 전시 공간과 연결된 계단을 이용할 수 있고, 반대편은 지하 식당으로 연결되어 있다.

"삐삐를 부르는 환한 목소리, 삐삐를 부르는 상냥한 소리……."

1970~80년대에 어린 시절을 보냈던 어른이라면 누구나 흥얼거리던 노래다. '삐삐'는 1969년 스웨덴에서 제작되었던 드라마로, 1977년 우리나라에서도 방영되어 선풍적인 인기를 끌었다. 우스꽝스럽기도 하고 어른들의 말을 따르지 않는 '삐삐'의 자유분방한 행동이 아이들을 끌어들였던 것이다. 원작은 아스트리드 린드그렌이 쓴 〈내 이름은 삐삐 롱스타킹〉이다. 이 이야기는 아파서 누워 있는 딸을 즐겁게 하고 싶어서 즉흥적으로 지어냈다고 하는데, 지금은 전 세계 85개국 어린이가 읽는 이야기가 되었다.

유니바켄은 아스트리드 린드그렌을 위한 박물관으로 린드그렌 자신이 직접 참여하여 만들었다. 북방 민족 박물관, 스칸센, 바사호 박물관 등 스웨덴의 문화가 집약적으로 모여 있는 유르고덴 섬 끝자락에 있다. 유니바켄Junibacken은 입구부터 아기자기하여 테마파크에 온 듯하다. 우리를 안내한 제니 헤이달은

입구 포토 존, 뒤로 북방 민족 박물관이 보인다

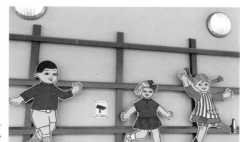

아이들을 안내하는
삐삐와 토미, 아니카

출입구 위에서
방문객들을 맞이하는
린드그렌 작품 속 캐릭터

이 건물이 1930년대에 지어져 해군 소유의 어뢰 제작소로 사용되었던 것을 1996년 왕실의 지원으로 개조해 유니바켄으로 개장하였다고 한다. 스웨덴을 상징하는 이곳에 더구나 정부의 지원을 받고 있는 박물관—스웨덴 최고의 어린이 박물관—이라고 하니, 스웨덴 사람들이 린드그렌을 얼마나 존경하고 자랑스러워하는지 알 만하다.

'유니바켄'은 '6월의 언덕'이라는 뜻으로 〈마디켄과 리사벳〉에 나온다. 마디켄(우리나라에서는 스웨덴 원전을 독일어로 번역한 이름인 '마디타'로 굳어졌다)은 린드그렌의 어릴 적 친구를, 리사벳은 린드그렌의 동생을 참고로 한 캐릭터이다. 6월 언덕 옆을 흐르는 강가에서 보낸 어린 시절을 '놀다가 죽지 않는 게 신기할 정도'라고 한 린드그렌은 이곳 유니바켄을 찾아온 아이들도 자신처럼 재미있게 놀기를 원했나 보다. 유니바켄의 지붕 위에 우산을 펼쳐 든 마디켄이 '모험의 시작'을 알리고 있다.

대기실을 스웨덴 옛이야기로 꾸며 놓아 아이들을 환상의 세계로 끌어들이고 있다

"내 박물관으로 만들지 말라.

다른 동화 작가나 동화 삽화가들의 작품을 경험할 수 있는 장소로 만들어 달라."

린드그렌의 고향 빔메르뷔에 '아스트리드 린드그렌 월드'가 있다. 이곳은 린드그렌의 작품에 등장하는 공간들을 원작 그대로 재연하여 아이들이 재미있게 놀 수 있게 만든 놀이공원이다. 그런데 린드그렌은 자신의 이름을 내걸고 상업적으로 운영되는 그곳보다 교육적으

유니바켄의 전시회 담당자인 제니 헤이달

로도 매우 가치 있는 곳을 원했다. 여러 가지를 구상하던 중 린드그렌은 친구이자 자신의 영화에 시놉시스를 쓴 스타판 예테스탐Staffan Götestam 감독한테서 '린드그렌을 위한 문화의 집' 제안을 받게 된다. 린드그렌은 개인 박물관이 아니라, 다른 동화 작가나 동화 삽화가들의 작품을 볼 수 있는 곳으로 만들어 줄 것을 요청하였다.

제니 헤이달은 유니바켄의 설립 취지를 설명하면서 린드그렌이 진보적이고 겸손한 성정을 갖춘 인물이라고 덧붙였다. 그 말에는 린드그렌에 대한 존경심이 묻어 있었다. 이런 까닭에 이곳에 전시된 작품은 대부분 스웨덴 아이들에게 인기 있는 동화나 삽화가의 작품이다. "한국 작가의 작품을 전시할 수 있는가?"하고 넌지시 물었더니, 이곳이 국왕의 부지이기 때문에 서류 작업에 문제가 있을 수 있다고 하면서 "아이들이 알고 있는 작가라야 한다."고 덧붙였다. 유니바켄은 '아이'를 중심에 두고 있다는 뜻이었다.

우리나라의 경우 인물을 기념하기 위한 문학관이나 기념관은 어른의 시각으로 만들어졌고 대부분 전시물을 관람하는 방식이다. 운영하는 체험 활동도 문

학관마다 거의 비슷하다. 또한 서울에 있는 국립중앙박물관의 부속 시설인 어린이 박물관이나 단독 건물로 지어진 경기도 어린이 박물관은 '배움'을 테마로 하고 있어 유니바켄처럼 철저히 '아이'를 중심에 둔 체험 공간이 아니다. 아이의 인격을 존중한다는 스웨덴의 문화를 유니바켄에서 실감하게 되는 순간이었다. 린드그렌이 자신 안에 있는 아이를 즐겁게 하기 위해 글을 썼던 것처럼 유니바켄도 그런 마음으로 만들었을 것 같아 유니바켄을 둘러보는 발걸음에 신바람이 붙었다.

작품 속 세계에서 재미있게 놀게 하라 – 동화의 광장

제니 헤이달은 동화(책)의 광장이 유니바켄의 출발 지점이라고 한다. 이곳은 아이들이 재미있게 놀면서 책을 접할 수 있게 만든 놀이터다. 이 구조물은 린드그렌을 비롯하여 스웨덴(북유럽)에서 아이들에게 가장 유명하거나 인기 있는 동화 작가나 삽화 작가의 작품 속 장면을 재현한 것으로, 직접 체험하도록 만들어 아이들은 작품을 온몸으로 접할 수 있다. 린드그렌이 유니바켄을 설립한 목적이 잘 반영된 공간이다. 처음에는 린드그렌의 작품 구조물이 꽤 많았을 텐데, 지금은 지붕 위에서 날고 있는 카알손뿐이다.

아이들은 고릴라 '고고'의 미끄럼틀을 오르내리고, 작업복을 입은 아저씨가 만든 비행기를 조종해 보기도 하고, 앳킨스의 집 창문으로 얼굴을 내밀어도 보고, 구조물을 오르내리고, 원판을 발로 돌리기도 하며 놀고 있다. 작업복 입은 아저씨의 작업실과 '무민'의 집은 실제 스웨덴의 집을 재현해 놓은 듯, 소품 하나하나가 섬세하게 표현되어 있어 실제 그 공간에 있는 듯하다. 광장 전체가 복잡하고 무질서하게 보이면서도 둥지만 덩그러니 있는 것조차 자연스럽게 녹여 내어 구조물이 치밀한 계획하에 설치되었음을 알 수 있었다. 아이를 키우는

작품 속 장면을 재현
한 동화의 광장은
아이들의 놀이터이다

실재 스웨덴의 집을
재현해 놓은 듯한
'Mulle Meck'의
작업실과 '무민'의 집
내부

린드그렌이 선물한 '재미있는 집'
유니바켄

선생님들은 작품을 보면서 '맘마무'다, '페테르손 할아버지와 핀두스'다, '쭈리와 회색 늑대'다 하며 대번 어떤 작품 속 구조물인지 맞추며 아이처럼 좋아라 한다. 그러고 보니 우리나라에 소개된 작품도 꽤나 된다. 작품 속 어느 장면을 재현하여 만든 건지 몰라도 구경하는 재미가 쏠쏠하다.

이 구조물들은 일정 기간이 지나면 하나씩 다른 구조물로 대체된다. 인기 있는 구조물은 오랫동안 전시하고, 테마 전시 공간에 비치되었던 구조물 중에서도 아이들에게 인기가 있으면 이곳 동화의 광장으로 옮겨 와 계속 전시한다.

"아이들이 오래 보고 즐길 수 있도록 하기 위해서지요."

"이곳을 운영하는 목적은 전시물을 보고 그 책을 읽은 사람이라면, 책의 어떤 장면인지 떠올릴 수 있도록 하고, 읽지 못했다면 돌아가서 책을 찾아 읽을 수 있도록 영감을 주고, 또한 부모가 아이들에게 책을 읽어 주어야겠다는 생각을 갖도록 하는 데 있습니다."

놀랍다. 이곳을 운영하는 목적이 책을 읽게 하려는 의도가 있으면서도 그것을 드러내지 않고 체험하는 공간으로만 만들었다는 것이. 또한 부모와 아이가 함께 책을 읽도록 유도하고 있다는 것이. 이러한 장치 이외에도 유니바켄은 독서와 동화 읽어 주기를 지원하고 있었다. 그러면 이곳 동화의 광장에서 책을 읽어 주는 행사가 있겠구나 싶어 '작가와의 만남'을 진행한 적이 있는지 물었다. "작가가 책은 잘 쓰지만 읽어 주는 것은 잘하지 못합니다. 특히나 이곳의 다이내믹함을 살리지 못하여 성공적이지 않았습니다." 동화 광장의 목적을 잃지 않는다는 답이다. 책 읽어 주는 자리를 서점 한쪽에 따로 마련하여 작가만이 아니라 누구든지 이용할 수 있도록 했다. 햇빛이 잘 들어오는 창가에 마련된 책 읽어 주는 코너 또한 아이들을 위한 배려가 섬세하게 깔려 있다.

동화의 광장이 0~8세 아이를 위한 공간이라면, 테마 전시 공간은 한 작가의

작품 전체를 접할 수 있어서 어른들도 체험할 수 있는 공간이다. 선정된 작가는 자신의 작품에 삽화를 그린 삽화가와 직접 작품 속의 배경을 설정하고 구조물을 설치하는 일에 참여한다. 유니바켄은 작가의 작품을 매표소 입구에 포토존으로 만들어 안내하고, 건물 위에 전시 제목을 부착해 놓거나 '유니바켄 TV'를 통해 홍보한다. 작가와 삽화가가 직접 출연하여 전시 공간을 제작하는 과정을 담은 영상을 보여 주어 홍보의 효과를 높이기도 한다.

현재 'MONSTER & MYSTERIER'를 전시하고 있다.《다이아몬드 미스터리》(2005)로 우리에게도 알려진 마틴 위드마크의 책 내용을 미스터리하고 신비롭게 꾸며 놓았다. 2014년도에 토베 얀손의 '무민'을 테마 전시회로 계획 중이라고 하는데 무민 시리즈를 어떻게 꾸미게 될지도 궁금하다.

평범한 단어들로 특별한 사물들을 이야기하라 — 린드그렌 문학상

동화의 광장을 나서 제니 헤이달은 '린드그렌 문학상ALMA(Astrid Lindgren Memorial Award)'을 기념하기 위한 전시 공간인 파란 구역으로 안내했다. 린드그렌 문학상은 스웨덴 정부가 린드그렌을 기념하기 위해, 그리고 세계 아동 청

마틴 위드마크의 책을 이상야릇하고
신비롭게 꾸며 놓은
'MONSTER & MYSTERIER' 전시 공간

소년 문학에 대한 관심을 증진시키기 위해 기금을 마련하여 2003년에 제정한 것이다. 2003년부터 2013년도까지 문학상을 수상한 작가를 한눈에 볼 수 있도록 전시해 놓았다. 특히 그해 수상자는 수상자의 사진과 그의 작품이 전시된다. 린드그렌은 어린이 책을 쓰고 싶은 작가에게 "평범한 단어들로 특별한 사물들을 이야기하라. 정치적인 현실을 회피하지 말고 자신의 목소리를 내라."고 말한다. 이런 린드그렌의 정신을 이은 동화 작가나 동화 삽화가, 독서 장려에 가장 공헌을 많이 한 개인이나 단체에 500만 크로나의 상금이 주어진다. 약 7억 3900만 원으로 세계 문학상 중 두 번째 규모다. 한 개인을 위한 문학상 상금을 정부가 지원해 준다니, 문학관조차 변변하지 못한 방정환 선생을

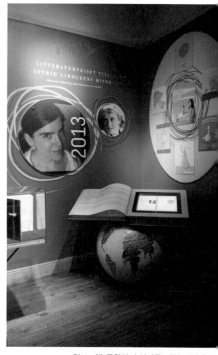

린드그렌 문학상 수상자를 파란 구역에 따로 비치하여 기념하고 있다

떠올리며 스웨덴인들이 린드그렌을 존경하는 마음이 새삼 부러웠다.

수상자는 린드그렌의 고향인 빔메르뷔Vimmerby에서 발표하지만, 방명록은 이곳에 와서 작성한다고 하면서 린드그렌 문학상 수상자가 발표되기 전날 감독과 세트 제작자, 배우들이 이곳에 대기하고 있다가 수상자가 발표되면 수상자와 관련된 내용을 24시간 이내에 연극으로 제작하여 공연한다는 재미있는 이야기를 해 주었다. 이유가 궁금하여 물었더니 "재미있기도 하고 언론에 노출되어 홍보효과도 있기 때문"이라고 한다. 재미있는 발상이다.

색으로 구분하여 전시한
삽화 작가 코너

'삐삐'의 잉그리드 나이만

일론 비클란드의 작품 속 캐릭터

린드그렌 삽화 작가 갤러리
(잉그리드 나이만, 일론 비클란드, 비에른 베리)

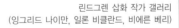

비에른 베리의 작업 공간

린드그렌을 만나다 — 유니바켄 갤러리

린드그렌은 자신을 기념하는 공간은 최소화했다. 가족사진, 린드그렌의 성장 과정을 그린 캐릭터 그림, 유니바켄 개장식 사진 등을 전시해 놓았을 뿐, 갤러리의 대부분은 자신의 책에 삽화를 그린 삽화 작가들을 위한 공간으로 만들었다. 이 공간은 색으로 구분하여 눈에 띄도록 했다. '삐삐 시리즈'의 잉그리드 나이만, '에밀 시리즈'의 비에른 베리, 그리고 〈엄지 소년 닐스〉를 비롯하여 우리가 알고 있는 대부분의 작품에 삽화를 그린 일론 비클란드.

일론 비클란드는 린드그렌과 마지막까지 작업을 한 삽화 작가이다. 작가의 사진 아래 린드그렌 책의 원화와 다른 작가의 작품에 그린 원화들을 함께 전시

린드그렌 갤러리

하고 있다. 삽화 작가의 다른 작품들이 거의 알려져 있지 않아서 그들의 작품을 소개하기 위해서라고 한다. 작가마다 다양한 방식으로 접근하여 소개하고 있는 이곳에 서 있으니 삽화 작가들에 대한 린드그렌의 애정이 느껴졌다.

이야기 기차를 타고 린드그렌의 이야기 속으로 '이야기 기차'

유니바켄을 왔다 간 방문객들은 "신기하다", "재미있다", "환상적이다"라며 이야기 기차Story-train에 대한 감탄을 쏟아냈다. 무엇이 그들을 감동시켰을까? 기차를 타기 전부터 궁금증과 호기심으로 흥분이 가라앉지 않았다. 이야기 기차 앞에 커다란 책 모형물이 설치되어 있다. 책에는 이야기 기차에 대한 설명을 한 편의 이야기처럼 보여 준다. 이 이야기 기차는 린드그렌이 마리트

이야기 기차를 안내하는 책 모형물 ▲
빔메르뷔 역에서 출발하는 이야기 기차 ▶

퇴른크비스트Marit Törnqvist와 같이 디자인한 것이고, 유니바켄에서 낭길리마
Langilima까지 운행하는 동화 여행 기차라고 한다. 게다가 이 기차를 타고 동화
속 주인공인 마디타, 에밀과 이다, 지붕 위의 카알손, 엄지 소년 닐스, 산적의
딸 로냐, 사자왕 카일을 만날 수 있단다. 모형물 앞에는 커다란 쿠션이 놓여 있
다. 거실처럼 편안해 보인다. 책을 펼쳐 든 엄마의 이야기를 따라 아이는 이야
기 속 여행을 떠날 것이다.

아름다운 삶, 아름다운 도서관

기차는 린드그렌의 고향 빔메르뷔 역에서 출발한다. 기차가 출발하자 내레이터가 이야기를 시작했다. 내레이션은 스웨덴어, 영어, 독일어, 일본어 등 12개 국어 중 선택하여 들을 수 있도록 지원이 된다. 스웨덴어는 린드그렌의 내레이션으로 들을 수 있다. 이야기 기차는 린드그렌의 동화 6개 〈마디타〉 → 〈에밀은 사고뭉치〉 → 〈지붕 위의 카알손〉 → 〈엄지 소년 닐스〉 → 〈산적의 딸 로냐〉 → 〈사자왕 형제의 모험〉으로 이어진다.

기차는 〈마디타〉에 나오는 유니바켄의 평화로운 정경을 보여 주면서 천천히 나아간다. 지붕 위에 검정 우산을 펼쳐 들고 있는 마디타와 리사벳을 지나자 사람들의 시끄러운 소리가 들린다. 이미 〈에밀은 사고뭉치〉다. 마을 축제에 모인 사람들은 장대에 매달린 이다를 쳐다보며 어찌할 바를 모르고 에밀이 없어졌다고 찾는 엄마의 목소리를 뒤로하고 기차는 에밀이 어디 있는지 알고 있는 듯 헛간 안으로 들어가 찬장 안에서 자고 있는 에밀을 보여 준다.

기차는 깜깜한 밤하늘을 날아 올라간다. 은하 철도처럼 우주의 밤하늘을 날아 어디론가 데려간다. 바로 〈지붕 위의 카알손〉의 도시로 들어왔다. 밤하늘의 별이 아름답게 수놓인 도시의 집들 위로 오르더니 프로펠러 소리가 들리면서 발아래 지붕 위를 날고 있는 카알손이 보인다. 이미 기차는 사람들이 살고 있는 곳이 아닌 다른 세계로 들어섰다. 커다란 창문이 열리면서 기차가 집 안으로 들어선다. 어디지? 누구의 방 안일까? 나의 생각을 읽은 듯 기차는 쥐구멍 안으로 들어간다. 〈엄지 소년 닐스〉의 방이다. 커다란 쥐가 치즈를 먹으려는 모습과 맞닥뜨린다. '아, 닐스가 사는 집으로 들어왔구나.' 이미 나는 닐스처럼 작아져 있다. 마치 닐스의 집에 있는 것 같다. 쥐의 기다란 꼬리를 따라 밑으로 내려오니 커다란 컵 속에서 빨간 모자를 쓴 닐스가 베르틸과 함께 목욕하며 웃는다.

웃음소리가 사라지자 천둥소리, 짐승의 소리가 들리는 가운데 사방이 컴컴하고, 조명이 비치면서 언뜻언뜻 지나가는 장면마다 보는 사람도 긴장감이 돌게 한다. 내레이터가 '로냐'라고 말하는 게 귀에 들어온다. 〈산적의 딸 로냐〉 이야기다. 폭풍우 치는 밤에 태어난 로냐가 자신이 사랑하는 비르크와 곰 굴에서 따뜻한 불을 피우고 있는 모습을 지나더니 마티스의 요새를 따라 기차가 내려온다. 지옥의 낭떠러지라고 불리는 그곳이 어떤 곳인지, 왜 로냐가 그곳을 떠나 숲에서 살고 싶어 하는지 보여 주려는 듯 기차는 절벽을 따라 내려간다. 로냐의 이야기를 이야기의 흐름대로 보여 주고 있다. 동트는 아침 봄의 함성을 지르는 로냐를 응원이라도 하듯 기차는 멀리서 지나간다.

여전히 기차는 어두운 곳을 지나고 있다. 사람들의 웅성거리는 소리 사이로 불에 타는 집과 "요나탄" 외치는 소리가 들린다. 〈사자왕 형제의 모험〉 속으로 들어왔다. 용감한 형 요나탄이 병약한 동생 카일을 살리고 불에 타 숨졌다. 남겨진 동생 카일은 형의 화신이라고 믿고 새하얀 비둘기를 따라 낭기열라로 간다. 낭기열라는 죽으면 가게 되는 세상이다. 요나탄은 아픈 동생에게 낭기열라는 아프지도 않고 아름다운 곳이라고 이야기해 주었다. 그러나 그곳도 독재자와 싸워 이겨야만 평화로운 곳이 될 수 있다. 카일은 요나탄과 함께 괴물 카볼라를 물리쳐 낭기열라의 평화를 지켜 내지만, 요나탄과 이곳에서 살 수는 없다. 함께하려면 또 다른 세계에서 만나야 한다. 서로 부둥켜안은 채 낭기열라의 빛을 보고 있는 형제를 뒤로하고 기차는 목적지에 도착했는지 속도를 늦추었다.

어느 순간부터인지 내가 기차를 타고 있다는 사실을 잊었다. 그냥 내가 이야기 속에 있다가 나온 느낌이다. 장면들이 세세하게 표현되어 미니어처로 제작된 세트라는 사실을 잊어버렸다. 내레이터의 이야기를 들으면서 3D 영화를 보는 것처럼 극적인 장면을 같이 느꼈고, 이야기의 분위기에 빠져들었다. 기차에

아름다운 삶, 아름다운 도서관

서 내리면서도 강하게 남은 여운은 쉬이 가시지 않았다. 린드그렌의 작품을 읽었다면 어떤 작품의 어느 장면인지 알 수 있어서 기차 여행이 더 재미있었을 것이고, 읽지 않았다고 해도 환상 특급 열차를 탄 것 같은 긴장감과 흥분을 충분히 줄 만하다.

이야기는 아이를 춤추게 하고, 아이는 이야기를 살아 있게 만든다 — 빌라 빌레쿨라

아이들이 좋아하는 또 하나의 공간은 '빌라 빌레쿨라' 공연장이다. 공연이 발전하면서 스웨덴 어린이 공연장으로 자리매김하여 유니바켄도 규모가 커지고 있다고 한다. 여름에는 잔디 공원으로 옮겨 공연을 한다. '빌라 빌레쿨라'는 '삐삐'의 뒤죽박죽 별장이다. 별장은 아이 키에 맞추어져 있어 어른은 고개를 숙이고 들어가야 한다. 부엌살림이며 삐삐의 침대 방, 보물 지도가 있는 금고, 뒤죽박죽 별장이라는 말 그대로 뒤죽박죽이다. '빌라 빌레쿨라' 공연은 별장 앞에 무대를 꾸며 놓고 이야기꾼 세 명이 노래와 율동을 하면서 이야기를 들려준다. 공연장이 거의 차 있다. 기어 다니는 아이부터 서너 살쯤 되어 보이는 아이들과 부모들이 대부분이다. 이야기꾼은 마다하고 별장과 연결된 미끄럼틀을 오르락내리락하는 아이, 앞에 나와 서서 이야기꾼의 율동을 따라 하는 아이, 마룻바닥에 그려진 모양을 따라 돌아다니는 아이, 아이들은 제각각 자유롭다. 부모들도 아이와 함께 바닥에 앉거나 창가에 둘러앉아 이야기꾼의 이야기에 귀

보물 지도가 들어 있는
'삐삐'의 가방

이야기꾼의 노래와 율동을 따라 하는 아이들
공연은 빌라 빌레쿨라에 있는 모든 이들과 함께 만든다

아름다운 삶, 아름다운 도서관

를 기울인다. 공연은 작은 소품을 이용하여 연출하기도 하고, 이야기를 이어 가다 아이들에게 어떤 율동이 어울릴지 물어보고 그 아이가 만든 동작을 바로 율동으로 풀어내며 아이들을 그 공연의 주인공으로 이끌어 낸다. 이야기 내용을 알아들을 수는 없어도 노래와 율동은 하나가 되게 하는 힘이 있나 보다. 이야기꾼들이 풀어 가는 이야기를 듣는 동안 이 공간에 있는 아이나 함께 온 어른이나 심지어 우리들까지도 모두 이야기꾼에 사로잡혀 버렸다.

"공연은 삐삐나 린드그렌과 연관이 없습니다. 단지 린드그렌의 작품이 좋아서 이곳에서 공연을 하고 있는 겁니다."라고 이야기꾼들은 말한다. 이들의 이야기는 또 다른 이야기를 낳을 것이다.

공연장 너머로 보이는 멜라렌 호수와 스톡홀름 시가지 정경이 시원하다

스웨덴에서
가장 규모가 큰
어린이 서점

환상의 세계로
꾸며 놓은 식당

아름다운 삶, 아름다운 도서관

린드그렌 자체가 문화다

유니바켄의 키워드는 '재미'와 '아이에 대한 존중'이다. 유니바켄은 '아이들은 재미있는 것을 찾는다'는 생각을 놓치지 않았다. 그러면서도 밑바탕에는 '독서'를 깔고 있다. 린드그렌은 자서전 《사라진 나라》(2003)에서 "어린 시절 가장 무한한 모험은 독서"라고 하면서 "단지 아이들에게 책에 대해 재미를 느끼게 했을 뿐인데, 그것으로 더 많은 것을 표현하는 법을 배우고 세상에 대해 훨씬 더 많은 것을 경험한다."고 말했다. 린드그렌은 이러한 생각을 유니바켄에 그대로 반영한 것이다.

린드그렌의 동상은 책을 들고 있는 모습인데 책 안에는 다음과 같은 글이 적혀 있다
'Å, Nangilima! Ja, Jonatan, ja, jag ser ljuset!
Jag ser ljuset.'
'오, 낭길리마! 요나탄, 빛이 보여!'
〈사자왕 형제의 모험〉의 마지막 구절이다

린드그렌은 누구보다 한 발 먼저 내딛고 있었다. 현실에서 정치적인 입장을 밝히는 데 주저함이 없고, 폭력 방지 법안을 만드는 데 앞장섰으며, 동화 작가나 삽화 작가가 아이들의 상상과 생각을 자극하기 위해 필요한 존재인지를 먼저 알아챘고, 책을 읽히는 것보다 책에 재미를 느끼도록 하는 것이 먼저라는 사실을 알았으며, 동화가 세상을 변화시킬 수 있는 힘이 있음을 알고 그것을 행동으로 보여 주었다. 이제야 제니 헤이달이 유니바켄의 설립 취지를 말하면서 진보적이면서도 겸손한 성정을 가지고 있는 분이라며 존경의 마음을 드러냈는지, 왜 왕실이 국가 지원금으로 린드그렌 문학상을 지원하는지 이해가 되었다. 그들에게 린드그렌은 한 개인이 아니라 문화를 움직이는 힘인 것이다.

생전에 린드그렌은 '가장 사랑받는 스웨덴인'이라는 칭호를 받았다. 그러나 학교에서는 린드그렌에 대해 가르치거나 린드그렌의 책을 교재로 사용하지 않는다고 한다. 이미 학교에 오기 전에 가정에서 읽고 오기 때문이다. 스웨덴 공공도서관에서 대출 횟수가 가장 많은 작가로 선정되었을 정도로 스웨덴인들은 린드그렌의 책을 성경처럼 끼고 있고 책의 문장을 일상생활에서 사용하고, 이야기 기차 내용을 외우다시피 한다. 그들은 린드그렌이 생활 자체에 스며들어 있다고 말한다.

아름다운 삶, 아름다운 도서관

도시 전체를 하나의 예술품으로 만든

베르겐

송경영 서울 신림중학교 교사

베르겐 예술대학 도서관
Bergen Academy of Art and Design

홈페이지	www.asp.bibits.no/khib
주소	Strømgaten 1, N-5005 Bergen

베르겐 종합대학교 인문대학 도서관
Universitets biblioteket i Bergen / Bibliotek for humaniora

홈페이지	www.uib.no/en/ub
주소	Postboks 7808, N-5020 Bergen

베르겐 공공도서관
Bergen Offentlige Bibliotek

홈페이지	www.bergenbibliotek.no
주소	Strømgaten 6, 5015 Bergen

아, 이 도시에 오지 않았더라면 큰일 날 뻔했다!

스톡홀름에서 비행기를 놓치고 우여곡절 끝에 다음 비행기로 도착한 베르겐. 비행기에서 내려다본 베르겐 시내는 바다와 호수를 끼고 산 중턱을 따라 알록달록 모형처럼 예쁘게 만들어 놓은 집들이 아기자기 조화로워 '와!' 하고 탄성이 흘러나왔다.

베르겐에 있는 집들

1070년에 세워져 12~13세기 노르웨이의 수도였다가 현재는 인구 23만 명 정도가 거주하는 노르웨이 제2의 도시, 독일 한자 상인의 북유럽 거점이었던 상업 활동의 중심지, 중세 도시의 모습을 원형에 가깝게 보존하여 유네스코 문화유산으로 등재된 '브뤼겐 거리'가 있는 전통의 도시, 피오르 여행을 위한 관문으로 관광객들을 사랑에 빠지게 하는 도시, '겨울 왕국' 영화의 배경이 된 도시, 베르겐은 동화 속 한 마을처럼 그렇게 다가왔다.

아름다운 색감을 자랑하는 뾰족지붕 건물이 쭉 늘어서 있는 브뤼겐 거리 골목길에 들어서면 시간을 뛰어넘어 중세에 와 있는 것 같은 느낌을 받는다. 브뤼겐 거리는 지금도 장기간에 걸친 거리 유지, 보수 사업인 '브뤼겐 프로젝트'가 진행 중이라 끊임없이 시민의 눈길과 손길을 받고 있다. 화재의 위험성 때문에 난방을 제대로 못 하는 목조 주택에 거주하며, 불편함을 감수하면서라도 전통을 지켜 가려는 베르겐 시민들. 브뤼겐 거리에 있는 건물들에는 건물이 지어진 연도와 보수된 연도가 건물 앞에 새겨진다. 브뤼겐 거리를 걸으며 긴 시간이 만들어 낸 급조할 수 없는 문화의 깊이를 생각한다. 과거를 끌어안는 것

아름다운 삶, 아름다운 도서관

은 시간의 흐름을 거스르는 것이 아니라, 기억을 묻어 버리지 않고 도시의 역사를 오롯이 추억하게 하는 것이리라. 낡아 삐걱거리는 목조건물의 계단을 오르며 마음이 따스하게 데워지는 느낌을 받았다. 과거의 원형에 가깝게 고쳐지고 보존되는 브뤼겐 거리는 사람의 영혼을 따사롭게 위무하는 힘이 있다. 이것은 인간과 물건이, 단순히 쓰다가 낡으면 버리는 소유와 종속의 관계가 아닌 공존의 관계를 엮어 왔기에 느껴지는 힘이다.

걸어 다녀도 하루면 도시 전체를 둘러볼 수 있을 만큼 아담하지만, 다음 날 다시금 골목골목을 자세히 들여다보며 그들이 들려주는 이야기에 귀 기울이고 싶은 도시, 베르겐.

아, 이 도시에 오지 않았더라면 큰일 날 뻔했다!

지어진 연도와
보수된 연도가
기록된 건물

외형보다 내실이 중요함을 알려 준 베르겐 예술대학 도서관

사실 이번 북유럽 기행에서 노르웨이 방문은 학교와 도서관을 탐방하며 공부하느라 아픈 머리를 잠시 쉬어 가기 위한 관광 목적이 더 컸다. 그러나 그냥 놀기만 하고 스쳐 지나갈 우리들이 아니다. 떡 본 김에 제사 지낸다고 노르웨이 가는 김에 도서관이나 학교도 몇 군데 둘러보고 가는 게 좋겠다는 우리 의견에 급하게 선정된 곳이 베르겐 예술대학 도서관이다.

베르겐 예술대학 도서관

노르웨이는 다른 북유럽 국가에 비해 우리나라에 알려진 것이 별로 없다. 번역된 책이나 여행기도 찾아보기 힘들다. 베르겐 예술대학에 대한 정보라고 쉽사리 얻을 수 있었을 리 만무했다. 하물며 도서관에 대한 안내는 오죽할까. 무작정 예술대학 도서관을 물어물어 도착했더니 평범한 저층 상가 건물 앞이다.

"여기가 대학 도서관?"

2층에 올라가 문을 열고 들어선 도서관에서 사서가 반갑게, 어쩌면 조금은 당혹스러워하는 듯한 표정으로 우리를 맞는다. 사서는 이 도서관을 어찌 알고

베르겐 예술대학 도서관 벽에 걸린 그림 ▲
베르겐 예술대학 도서관 계단 ▶

오게 되었는지 자꾸 묻는다. 나중에
알고 보니 우리가 찾아간 도서관은 베
르겐 예술대학 학생들을 위한 예술 분
야 특수 도서관이었다. 사서는 먼 타
국에서 건물도 외형도 썩 훌륭하지 않
은, 별로 유명하지도 않을 이 도서관
을 왜 찾아왔을까 궁금한 한편, 우리
가 초라한 규모에 실망할까 봐 당혹스
러웠나 보다. 우리가 방문하자마자 원
한다면 이 도서관보다 큰 규모의, 자

베르겐 예술대학 도서관 벽에 있는 전시물

신의 친구가 일하고 있는 베르겐 종합대학교 인문대학 도서관을 둘러볼 수 있
도록 소개해 준다고 하였다. 우리가 감사의 인사를 표하며 제안을 받아들이자
사서는 친구에게 전화를 걸어 약속을 잡은 후 우리에게 도서관 안내를 시작하
였다. 그런데 이 도서관, 단순한 경유지로 치부할 수 없는 느낌이 있다. 도서관
안에 들어서서 서가의 책들을 살펴보는 순간, 이 도서관에 뭔가가 있을 것 같
은 기대감이 한껏 부풀었다.

예술대학 도서관에서 인문학 정신을 만나다

베르겐 예술대학은 우리나라 한국예술종합학교와 교류하고 있는 학교로 디
자인과 건축 분야에서 세계적으로 실력을 인정받는 국립 예술대학이다. 예술
대학 도서관은 소규모의 특화 도서관으로 예술대학 건물과는 떨어져 시내 상
가 2층에 위치하고 있다. 예술대학 도서관이라고 하여 아름다운 캠퍼스 옆에
자리 잡은, 멋진 도서관을 기대했던 우리는 처음에는 조금 실망감을 느꼈다. 북

베르겐 예술대학 도서관 입구   베르겐 예술대학 도서관 창가

유럽 탐방을 앞두고 국내에서 베르겐 예술대학 학생들이 참여한 '북유럽 건축과 디자인전'을 관람했기에 더 기대가 컸던 탓이다.

사서는 외국에서 도서관을 탐방하러 온 일행은 우리가 처음이라고 한다. 조금 민망해하며, 지금의 도서관 건물은 협소하여 3년 후 새 건물로 이전할 계획이라는 말을 덧붙인다. 우리나라의 경우 대학 도서관은 대학생이나 연구생 이외에 일반 시민들에게는 개방하지 않고 있는데 이 도서관은 베르겐 시민이면 누구나 자유롭게 이용 가능하다고 한다. 사서는 장서를 구입할 때 교직원과 학생의 추천을 받는 걸 우선으로 생각한다며, 그러기 위해서는 평상시 사서 입장에서 교직원·학생들과 끈끈한 유대 관계를 맺으려고 노력한다는 말을 들려준다. 학생들이 과제 수행하는 데 필요한 책들을 교수나 학생들에게 물어 미리미리 준비해 두는 것은 기본이다.

예술대학 도서관은 디자인, 건축을 비롯하여 예술 전반에 관련된 전문 도서 3천여 권, 예술 관련 정기간행물 300종, 같은 분야의 논문 자료 및 영상 자료

베르겐 예술대학 도서관 서가

베르겐 예술대학 도서관 정기간행물 서가

베르겐 예술대학 도서관에 진열된 책

다수를 소장하고 있다. 특히 사진, 유화, 디자인 관련 시각 자료, DVD, 예술영화 등의 자료가 많다. 영화의 경우, 상업적이고 대중적인 영화보다 작품성을 인정받은 영화를 교직원의 추천을 받아 상당량 소장하고 있는데 이용자들에게 인기가 높다고 한다. 300종이나 되는 예술 관련 정기간행물 역시 대출할 수 있어서 이용률이 높다고 덧붙인다.

예술대학 학생들이 실제로 책을 많이 읽는지 호기심 어린 질문을 던졌다. 사서의 대답이 놀랍다. 사서는 이 도서관에 오기 전에는 의대 도서관에 근무했었는데 오히려 그때는 사서로서의 보람을 별로 느끼지 못했다고 고백한다. 의대 학생들은 논리적이고 결과 지향적이며, 정확한 답을 확인하기 위하여 책을 찾는 경향이 높다는 것이다. 따라서 그들은 과제를 수행하기 위해서나 자신이 알고 있는 사실을 확인하기 위해서 논문 자료 등을 많이 읽었다고 한다. 그런데 예술대학 도서관에 근무하면서 진짜로 책을 펴서 읽는 행위 자체를 즐기는 학생들을 자주 만나게 되었단다.

서가에서 책들을 살펴보다 자신이 원하는 책을 발견하고 환희에 젖어 소리치는 학생, 책을 펼 때 나는 냄새가 좋아서 독서를 한다고 말하는 학생도 보았다고 한다. 이처럼 책 자체를 즐길 줄 아는 학생들을 만났을 때 사서로서의 보

베르겐 예술대학 예술가 관련
팸플릿

람이 느껴진다며, 예술대학 학생들은 책을 정말 좋아하고 많이 읽는다고 자랑한다. 사서의 표정에서 노르웨이 최초 예술 도서관 사서라는 자부심 또한 엿볼수 있었는데, 그 바탕에는 도서관을 이용하는 학생들이 정말로 많다는 것 때문에 생겨난 가슴 뿌듯함이 있었다. 전자책 이용 현황을 묻자 사서는 예술대학학생들의 경우 종이에 인쇄된 물리적인 책을 직접 손으로 펼쳐 보고, 시각적으로 접하고 싶어 하는 경향이 크므로, 종이 책에서 전자책으로 옮겨 가는 데 상대적으로 시간이 걸릴 것으로 예상했다.

사실 베르겐 예술대학 도서관이 소장하고 있는 도서와 비도서 자료 수는 우리나라의 웬만한 대학 도서관과 비슷하거나 오히려 그보다 뒤처지는 편이다. 그러나 서가에서 책을 꺼내 한 권 한 권 살펴보면서 우리는 언어의 장벽을 뛰어넘어 책의 종류의 다양성에 입을 벌렸다. 성에 대한 자료만 해도 '어찌 이런 것까지!' 하고 얼굴을 붉힐 정도의 사진까지 실려 있어 금기를 깬다는 느낌을 주었다. 또한 책의 분야와 내용이 섬세하게 세분화되어 있었다. 예술의 속성이 기존의 틀을 뛰어넘어 끊임없이 다른 영역과 융합하며 그 영역을 확장해 가는 것이라면 이 도서관에 있는 책들은 그 촉매제가 되고도 남을 것 같다. 책의 크기와 형태도 다양할뿐더러 종이의 질감이나 인쇄된 색상도 책마다 다채롭다.

다양한 모습과 내용을 가진 책들이 자기를 뽑아 들고 읽어 줄 사람들에게 적극적으로 구애를 한다. 그러면 그 구애를 받아들인 학생들이 책과 사랑에 빠져 기존의 틀을 뛰어넘는 무한한 상상력을 펼치게 될 것이다.

우리나라도 미술대학 입시 유형이 달라지고 있다고 한다. 정해진 패턴을 외워 그리는 테크닉 대신 발상의 전환이나 창의적인 아이디어에 주목하게 된 것이다. 예술적 감각은 단순 반복적 기교를 넘어서 아름다움을 볼 줄 아는 안목과 상상력이 바탕이 되어야 한다. 진정한 예술은 인간에 대한 심오한 이해, 즉 인문학을 바탕으로 결국은 인간의 삶의 질을 끌어올리는 역할을 해야 하는 것이다. 그렇다면 베르겐 예술대학 도서관은 그 역할을 충분히 해내고 있다.

베르겐 종합대학교 인문대학 도서관으로 가다

예술대학 도서관 사서의 배려로 베르겐 종합대학교 단과 도서관 중 하나인 인문대학 도서관을 방문할 기회를 얻게 되었다. 시내를 가로질러 인문대학 도서관에 도착하자 어느덧 저녁 6시가 넘어 어스름이 깔리는 시간이 되었다. 예술대학 사서의 전화를 받고 인문대학 사서가 도서관 문밖에 나와 우리를 기다리고 있었다. 도서관 문을 닫을 시간인데도 우리를 위해 일부러 문을 열어 놓고 환영해 준다.

인문대학 도서관은 예술대학 도서관과는 비교가 되지 않을 정도로 규모가 크고 건물 외형과 내부 공간도 아름답다. 특히 도서관 창밖으로 보이는 풍경이 아름다워 창가에 놓인 의자에 앉아 언제까지고 책을 읽고 싶어진다. 1층은 대출 반납 공간과 열람용 책상과 서가를 배치하였다. 2층으로 올라가는 아름다운 나선형 계단을 따라 올라가 1층을 내려다보니 서가와 책상 배치가 널찍하게 여유가 있어 답답하지 않고 시원한 느낌을 준다. 서가에 꽂힌 책들은 알록달록

베르겐 인문대학 건물 ▶
베르겐 인문대학 도서관 ▼

도시 전체를 하나의 예술품으로 만든
베르겐

베르겐 인문대학 도서관 서가

색상을 맞춰 옷을 입은 듯 서로 어울린다. 아주 오래된 책들과 새 책들이 사이좋게 섞여 있는 모습이 바라보기만 해도 흐뭇하다.

이 도서관은 1961년에 지어져서 쭉 베르겐 종합대학교 중앙도서관 역할을 해 왔다고 한다. 단과별로 도서관이 하나둘 생기면서 관련된 자료를 내보내고 현재는 인문대학 도서관으로 사용 중이다. 현재도 리모델링이 진행 중이어서 공간이 계속 넓어지고 있다. 학생들은 주로 단과별 도서관을 이용하지만 도서관끼리 서로 연계되어 있어서 전공에 상관없이 어느 도서관이나 이용이 가능하다. 이 도서관 역시 예술대학 도서관과 마찬가지로 시민에게도 개방되어 있어서 공공도서관에서 구할 수 없는 전문 도서나 학술 자료를 이용하기 위해 시민들이 많이 방문한다.

사서는 해마다 신입생을 대상으로 학술 자료 찾는 방법, 윤리적 정보 사용법 등에 대해 안내하고, 학사·석사·박사 논문을 쓰는 사람들에게 맞춤형 정보를 제공하고 있다. 현재는 정보 활용 교육이 정규 과목으로 편성되어 있지 않아 원하는 학생들 위주로 교육을 진행하고 있으나, 앞으로 대학 사무처의 도움을 받아 정보 교육을 교육과정의 일부로 만들고자 노력 중이다.

일행 중에 사서 교사가 있어 노르웨이에서 사서가 되는 방법에 대해 질문했더니 자세하게 답변을 얻을 수 있었다. 요컨대 오슬로에 가서 3년제 전문 교육을 받거나 석사 과정 5년을 거치면 된다. 학술 사서가 되려면 사서 교육을 받은 후 전공 분야의 석사나 박사 학위를 받아야 하고, 학위 취득 이후엔 대학 도서관에 근무하게 된다. 현재 노르웨이에서는 공공도서관 이용자가 5천 명이 넘으면 법적으로 정식 사서를 둬야 하며, 중등학교 도서관은 정규 사서가 있는 경우가 많고, 초등학교 도서관에도 정규 사서를 배치하려는 움직임이 활발하게 이루어지고 있다고 한다. 베르겐 시에는 공공도서관 본관 1개소와 분관 6개소 예술대학 도서관, 종합대학 도서관과 단과별 도서관 6개소, 장서관 2개소, 개

서가에 꽂힌 조화로운 색감의 책들

인이 운영하는 특수 도서관, 수산업 관련 연구소 부속 도서관 등이 있는데 도시의 규모와 인구수 대비 많은 도서관을 가지고 있다고 하겠다.

베르겐 인문대학 도서관을 나오니 베르겐 시내는 고즈넉한 어둠 속에 잠겨 있었다. 불 켜진 가게에 아름답게 진열된 상품들을 구경하며 시내를 가로질러 플뢰엔 역으로 향했다. 푸니쿨라라고 하는 산악 열차를 타고 플뢰엔 산에 올라 베르겐 야경을 구경하기 위해서다. 탁 트인 전망대에 올라가 베르겐 시내를 내

플뢰엔 산에서 바라본 베르겐의 야경 ▶
베르겐의 밤거리 ▼

려다본다. 바람이 차고 눈이 흩날려 온몸이 꽁꽁 얼지만 손을 호호 불며 카메라 셔터를 열심히 누른다. 베르겐의 야경은 낮에 본 풍경과는 달리 색색의 빛이 빚어내는 황홀함이 더해져 매우 아름답다. 날이 춥기도 하고 정해진 시간이 있어 서둘러 산악 열차를 타고 내려오며 내내 아쉬움에 젖는다. 산악 열차를 타지 않고 등산로를 따라 걸으면 전망대까지 1시간 남짓 걸린다고 하는데 낮이라면 주변 풍경을 살피며 쉬엄쉬엄 올라가도 좋을 것 같다.

베르겐 공공도서관 사서를 만나다

베르겐 시내를 돌아다니다가 공공도서관을 발견했다. 베르겐 공공도서관은 노르웨이에서 두 번째로 큰 공공도서관으로 1872년에 건립되었으며, 현재 본관 건물은 1917년에 지어진 건물을 본채로 쓰고 있다. 붉은 지붕을 얹고 회색 벽돌을 촘촘히 쌓아 올린 외벽이 듬직한 인상을 주는 건물이었다. 참새가 방앗간을 그냥 지나칠 리 만무하다. 우르르 몰려 들어간다.

도서관에 들어서자마자 중앙에 서가와 진열대가 눈에 띈다. 서가는 한눈에 보이도록 방사형으로 배치되어 있어 사람들이 드나들기 자유롭게 되어 있다. 다른 한쪽 진열대 위에는 책 표지가 잘 보이도록 책들이 펼쳐져 있어 쉽게 다가가 책을 살펴보게 돕는다.

이용자들의 입장에서는 서가에 꽂힌 책들보다 입구 진열대에 펼쳐져 있는 책들에 더 눈길이 갈 게 분명하므로 새로 나온 책이나 소개하고 싶은 책들을 번갈아 전시하면 좋은 효과를 거둘 수 있을 것 같다.

베르겐 공공도서관 사서는 많은 이용자들에게 둘러싸여 그들에게 도움을 주느라 바빠 보였다. 짬이 나 보일 때를 기다려 가까스로 인터뷰를 할 수 있었다. 사무 공간만 막혀 있고 대출 서비스 공간은 열려 있는 사서 자리는 의자에 앉

▲ 방사형으로 배치된 서가
◀ 책 표지가 보이게 놓인 진열대 책들
▼ 진열되어 있는 책들

아름다운 삶, 아름다운 도서관

개인 정보 서비스를 받기 위해
줄 선 이용자들

아 쉴 틈도 없이 분주했다. 이용자들은 개인 서비스를 요청하려고 사서 앞에 줄지어 서 있다.

　학교도서관과 공공도서관의 연계가 잘되고 있는지 물으니, 학교도서관은 카운티에서, 공공도서관은 코뮌에서 관리하고 운영하는 이원화 시스템으로 인해 사서끼리 서로 얼굴만 알고 지내는 정도라 한다. 그렇지만 학교에서 자료를 요청하면 언제든지 도움을 주고 있다고 한다. 주로 학교도서관의 사서는 시간제로 근무하기 때문에 대출과 반납 업무만으로도 바빠 학생들을 위한 다른 서비스가 힘든 여건이란다. 그래서 노르웨이 적십자사와 공공도서관이 함께 '숙제도움'이라는 학생 대상 프로그램을 운영하고 있다. 적십자사에서 전반적인 운영을 하고 공공도서관은 장소를 제공하고 있는데 이곳 베르겐 도서관에서는 15~18세 청소년을 대상으로 주 2회, 3시간씩 도움을 주고 있었다. 주로 노르웨이어가 모국어가 아닌 학생들이 많이 이용하는 편으로, 다른 도서관에서는 어린 초등학생들을 대상으로 하기도 한다.

이용자가 주인공, '베르겐은 책을 읽는다'

다시 베르겐 공공도서관 입구. 로비에서 우리는 정체불명의 화살표와 맞닥뜨렸다. 로비 바닥에 알록달록 화살표가 오른쪽을 향해서 줄지어 붙어 있다. 어린이 도서관에서 많이 본 출구 안내 표시려니 하고 따라가 보니 어떤 부스가 나타난다. 녹화를 할 수 있도록 꾸며진 공간이다. 이곳에서부터 다시 시작된 화살표에 이끌리듯 발길을 옮기니 커다란 텔레비전이 달린 공간이 등장했다. 동영상을 볼 수 있는 곳이다. 이 도서관을 처음 찾은 이용자들의 호기심을

알록달록 화살표 표시가 그려진 바닥

불러일으키는 이 화살표와 공간들의 정체는 뭘까 궁금해진다.

사서의 설명을 들으니, 이것은 '베르겐은 책을 읽는다Bergen Reading'라는 도서관 프로젝트였다. 청소년을 도서관에 불러들여 책을 제대로 읽히려는 의도로 시작했다고 한다. 작년에는 '당신의 서재를 보여 주세요!'라는 테마로 프로젝트를 했다고 덧붙인다. 도서관을 이용하는 시민 중에서 희망자를 대상으로, 자신이 읽은 책 중 한 권을 추천한 후 그의 서가 사진과 인터뷰 내용을 책자에 실었다고 한다. 우리나라에서도 어느 인터넷 포털 사이트가 '지식인의 서재'라는 이름으로 비슷한 것을 선보인 적이 있다. 그러나 참여 대상이 소수 유명인으로 한정되어 있어서 그들의 서재를 구경하며 부러워만 했던 기억이 있다. 베르겐 공공도서관은 소수 유명인의 서재가 아니라 다수 일반 시민의 소박한 서

아름다운 삶, 아름다운 도서관

녹화 공간 ▲
영상을 볼 수 있는 공간 ▶

재를 보여 줌으로써 이용자들에게 친근감을 준다. 사서가 보여 준 책자 속 시민의 서재는 벽면 가득 전집이 빽빽이 꽂힌 엄청난 규모의 서가가 아닌, 자신들이 좋아하는 책을 꽂아 둔 책꽂이 몇 개가 전부인 것도 많다. 그런데 그 속에서 시민들의 진솔하고도 꾸밈없는 얘기가 들려온다.

'베르겐은 책을 읽는다' 프로젝트의 아이디어도 도서관을 이용하는 시민에게서 나왔다고 한다. 프로젝트에 필요한 설치도 도서관이 직접 한 게 아니라 외부의 도움을 받았단다. 프로젝트 제안과 실행 모두 시민이 함께하고 있음을 확인하는 순간이다. 도서관과 이용자 간의 협업이라고나 할까.

이 프로젝트를 간단히 소개하면 이렇다. 컴퓨터에 저장된 유명 작품들 중에 자기가 좋아하는 작품을 선택하면 모니터에 해당 작품이 전자책 형태로 나타난다. 시민은 미리 준비된 마이크에 대고 그 내용을 낭독한다. 낭독 장면을 녹

'당신의 서재를 보여 주세요!'
프로젝트로 만든 책자

화해서 편집 작업을 거치면, 도서관 내부와 건물 외부에서 동시에 볼 수 있게 설치된 대형 스크린으로 영상이 전송된다. 물론 이 모든 작업은 사전에 이용자의 동의를 구하고 이뤄지는데, 초상권 동의 절차 때문에 만 15세 이상만 참여할 수 있다고 한다. 이 프로젝트 자체가 하나의 예술인 셈이다. 텔레비전이라는 매체를 활용해 도서관 환경을 구성하는 공간예술이기도 하고, 시간이 지남에 따라 읽어 주는 사람과 작품이 변한다는 점에선 시간예술의 요소도 가미되어 더더욱 감흥이 컸다.

깜깜한 밤이 되어 도서관 외벽의 스크린을 통해 실제 낭독 장면을 감상했다. 낮에 도서관 내부에서 볼 때와는 다르게 소리까지 더해진 영상이 색다른 느낌으로 다가온다. 마치 다큐멘터리영화를 보는 듯한 느낌이기도 하고 기괴한 영상을 보는 것 같기도 한 게 정말 한 편의 예술영화로도 손색이 없어 보였다. 특히 대형 화면이 설치된 도서관 외벽은 옆 건물인 쇼핑몰에서 나오자마자 바로 보이는 곳이라 사람들의 시선을 사로잡기에 충분하다. 갑자기 낯선 누군가가 화면에 등장하더니, 전문 아나운서처럼 능숙하지는 않더라도 진심을 다한 말투로 자신이 좋아하는 책을 읽어 주는 모습이 신선하고도 정겹다. 쇼핑몰에서 나온 시민들은 친구일 수도, 부모일 수도, 이웃일 수도 있는 대형 화면 속 인물이 책을 읽어 주는 모습을 보며 어떤 생각을 할까. 책을 읽어 주는 모습은 세련되지 않고 어딘가 어설프지만 그것이 오히려 자연스러워 사람을 편안하고 유쾌하게 하지 않을까.

이 모든 것은 도시 전체가 예술 작품 같은 아름다운 도시, 베르겐의 또 하나 설치미술이 되어 시민들은 예술가도 되기도 하고 감상가도 되기도 한다.

이용자가 직접 참여하는 도서관의 공간 구성

베르겐 공공도서관은 아기자기하게 잘 꾸며진 어린이실이 안락해 보였으며, 매주 열리는 작가와의 만남에 참여하기 위해 아이 손을 잡고 참여한 부모의 상기된 표정이 인상적이었다. 스칸디나비아에서 가장 오래된 공공 음악 컬렉션을 갖춘 도서관답게 많은 양의 CD와 악보와 레코드판이 갖춰진 음악실이 따로 있으며 한 달에 한 번 피아노 콘서트가 열리는 공간과 창가 앞에는 음악 감상을 위한 턴테이블까지 마련되어 있어 이용자들의 참여를 끌어들이고 있었다.

도서관 2층으로 올라가는 계단 옆은 새로운 공간으로 탈바꿈할 준비가 한창

아기자기하게 꾸며진 어린이실

이었다. 주로 그림을 전시하는 열린 공간으로 활용했던 이곳은 현재 이용자와의 공동 작업을 통해 청소년실로 리모델링을 하는 중이다. 청소년들을 도서관으로 끌어들이고 활발하게 이용할 수 있도록 하는 공간으로 만드는 것이 목표라고 한다. 리모델링은 베르겐 종합대학교 건축학과 학생들에게 전적으로 맡겼다. 사서조차도 내부에 뭐가 들어서는지 진행 상황을 전혀 모를 정도로 도서관에서는 이 일에 일절 관여하지 않고 대학생들을 믿어 준다고 한다.

청소년들이 책에서 멀어지고 있는 경향은 세계적인 문제인가 보다. 베르겐 공공도서관에서도 그 문제점을 해결하기 위해 발 벗고 나서는 모습을 볼 수 있었다. 특히 청소년들을 도서관으로 끌어들이기 위해 공간 구성부터 고민하고, 그 고민을 풀어내기 위해 지역 전문가의 힘을 끌어들이고 있는 점이 인상적이었다.

'베르겐은 책을 읽는다' 프로젝트와 청소년실을 만드는 과정에는 큼직한 공통점이 있다. 지역의 전문가를 적절하게 활용하고 그들과의 협업을 통해 새롭고 의미 있는 무언가를 만들어 내고 있다는 것, 바로 '콜라보레이션'이다.

아름다운 삶, 아름다운 도서관

작곡가의 기증을 출발점으로 ▲
현재 CD 3만 장, 악보 3만 5천 장,
레코드판 500장 정도의 자료를 비치한 음악실
악보 ▶
한달에 한 번 피아노 콘서트가 열리는 공간 ▼

악보를 대출해서 직접 연주할 수 있는 공간 ▲
창가 앞에 있는 턴테이블로 ▶
음악을 바로 들을 수 있는 공간

도시 전체가 하나의 예술품인 것을!

베르겐 도서관들을 탐방하고 나서 베르겐
시내를 어슬렁거리며 걸어 다녔다. 베르겐
이라는 도시는 전체가 한 폭의 그림이자 멋
진 조형물이다. 건물들은 통일된 듯하나 각
자 개성이 있고, 색감은 어느 화가 한 사람
이 그린 듯 아름답고 조화롭다. 상가에 진열
된 상품들도 대충 놓인 게 없고, 창으로 표구
한 한 폭의 그림같이 보인다. 어릴 때부터 이
도시의 아름다움을 체득하고 살아온 이들이
예술가로 성장하는 것은 어쩌면 당연하다
는 생각이 든다. 예술적인 안목이 하루아침

서점에서 작가 초청 강연을 안내하는 모습

베르겐 시내

에 길러지는 것이 아닐진대 말이다. 어쩌면 베르겐이라는 아름다운 도시가 훌륭한 화가, 디자이너, 사진가, 조각가, 건축가, 작가를 만들어 내고 있는지 모른다. 거기다 대학에서, 그리고 학교를 졸업한 뒤에도 도서관에서 책을 읽으며 생각의 깊이까지 더하니 그들의 작품 세계는 더 아름다워지고 깊어질 수밖에 없다. 호수를 끼고 아름다운 거리를 걸어 다니며 나의 품격이 올라가고 있는 것 같은, 내가 마치 위대한 예술가가 된 것 같은 느낌으로 행복해진다.

거리를 돌아다니며 가게를 기웃거리는 모든 사람들의 행동마저도 행위 예술이 되는 도시, 베르겐. 이곳에서는 예술이 소수 특권층의 전유물이 아니라 함께 살고 있는 모든 사람들의 행복을 위해 복무하고 있는 중이다. 그리고 그 바탕에 도서관이 자리 잡고 있다.

입센 동상

문화는 사람 현상이다

안데르센 박물관 H.C. Andersens Hus

김태은 광주 선운중학교 교사

홈페이지 museum.odense.dk/museer/hc-andersens-hus

주소 Bangs Boder 29, 5000 Odense C

이메일 museum@odmus.dk

전화 45 6551 4601

팩스 45 6590 8600

도시의 미래, 시민 행복의 해법은 '문화'에 있다

국어 교과서에서 철수와 영희, 바둑이는 사라졌다. 하지만 여전히 사라지지 않은 흰 피부의 소녀가 있다. 1953년에 등장한 소녀는 분홍빛 스웨터를 입고 죽었으나 해마다 수업 시간이면 만화로, 연극으로, 토론으로 부활한다. 앞으로도 그럴 것이다. 작품의 완성도가 높다는 것만이 부활의 이유는 아니다. "너도 배웠어? 아빠도 배웠는데……."와 같은 세대 간 대화가 가능한 작품이기도 해서이다. 1953년 《신문학》5월호에 발표된 황순원의 〈소나기〉가 국어 교과서에 단단하게 자리 잡고 있는 배경이다.

나라마다 세대와 세대를 거듭하면서 사랑받는 작품들이 있다. 어려서 듣게 되는 동화, 또는 다 자란 어른이 아이에게 들려주는 동화가 특히 그렇다. 한스 크리스티안 안데르센Hans Christian Andersen은 전 세계 동화 작가의 대명사 격이다. 〈벌거벗은 임금님〉, 〈미운 오리 새끼〉, 〈인어 공주〉 등 동화 160여 편이 150여 개 언어로 번역되어 지금도 세대 간의 교집합을 만들고 있다. 최근에는 안데르센의 작품 〈눈의 여왕〉이 '겨울 왕국'이라는 영화로 만들어져 돌풍을 일으켰다. 범세계적 스토리텔러로서 시대를 뛰어넘어 작동하는 안데르센의 힘이 증명되는 계기였다.

인간 → 작가, 안데르센 소개하는 박물관 동선의 섬세함

안데르센의 고향인 덴마크 오덴세 시로 가는 버스 안에서 탐방단은 스스로 과제를 설정했다. 과제는 "안데르센 박물관 내 최고의 관람객 친화 요소를 찾아라!"였다. 관람객, 특히 어린이들을 위한 최고의 친화 요소가 무엇일지 궁금했다. 동화 작가로 알려진 안데르센이어서 그를 기리는 박물관도 응당 어린이들을 위한 공간일 것으로 생각했다.

안데르센 박물관의 출발점은 무대 위에 우뚝 선 안데르센 동상이었다. 이어 안데르센의 작품들, 유품, 도서관, 생가, 일대기를 보여 주는 돔, 영상실 등이 관람객을 차례로 맞이했다. 당초에는 일대기적 구성으로 박물관의 내용을 채웠지만, 안데르센 200주기인 2005년을 맞아 변화를 주었다고 한다. 관람객들에게 좀 더 흥미로운 경험을 제공하기 위해 일대기적 구성에서 탈피한 동선으로 박물관을 리모델링했다.

가이드는 안데르센의 실제 사진 앞에서 그의 외모에 대해서는 알아서 판단하라며 미소를 지었다. 독일 작곡가 클라라 슈만은 "인간이 상상할 수 있는 가장 못생긴 남자"라고 안데르센의 외모를 평가했다. 안데르센은 못생겼을 뿐만 아니라 건강도 좋지 않았다. 특히 치아가 매우 약했다. 박물관에 안데르센의 틀니가 전시되어 있을 정도로 그의 치아 상태는 심각했다. 해외로 나갈 때마다 안데르센은 "내가 그곳의 음식을 씹을 수 있을까?"

안데르센 무대 동상

라는 걱정을 많이 했다. 음식이 안 맞으면 탈이 날 것이고 죽은 듯이 누워 있어야 했는데 그럴 때마다 베개 옆에 "안 죽었습니다. 그렇게 보일 뿐입니다."라는 메모를 남겼다.

안데르센은 연극계에서 이름을 날리고 싶어 했다. 배우가 되기 위해 노력했지만 너무 못생겨서 어려웠다. 시나리오 작가로 전업했는데 부족한 정규교육 때문에 맞춤법이 엉망이어서 그의 작품은 검토조차 되지 않았다. 안데르센은 종이를 이용해 미니어처 같은 무대를 혼자서 만들곤 했다. 연극에 대한 열정을 조절하는 자기만의 방식이었다. 그래서 직업이 아닌데도 안데르센은 페이퍼 커터(종이 재단사)로 불렸다.* 너무나 못생겼고, 열렬히 연극을 사랑했으며, 종이로 무대를 만들었던 안데르센을 박물관은 독특한 방식으로 재현했다. 생전에 안데르센이 종이로 재단한 장식물을 본떠 만든 무대에 그의 동상을 세운 것이다. 이 오브제는 관람객에게 두 가지 내용을 동시에 전달한다. 안데르센이 얼마나 배우가 되고 싶었는지, 그의 또 다른 재능이 무엇인지. 이런 사연들 때문에 많은 관람객은 동상뿐만 아니라 그것이 세워진 무대 배경까지 유심히 살피게 된다. 외모 콤플렉스를 가진 안데르센을 친근하게, 혹은 안쓰럽게 보고 매만지며 관람객들은 기념사진을 찍는다.

* 2015년 12월 서울역사박물관에서 '페이퍼 커터, 안데르센(Andersen, a paper-cutter)'을 주제로 한 오덴세 박물관 특별 전시가 예정되어 있다. 페이퍼 커터는 '종이 재단사'라는 뜻으로 종이를 가위로 잘라 창의적인 작품을 제작했던 안데르센을 묘사하는 영어식 표현이다.

안데르센 도서관

인간 안데르센을 만나고 나면, 이제 위대한 작가 안데르센이 나타난다. 누구라도 연민을 느낄 수 있는 인간 안데르센을 소개한 직후에 위대한 작가 안데르센으로 안내하는 박물관의 동선 설계가 섬세하다. 연민의 감정을 지니고서 만난 작가 안데르센은 통념보다 훨씬 더 커 보일 수밖에 없다. 157개 언어로 번역된 책 6천여 권과 그가 직접 작곡한 악보가 관람객 앞에 신세계처럼 펼쳐진다. 가이드는 "시베리아 벌판에 사는 소수민족들까지 안데르센의 작품을 읽을 수 있다는 게 저도 신기합니다."라면서 은근히 자랑을 한다. 한국어판이 있는 곳으로 탐방단을 안내하고 나서 가이드는 말을 아낀다.

100년의 역사를 경험할 수 있는 유럽의 도서관들

범세계 스토리텔러 안데르센에게도 홍보가 필요할까? 해외에 안데르센을 더 알리기 위해 박물관에서 실시하는 사업이 있는지 물었다. 나라별 이동 전시회가 있다고 한다. 박물관 측에서 안데르센 생애에 관한 전시를 만들어 보내는 방식이다. 관광청에서 해외 저널리스트를 초청하면 안데르센 박물관 관람은 의무가 된다는 말을 보탰다. 이미 알려졌음에도 더 많이 알리기 위한 노력을 게을리하지 않고 있는 것이다. 안데르센의 재능과 전 세계의 독자가 꾸준히 만나는 지점에 부지런한 후손들이 있는 셈이다.

안데르센 생가

박물관은 인간 안데르센, 작가 안데르센에 이어 어린 안데르센으로 이끈다. 지금 보기에는 아주 예쁜 노란 집이지만 이 집에서 살던 어린 안데르센의 삶

아름다운 삶, 아름다운 도서관

은 비참했다. 박물관 속에 들어앉은 안
데르센의 집은 1908년에 완공되었다.
이후 세 차례 증축을 거쳐 지금의 모습
을 유지하고 있다. 안데르센은 1875년
에 세상과 이별했다. 박물관 건립 계획
은 1905년에 세워졌다. 박물관은 주변
의 역사 보존지구와 어우러져 일상의
경관, 전통의 빛깔을 위압하지 않는다.
생가 근처에 박물관을 짓지 않고 박물
관 속에 생가를 들어앉힌 건축 개념에
서 북유럽을 읽는다. 북유럽은 신설보
다 리모델링을 더 높은 건축 기술력으
로 취급한다. 덴마크의 블랙 다이아몬
드 도서관 역시 옛 건축물에 이어 붙이
는 방식으로 확장, 유지되어 왔다. 이용
자는 도서관을 통해 자연스럽게 100여
년의 역사를 경험한다. 안데르센 박물
관도 근본에서 같다.

관람객은 자신의 발걸음이 이어지는
흐름에서 안데르센의 삶을 경험한다.
안데르센의 집과 유품에는 그의 어린
시절이 담겨 있다. 추위를 잊기 위해 술
을 마시며 남의 빨래를 해야 했던 어머

안데르센의 조부가 덴마크의 화폐 시스템이
바뀐 이후 환전하지 않고 그에게 물려줘
결국 폐지가 된 지폐가 전시되어 있다

여러 명이 함께 사용한 침대로
노인들은 이 안에서 쭈그리고 앉아 잠을 잤다

니, 농장을 잃고 동시에 정신을 잃은 할아버지, 일곱 가족 60여 명이 함께 살아야 했던 비좁은 집, 동냥 생활 등.

안데르센의 생가 안에 있노라면 작은 안데르센이 되어 가난하고 종종거리며 살아야 했던 어린아이가 된다. 어머니의 치맛자락을 붙들고 배고팠을 어린이가 되기도 하고, 책이 있는 이웃집 여자에게 선물하기 위해 인형을 만들고 있는 고사리손이 되기도 한다. 가난 속에서도 아버지가 읽어 주는 〈아라비안 나이트〉에 눈이 반짝거리기도 하고, 미쳐 버린 할아버지를 보면서 미친 유전자가 몸속에 퍼지지는 않을까 하는 노심초사하는 아이가 되기도 한다. 그러고는 그 터널을 빠져나온다. 터널 뒤 돔 형태의 공간에서는 어린 시절부터 성공한 어른이 되기까지 안데르센의 모습을 살펴볼 수 있다.《안데르센 자서전 ─ 내 인생의 동화》에 나오는 일러스트 8개가 안데르센의 삶 전체를 집약해 준다.

작품과 연관 유물 병렬 배치로 신뢰감을 높이다

안데르센이 29세에 쓴 첫 작품은, 로마에서 태어나 전 유럽에 명성을 날리게 되는 아주 가난한 소년의 이야기이다. 물론 동화이다. 첫 작품처럼 안데르센은 가난한 집에서 자라 전 유럽, 아니 전 세계에서 작가로서 명성을 얻었다. 유명 인사들과 만나고 큰 저택에 초대되고 당시 독일의 대공과도 친해지게 된 안데르센은 과연 행복했을까? 마지막에서 두 번째 그림 앞에서 가이드는 설명한다.

"안데르센이 62세가 되었고

마지막에서 두 번째 그림

오덴세에 돌아와서 사람들의 축복을 받고 있지요. 시 청사에서 사람들이 축하해 줄 정도로 환대를 받아요. 이때 안데르센은 행복했을까요? 그는 일기에 이렇게 써요. '왜 나와 친한 가족은 오지 않았을까? 찬바람이 들어오는 창문은 언제쯤 닫아 줄까?'라고요. 어쩌면 사회 밑바닥에서 가장 위까지 순식간에 올라오면서 그는 일종의 심리적 타격을 입었을지도 모르겠어요. 왜냐하면 안데르센은 이제 자신이 어디에 속하는 사람인지 알 수 없었기 때문이죠."

안데르센의 외로움을 달래 줄 사랑은 없었을까 하는 의문이 들 때 또 한 장의 일러스트를 보게 된다. 안데르센의 여인, 아름다운 스웨덴 가수 제니 린드. 안데르센은 제니를 사랑했다. 안데르센의 친구들은 7년간 안데르센에게 그 이야기를 들었다. 안데르센은 두 번 그녀에게 프로포즈를 했다. 문제는 그녀가 알아차릴 수도 없는 너무 간접적인 방법이었다. 예컨대 크리스마스이브와 새해 전날 사이 어느 날 안데르센은 그녀와 베를린에서 식사를 했다. 안데르센은 순록의 뿔 장식을 그녀에게 선물했다. 일종의 프로포즈였다. 둘이 샴페인으로 건배를 하는 멋진 순간 그녀는 입을 열었다. "안데르센. 우리 둘은 서로를 무척 사랑하는 것 같아요. 영원히 형제자매처럼." 며칠 뒤 그녀는 런던의 약혼자와 결혼을 했다. 안데르센은 약혼자의 존재조차 몰랐었다.

이 시대의 예술가들은 본인의 재능을 하느님께서 내려 준 것이라 믿었다. 또 그중 하나만 선택해야 한다고 믿었다. 가정을 가질 것인가, 아니면 예술을 할 것인가. 그래서 불쌍한 안데르센은 결혼을 하지 않았다는 게 가이드의 설명이다. 미혼인 관람객들은 자신도 그러하다고 끄덕이면서 한바탕 웃는다.

관람객들에게 인기가 아주 많은 작품이 〈작은 이다의 꽃〉*이다. 안데르센이

---

*국내에는 〈꼬마 이다의 꽃〉으로 소개되었다.

안데르센의 작품들

코펜하겐에서 한 소녀의 초청을 받았다. 화분의 꽃을 보고 소녀가 "이 꽃은 저식물원만큼 아름답지 않아."라고 하자 안데르센은 "꽃들이 피곤해서 그렇단다. 어젯밤 내내 왕궁에서 왕궁의 꽃들과 춤을 추다 왔거든."이라고 답했다. 소녀는 꽃을 뽑아 인형 침대에 눕혔다. 안데르센은 집에 돌아가 이 내용을 동화로 썼다. 소녀에게 이야기를 들려 달라고 한 다음 어린이의 말투를 그대로 살려 글로 옮긴 것이다. 이 동화에 대해 당시 비평가들은 글쓰기의 룰을 깼다면서 혹평을 쏟아 냈다. 이 동화의 제목이 〈작은 이다의 꽃〉이고 안데르센이 최초로 출간한 동화책에 담겼다.

박물관에 빼곡히 들어찬 책과 사진, 일련번호가 매겨진 작품들은 모두 안데르센이 쓴 작품들이다. 안데르센의 유물과 작품들은 생애와 관련해서 번호로 연결되어 전시된다. 앞서 언급한 〈작은 이다의 꽃〉은 36번이라는 푯말이 붙어 있다. 이 작품이 쓰인 책을 36.1번, 작품 속 영감을 주었던 침대에 놓인 꽃은 36.2번으로 표기하는 방식이다. 이 전시 구성은 안데르센 작품에 신뢰성을 더해 준다. 박물관 관계자들은 지금도 안데르센의 유럽 여행 경로를 따라 그의 유물을 찾고 있다. 이렇게 수집된 유물들은 작품의 증거 자료로 활용된다.

박물관 가치 더욱 높이는 가이드의 풍부한 '말'

안데르센이 어린이들 가슴에 파고든 이유가 여기에 있다. 안데르센은 〈작은 이다의 꽃〉이나 〈굴뚝 청소부〉처럼 아이들의 주변에 있는 물건, 굴러다니는 바늘, 조그만 인형과 같은 것을 보고 이야기를 연상했다. 한쪽 다리가 없는 병정 이야기 역시 시작은 아이 놀이방에서 다리 한쪽이 없는 조그만 장난감을 본 것에서 영감을 얻었다. 아이들의 일상에 안데르센의 시선과 재능이 보태져 작품이 탄생하는 것이다.

세대를 초월해 아이들과 친구가 된 안데르센은 특이하게도 아이들이 자신의 무릎 위에 앉는 것을 싫어했다고 한다. 이유는 밝혀지지 않았다. 안데르센 동상 제작 콘테스트에서 많은 작가들이 아이들이 없는, 안데르센 혼자 있는 동상을 제출한 까닭이 이 때문이다. 아이들과 한없이 친할 것만 같은 안데르센 동화 나라에서 다시 평범한 인간 안데르센을 만나는 순간이다.

우리가 안데르센 박물관을 찾은 계절은 아쉽게도 겨울이었다. 박물관 곳곳의 작은 여유 공간에서 이뤄지는 '어린이를 위한 동화 구연 체험 프로그램'도 사진으로밖에 볼 수 없었다. 겨울은 안데르센 박물관 관람에 적합한 계절이 아니었다. 그럼에도 불구하고 탐방단은 박물관 최고의 관람객 친화 요소를 발견할 수 있었다.

그것은 바로 재미있는 설명이었다. 두 시간 이상 진행되는 투어에서 가이드는 때로는 배우처럼, 때로는 작가처럼, 때로는 안데르센 박사처럼 오달진 감동

야외 박물관의 모습

을 전해 주었다. 관람객에 대한 가장 큰 배려가 가이드의 '말'이었던 것이다. 흥미로우면서도 열정적인 가이드의 설명은 안데르센이라는 최고의 스토리텔러 박물관에 참으로 잘 어울리는 관객 친화 요소였다. 차가워서 맑은 겨울 공기가 "그걸 눈치챘군!" 하는 안데르센의 표정으로 이끌었다.

세계적으로 널리 알려진 작가가 태어나고 자란 곳. 이곳을 이용해 관광객을 유치하고 지역 경제를 활성화하려는 시도는 자연스럽다. 다만, 시도의 방식에 따라 '문화'가 되기도 하고 단순한 '장사'가 되기도 한다. 오덴세는 안데르센 박물관을 매개로 관람객과 지역 주민을 동시에 성장시킨다. 안데르센 박물관 부근의 신호등은 오밀조밀한 재미가 있다. 빨강 파랑 신호등이 아니라 지팡이를 든 안데르센이 서 있거나 걷고 있다. 주변에는 인어 공주 안데르센과 같은 재밌는 동상도 많다. 역사 보존지구의 알록달록한 길들은 동화 나라에 온 느낌을 준다. 담벼락에 치장을 하지 않아도, 많은 돈을 들이지 않아도 도시 전체가 충분히 문화 공간의 역할을 해내고 있다.

안데르센 박물관은 홀로 웅장하거나 화려하지 않다. 마치 생명체처럼 박물관은 지역 주민과 함께 어울려 논다. 여름방학 때마다 박물관 뒤편 간이 무대에서는 안데르센 극이 상연된다. 이 프로그램의 기획자는 주민이다. 실제 배우들이 공연을 이끌고 주민들이 참여한다. 박물관은 장소를 제공할 뿐이다. 또 박물관 주변 부설 건물에는 놀이터가 있다. 아이들이 그 공간에서 안데르센과 함께 논다. 안데르센의 동화를 듣고, 동화 속 인물로 분장을 하고 역할을 한다. 안데르센의 작품을 지금, 이 자리에서 현실화시키는 게 가능한, 살아 움직이는 놀이터이다.

도시 전체를 '안데르센 동화 나라'로 꾸민 지혜

퓨넨 마을은 야외 박물관이다. 안데르센이 살았던 시대의 마을 풍경과 분위기를 재현해 놓았다. 안데르센 박물관에서 안데르센이 살았던 집과 그의 작품들을 만난 후, 관광객들은 이곳에서 안데르센이 작품을 만든 19세기를 그대로 체험할 수 있다. 목재로 된 집, 풍차, 학교, 정원, 연못, 교회 등은 옛 정경을 그대로 보여 주고 있으며, 마을 주위의 경작지들 역시 당시 모습을 유지하고 있다. 특히 여름철에는 퇴직 연금자들이 주민으로 고용되어 안데르센 시대의 의복을 입고, 그 시절의 삶을 재현한다. 이들과 함께 관광객들은 직접 농사 기구나 수공예품을 제작할 수도 있다. 특출난 명인이나 명장이 아니어도 당시의 삶을 이해하고 들여다보는 데 도움을 주는 체험 프로그램이다. 이런 프로그램들 덕분에 지역의 고령자들은 일자리를 얻고, 관광객들은 200여 년 전의 삶을 제법 생생하게 경험할 수 있다.

안데르센 박물관을 포함한 7개의 다양한 시립 박물관들이 박물관 클러스터를 구축하고, 여기에 속하지 않은 다른 박물관들과 튼튼한 네트워크를 구축하고 있다. 박물관 클러스터와 그 네트워크는 박물관을 방문하는 어린이와 어른들에게 역사, 미술, 문학, 그리고 문화사에 대한 풍부한 지식 정보를 제공해 준다. 많은 지역 주민들이 이 박물관들의 직원이자 시 공무원으로 채용되어 있다. 오덴세의 박물관들은 다방면에 걸쳐 지역, 그리고 지역 주민과 밀착되어 있다. 성과는 저절로 창출된다. 시 관계자는 "방문객 유치 효과, 지역 주민 교육 효과, 일자리 창출, 인구 유입" 등을 주요 성과로 꼽았다. 개별 성과들이 모여 시너지 효과를 냄으로써 도시 발전에도 기여한다.*

*위 내용은 이수명(문화관광부 문화정책과)의 〈오덴세 안데르센의 고향, 그 이상의 도시〉(한국문화관광연구원 웹진 문화관광 너울 Vol. 174, 2005년 12월 호)에서 인용했다.

우리가 참고해야 할 것은 안데르센 박물관이나 동화 마을 그 자체가 아니라 그 공간들을 구성하고 있는 원리일 것이다. 저곳에서 성공했다 하여 이곳에서도 성공하는 것은 아니다. 특히 문화 영역이 그렇다. 문화는 번쩍이는 아이템의 이식이 아니다. 도시나 공간의 물리 기반을 정비한다고 해서 문화가 풍성하게 일어나는 것도 아니다. 문화 원형, 예술가, 작가, 작품 등에 유별나게 투자한다 해서 한 도시의 문화 역량이 상승하지도 않는다. 어느 하나에 대한 특별한 관심은 나머지를 소외시킨다. 문화는 소외를 싫어한다. 문화는 어울림이며, 집단 현상이다. 문화는 시간의 누적이다. 문화는 공간에 대한 끊임없는 재해석이며, 그 해석에 따른 재구성이다. 문화는 문화와 관련된 모든 것들이 거미줄처럼 연결되어 있는 네트워크이다. 그래야 흥하는 게 문화이다.

　물질과 정신, 사람과 공간, 작품과 작가, 역사와 현재 등 상이하거나 떨어져 있는 것들의 활발한 교류가 문화를 풍성하게 한다. 그래서 문화는 경험, 참여, 교류, 열린 자세 같은 덕목들을 중시한다. 공간과 작품, 그 공간에 거주하는 주민과 작품이 지니고 있는 이야기, 그리고 이야기를 만들어 낸 작가와 이야기에 연관된 소품, 장소 등이 자연스럽게 연결되어 있고, 그 연결이 일상 속에서 끊임없이 확인되고 확장될 때 비로소 문화는 생명체가 된다. 가장 고도한 생명체가 사람임을 인정한다면, 문화가 생명을 얻을 수 있는 비밀 또한 사람에게 있을 것이다. 문화는 사람 현상이다. 이야기이든, 공간이든, 역사든, 결국 사람과의 관계에서 빛을 내고 의미를 얻기 때문이다.

인어 공주 동상에서
뉘하운까지 뚜벅뚜벅 걷다

　여행의 시작은 먼저 익숙함과의 이별이라고 한다. 하지만 긴 여행이 처음
인 나는 익숙한 일상과의 이별 대신 두려움과 부담과 설렘이 먼저였다. 이
제 북유럽 탐방 마지막 나라인 덴마크에서 체류 4일만을 남겨 놓고 있다. 탐
방 초기의 두려움 대신 편안함이, 설렘 대신 피곤함이 나른하게 만든다. 코펜
하겐에 도착한 첫날, 버스 창 너머로 줄지어 달리는 자전거 행렬이 인상적이
다. 자전거가 주요 교통수단인 덴마크는 100년 전에 세계 최초로 자전거 전
용 도로를 만들었다 하니, 이 사람들과 자전거가 얼마나 밀접하게 연결되었

게피온 분수

는지 알 수 있다. 저탄소 녹색 성장을 모토로 하는 덴마크의 정책이 시민 37퍼센트가 자전거로 출퇴근하는 나라로 만들었다.

오전에 학교 탐방을 마치고 오후에 우리 일행은 여의치 않게 두 팀으로 나뉘어 한 팀은 도서관 탐방, 한 팀은 코펜하겐 관광을 하기로 했다. 우리는 인어 공주 동상에서 시작해 뉘하운Nyhavn(새로운 항구라는 뜻)까지 돌바닥 길을 한 발 한 발 내딛으며 덴마크를 몸으로 느껴 보기로 했다. 랑겔리니Langelinie 공원 앞에서 버스를 내리니 을씨년스러운 날씨와 바닷바람이 옷깃을 여미게 한다. 겨울의 북유럽 관광은 썩 아름답다고 할 수는 없지만, 외국 관광객이라고는 우리밖에 없고, 덴마크 사람들도 드문드문 보여 번잡하지 않아 풍경을 제대로 느낄 수 있었다. 마치 모든 것이 우리를 위해 존재하는 것 같은 착각을 일으켜 더욱 기억에 남는다.

안데르센이 가장 좋아한 동화 〈인어 공주〉

덴마크의 상징으로 잘 알려진 인어 공주 동상. 랑겔리니 해안가 바위 위에 다소곳이 비끼어 앉은 인어 공주 동상은 80센티미터로 자그마하다. 인어 공주가 앉아 있는 바위도 아무런 장식이 없는 바위 그대로다. 주변을 돋보이게 꾸미지도 않아 정말 인어 공주가 다리를 얻은 후 바위에 앉아 있는 것처럼 자연스럽다. 인어 공주 조각 모습은 다리를 얻는 마지막 순간으로 발끝에 지느러미를 조금 남겨 놓았다.

〈인어 공주〉는 안데르센이 가장 감동적인 동화라고 여기는 작품이다. 왕자를 사랑한 인어 공주가 목소리 대신 인간의 다리를 얻어 왕자와 만나지만 결국 물거품이 되는 애절한 사랑 이야기다. 바다를 향한 인어 공주 동상은 왕자를 만나러 가기 전 마지막으로 자신의 고향, 바다를 처연하게 바라보고 있어 애처롭기까지 하다. 매서운 겨울 추위라서 더욱 그렇게 보였을까? 인어 공주 동상은 칼스버그 맥주 회사 사장인 카를 야콥센이 인어 공주 발레의 주인공인 엘렌 프리스에게 반해 인어 공주 동상의 모델을 부탁하면서 시작되었다고 한다. 조각가 에릭센이 1913년 만든 작품으로 후에 여러 번 수난을 겪었는데 머리와 팔이 떨어져 나가기도 하고, 2003년에는 폭탄 공격으로 파손되어 바다에 던져지기도 했단다.

랑겔리니 해안가에서 바다를 바라보고 있는 인어 공주 동상

인어 공주 동상에서 랑겔리니 해안가를 따라가면 게피온 분수가 나온다. 게피온 분수는 1차 세계대전 당시 덴마크 선원을 추모하기 위해 만들어졌다. 분수는 북유럽 신화에 등장하는 게피온 여신이 황소 네 마리를 몰고 가는 형상을 하고 있다. 겨울이어서 분수가 뿜어 나오지 않았지만, 게피온 여신이 힘차게 채찍질하는 모습과 황소가 고통스러워하는 몸짓이 그대로 살아 있다.

조각가 안데스 분드가르드Anders Bundgard가 조각한 게피온 분수는 코펜하겐에 있는 질랜드 섬의 탄생 신화를 바탕으로 한다. 신화에서 스웨덴 왕이 게

게피온 분수와 성 알반 교회

피온 여신에게 하룻밤 사이에 경작한 땅을 주기고 약속한다. 여신은 네 아들을 황소로 변하게 한 뒤 밤새 땅을 파 스웨덴과 덴마크 사이의 바다에 던져 섬을 만든다. 그때 파헤친 스웨덴 땅은 베네렌 호수가 되었다. 실제로 스웨덴 베네렌 호수의 모습이 질랜드 섬과 비슷하다고 한다. 황소로 변한 아들들에게로 향하는 여신의 채찍질과 고개를 땅에 처박고 어쩔 줄 모르는 황소의 고통이 조각가의 손을 통해 전해진다. 신화가 상징과 은유를 내포하고 있다는데 게피온 여신의 채찍질은 무엇을 의미할까? 앞으로 세워질 나라는 아들의 나라도 될 것이니, 건국의 고통을 직접 경험하라는 여신의 사랑의 매일까?

게피온 분수 아래쪽에 잿빛 돌로 만든 성 알반 교회St. Albans Kirke가 자리 잡고 있다. 1887년 초기 영국 고딕 양식으로 세워진 성 알반 교회는 덴마크에 있는 유일한 영국 교회다. 교회 옆에는 별 모양의 카스텔렛Kastellet(요새라는 뜻)이 있다. 카스텔렛은 1662년 코펜하겐 항구를 지키기 위해 지어졌다. 별 모양의 카스텔렛을 빙 둘러 있는 해자에 성 알반 교회가 길게 비쳐 그림처럼 아름답다.

여왕이 살고 있는 아말리엔보르 궁전

랑겔리니 공원을 벗어나 남쪽으로 내려오면 현 덴마크 여왕인 마르그레테 2세와 그 가족이 사는 아말리엔보르 궁전이 나온다. 프레데리크 5세의 기마 상을 중심으로 팔각형의 광장을 둘러싼 로코코 양식 궁전 네 채다. 원래는 귀족이 살던 건물인데 크리스티안보르 궁전에 불이 나자 1794년 이래 왕궁으로 사용하고 있다. 궁전은 몰케 궁전, 레베차우 궁전, 브록도르프 궁전, 스카 핵 궁전 등 4개가 있는데 굴뚝 개수가 많을수록 지위가 높은 사람이 살고 있다는 뜻이라고 한다. 해가 진 하늘 가운데 우뚝 솟은 프레데리크 5세 기마상

아멜리엔보르 궁전

의 실루엣이 더욱 위용을 자랑한다.

아말리엔보르 궁전에서 북쪽으로 쭉 뻗은 대로의 끝에 프레데리크 교회가 눈에 띈다. 무채색의 아말리엔보르 궁전과 다르게 녹색 지붕의 화려함에 자연스럽게 발길을 옮긴다. 바로크 양식으로 지어진 교회는 프레데리크 5세가 1794년에 짓기 시작하여 100년 후인 1894년 완성되었는데 노르웨이 대리석으로 지어져 '대리석 교회'라고도 불린다. 교회 외부는 키르케고르와 유명한 신학자들의 동상이 둘러싸고 있다. 내부는 화려하고 웅장하여 기독교 신자가 아니어도 교회에 들어서면 마음이 정화되는 듯하다.

프레데리크 교회를 지나 뉘하운까지 코펜하겐 거리를 걷는다. 저무는 해가 남긴 그림자는 북유럽의 긴 밤의 시작을 맞는다. 가게 쇼윈도 앞에서 멈춰 멋진 의자와 전등에 감탄하고, 작은 카페에서 차도 한 잔 마시며, 덴마크 사람들의 일상을 기웃거려 본다. 네모난 돌을 촘촘하게 깔아 만든 보도는 발을 디딜 때마다 울퉁불퉁한 느낌이 그대로 전해진다. 수많은 사람들이 걸었을 길 위에 그들의 인생이 켜켜이 쌓인 듯하다.

긴 밤에 맞이한 뉘하운과 안데르센

뉘하운에 도착할 즈음 어스름한 어둠이 삼킨 건물들이 하늘에 새긴 흐릿한 윤곽은 아련한 정취로 다시 한 번 여행의 참맛을 느끼게 한다. 뉘하운은 안데르센과 관련이 있어 가 보고 싶은 곳이었는데, 실제로 보게 되니 감회가 새롭다. 안데르센은 14세에 오덴세를 떠나 코펜하겐의 뉘하운에 자리 잡았다. 뉘하운 20번지에서 가난한 시절을 보냈고, 67번지에서 성공한 동화 작가로, 18번지에서 말년을 보냈다. 현재 뉘하운 20번지에 있는 '안데르센의 집'에서는 안데르센 관련 기념품을 팔고 있다. 안에는 의자에 앉아 책을 보고 있는 안데르센 모형이 있는데 그 옆에 작은 의자 하나가 있다. 관광객은 그 의자에 앉아 안데르센의 친구처럼 사진을 찍는다. 뉘하운의 운하는 300미터 길이로 1671년부터 1673년까지 만들었다. 여름에는 관광객을 실어 나르는 배들로 가득 찬다는데 한겨울의 뉘하운은 적막하기만 하다.

뉘하운의 모습

　　일상을 떠나 낯선 곳으로의 여행은 시간의 흐름과 함께 회귀본능처럼 떠나온 일상을 그리워하게 된다. 집에 대한 그리움이 밀려올 즈음 뚜벅뚜벅 걸으며 만난 코펜하겐의 거리는 낯섦이 친숙함으로 다가왔다. 기억하기 위해 바라보는 거리, 다시 못 올 곳이니 더욱 그렇다. 어스름한 저녁 기운은 더욱더 코펜하겐을 기억 속으로 몰아넣는다.

뉘하운에 있는 '안데르센의 집'

· 베르겐 예술대학 도서관
· 베르겐 종합대학교 인문대학 도서관
· 베르겐 공공도서관

스웨덴

핀란드

노르웨이

에스포 시   헬싱키 시

베르겐 시

오슬로 시

스톡홀름 시

솔렌투나 시   실야 라인

· 키르코야르벤 종합학교
· 셀로 도서관

· 아카데미 서점
· 파실라 도서관
· 이동도서관 본부
· 어반 오피스
· 도서관 10

· 노르베르그 학교
· 다이크만스케 도서관
· 노르웨이 국립도서관

· 유니바켄
· 우트빌드닝 실베르달 고등학교

덴마크

코펜하겐 시

오덴세 시

· 솔렌투나 도서관
· 아레나 에즈베리 도서관

· 이드렛스 에프터스콜레
· 뇌레브로 도서관
· 블랙 다이아몬드 도서관

· 한스 초·중등학교
· 안데르센 박물관, 생가

학교도서관담당교사 서울모임 북유럽 탐방단 이동 경로

1월 12일	핀란드 헬싱키 도착.
1월 13일	**오전** 헬싱키 인근 에스포 시 키르코야르벤 종합학교 탐방.
	오후 도서관 10 탐방. 　　어반 오피스 탐방. 　　셀로 도서관 탐방.
1월 14일	**오전** 헬싱키 아카데미 서점 탐방.
	오후 암석교회, 핀란디아 홀, 시벨리우스 공원, 캄피채플 관광.
	저녁 마켓 광장, 대통령 궁, 우스펜스키 성당, 헬싱키 대성당 관광.
1월 15일	**오전** 헬싱키 파실라 도서관, 이동도서관 본부 탐방.
	오후 실야 라인 선착장에서 스웨덴 스톡홀름으로 출발.
1월 16일	**오전** 스톡홀름 도착. 유니바켄 관람.
	오후 바사호 박물관, 감라스탄 방문.
1월 17일	**오전** 스톡홀름 시청 관광 후 두 팀으로 나뉘 한 팀은 우트빌드닝 실베르달 　　고등학교 탐방, 다른 팀은 아레나 에즈베리 도서관 탐방.
	오후 솔렌투나 도서관 탐방. 　　쿨트후셋 탐방.
1월 18일	**오전** 스웨덴 스톡홀름에서 노르웨이 베르겐으로 이동.
	오후 베르겐 예술대학 도서관, 베르겐 종합대학교 인문대학 도서관 탐방.
1월 19일	**오전** 베르겐 공공도서관 탐방.
	저녁 플뢰엔 산 관광.
1월 20일	전일 피오르 관람, 베르겐에서 오슬로로 이동.
1월 21일	**오전** 노르베르그 학교 탐방.
	오후 오페라하우스, 바이킹 박물관, 비겔란 조각 공원 관광. 　　다이크만스케 도서관 탐방.
1월 22일	**오전** 노르웨이 국립도서관 탐방.
	오후 배편으로 덴마크 코펜하겐으로 이동.
1월 23일	**오전** 코펜하겐 도착, 이드렛스 에프터스콜레 탐방.
	오후 뇌레브로 도서관 탐방.
1월 24일	**오전** 한스 초·중등학교 탐방.
	오후 안데르센 박물관과 생가 탐방.
1월 25일	**오전** 블랙 다이아몬드 도서관 탐방.
	오후 덴마크 코펜하겐에서 핀란드 헬싱키로 이동. 　　17시 30분 헬싱키에서 서울로 출발.

북유럽 도서관 탐방을 위해 함께 본 책과 영화

건축

구도 가즈미 지음, 류호섭 옮김,《학교를 만들자》, 퍼시스북스, 2009.

사라 노르만 외 지음, 유지연 옮김,《살고 싶은 북유럽의 집》, 북하우스, 2012.

서현 지음,《건축, 음악처럼 듣고 미술처럼 보다》, 효형출판, 2014.

시민교육연구회 지음, 류호섭 옮김,《우리가 만드는 미래 학교》(개정), 기문당, 2013.

우에마츠 사다오 지음, 김효숙 옮김,《도서관 건축의 이해》, 한국디지틀도서관포럼, 2005.

에스더 M. 스턴버그 지음, 서영조 옮김, 정재승 감수,《공간이 마음을 살린다》, 더퀘스트(길벗), 2013.

이토 다이스케 지음, 김인산 옮김, 우영선 감수,《알바 알토-거장이 연주하는 핀란드의 풍토》,
　　르네상스, 2005.

정기용 지음,《감응의 건축》, 현실문화, 2008.

정기용 지음,《기적의 도서관》, 현실문화, 2010.

정기용 지음,《사람 건축 도시》, 현실문화, 2008.

조한 지음,《서울, 공간의 기억 기억의 공간》, 돌베개, 2013.

최정태 지음,《위대한 도서관 건축 순례》, 살림, 2012.

최정태 지음,《지상의 아름다운 도서관》(개정), 한길사, 2011.

교육

김영희 지음,《대한민국 엄마들이 꿈꾸는 덴마크식 교육법》, 명진출판, 2010.

리카 파카라 지음, 고향옥 옮김,《핀란드 교육 현장 보고서》, 담푸스, 2013.

마스다 유리야 지음, 최광렬 옮김,《핀란드 교사는 무엇이 다른가》, 시대의창, 2010.

송순재 · 고병헌 · 카를 K 에기디우스 편저,《덴마크 자유 교육》, 민들레, 2010.

송순재 지음,《상상력으로 교육에 말 걸기》, 아침이슬, 2011.

시미즈 미츠루 지음, 김경인·김형수 옮김, 《삶을 위한 학교》, 녹색평론사, 2014.

안애경 지음, 《소리 없는 질서》, 마음산책, 2015.

요한나 에이나르스 도티르·쥬디스 와그너 엮음, 한유미·권정윤·신미자 옮김,
    《북유럽의 아동기와 유아교육》, 한권, 2011.

에르끼 아호 외 2인 지음, 김선희 옮김, 《에르끼 아호의 핀란드 교육 개혁 보고서》, 한울림, 2010.

이하영 지음, 《열다섯 살 하영이의 스웨덴 학교 이야기》, 양철북, 2008.

정애경 외 14인 지음, 《북유럽 교육 기행》, 살림터, 2014.

첸즈화 지음, 김재원 옮김, 《북유럽에서 날아온 행복한 교육 이야기》, 다산에듀, 2012.

한국교육연구네트워크 총서기획팀 엮음, 《핀란드 교육 혁명》, 살림터, 2010.

후쿠타 세이지 지음, 나성은·공영태 옮김, 《핀란드 교육의 성공》, 북스힐, 2008.

도서관, 동화 마을

강예린·이치훈 지음, 《도서관 산책자》, 반비, 2012.

권희린 지음, 《도서관 여행》, 네시간, 2011.

루치아노 칸포라 지음, 김효정 옮김, 《사라진 도서관》, 열린책들, 2007.

스튜어트 A. P. 머레이 지음, 윤영애 옮김, 《도서관의 탄생》, 예경, 2012.

알베르토 망구엘 지음, 강주헌 옮김, 《밤의 도서관》, 세종서적, 2011.

이형준 지음, 《유럽 동화 마을 여행》, 즐거운상상, 2008.

정진국 지음, 《유럽 책마을에서》(개정), 봄아필, 2014.

문학 (동화, 소설 등)

로이스 로리 지음, 조혜원 그림, 서남희 옮김, 《별을 헤아리며》, 양철북, 2008.

마렌 고트샬크 지음, 이명아 옮김, 《아스트리드 린드그렌》, 여유당, 2012.

미카엘 엥스트뢰므 지음, 정지인 옮김, 《멀어도 멀어도 비틀거려도》, 낭기열라, 2013.

셀마 라겔뢰프 지음, 강윤영 옮김, 《예스타 베를링 이야기》, 다산책방, 2013.

셀마 라겔뢰프 지음, 라쉬 클린팅 그림, 김상열 옮김, 《닐스의 신기한 모험》, 마루벌, 2006.

아스비에른센과 모에 지음, 카위 닐센 그림, 김대희 옮김, 《해의 동쪽 달의 서쪽》, 상상박물관, 2008.

아스트리드 린드그렌 지음, 김경연 옮김, 《사라진 나라》, 풀빛, 2003.

아스트리드 린드그렌 지음, 일론 비클란드 그림, 김경희 옮김, 《사자왕 형제의 모험》(개정 2판), 창비,
    2000.

아스트리드 린드그렌 지음, 일론 비클란드 그림, 김라합 옮김, 《마디타》, 문학과지성사, 2005.

아스트리드 린드그렌 지음, 일론 비클란드 그림, 김라합 옮김, 《마디타와 리사벳》, 문학과지성사, 2006.
아스트리드 린드그렌 지음, 일론 비클란드 그림, 김라합 옮김, 《엄지 소년 닐스》(개정), 창비, 2000.
아스트리드 린드그렌 지음, 일론 비클란드 그림, 이진영 옮김, 《산적의 딸 로냐》, 시공주니어, 1999.
아스트리드 린드그렌 지음, 일론 비클란드 그림, 정미경 옮김, 《지붕 위의 카알손》, 문학과지성사, 2002.
아스트리드 린드그렌 지음, 비에른 베리 그림, 햇살과나무꾼 옮김, 《에밀은 사고뭉치》(개정), 논장, 2013.
안나 발렌베리 지음, 욘 바우어 그림, 박인순 옮김, 엄혜영 감수, 《왕의 빨래를 훔친 엄마 트롤》, 상상박물관, 2007.
안노 미쓰마사 구성 · 그림, 《여행 그림책 6-덴마크 편》, 한림출판사, 2006.
요나스 요나손 지음, 임호경 옮김, 《창문 넘어 도망친 100세 노인》, 열린책들, 2013.
유은실 지음, 권사우 그림, 《나의 린드그렌 선생님》, 창비, 2005.
엘리아스 뢴로트 엮음, 서미석 옮김, 《칼레발라》, 물레, 2011.
카르멘 애그라 디디 글, 헨리 쇠렌센 그림, 이수영 옮김, 《노란 별》, 해와나무, 2007.
카트린 하네만 글, 우베 마이어 그림, 윤혜정 옮김, 《린드그렌 삐삐 롱스타킹의 탄생》, 한겨레아이들, 2012.
토베 얀손 지음, 햇살과나무꾼 옮김, 《무민 골짜기의 겨울》, 소년한길, 2012.
토베 얀손 지음, 햇살과나무꾼 옮김, 《무민 골짜기의 친구들》, 소년한길, 2012.
토베 얀손 지음, 김대중 옮김, 《무민의 모험1-무민, 도적을 만나다》, 새만화책, 2013.
토베 얀손 지음, 김대중 옮김, 《무민의 모험2-무민, 집을 짓다》, 새만화책, 2013.
한성옥 · 김서정 지음, 《나의 사직동》, 보림, 2003.

문화

김나율 지음, 이임경 사진, 《북유럽처럼》, 네시간, 2013.
김민주 지음, 《50개의 키워드로 읽는 북유럽 이야기》, 미래의창, 2014.
김정후 지음, 《발전소는 어떻게 미술관이 되었는가》, 돌베개, 2013.
나유리 · 미셸 램블린 지음, 《핀란드 슬로우 라이프》, 미래의창, 2014.
빌 브라이슨 지음, 권상미 옮김, 《빌 브라이슨 발칙한 유럽 산책》, 21세기북스, 2008.
시주희 · 박남이 지음, 《북유럽 생활 속 디자인》, 부즈펌, 2012.
안애경 지음, 《핀란드 디자인 산책》, 나무[수], 2009.
안인희 지음, 《안인희의 북유럽 신화 1~3》, 웅진지식하우스, 2011.
엄수연 지음, 이해정 그림, 《바이킹의 땅, 북유럽》(개정), 열다, 2013.

에드거 파린 돌레르 · 인그리 돌레르 글 · 그림, 이창식 옮김,《신과 거인의 이야기 북유럽 신화》,
    시공주니어, 2002.

오하시 가나 · 오하시 유타로 지음, 염혜은 옮김,《핀란드처럼》, 디자인하우스, 2012.

위치우위 지음, 유소영 · 심규호 옮김,《유럽 문화 기행 2》, 미래M&B, 2004.

이기중 글 · 사진,《북유럽 백야 여행》, 즐거운상상, 2008.

이희숙 지음,《나의 스칸디나비아》, 이담북스, 2011.

최순욱 지음,《북유럽 신화 여행》, 서해문집, 2012.

크랙 하비슨 지음, 김이순 옮김,《북유럽 르네상스의 미술》, 예경, 2001.

정치, 사회, 역사

박노자 기획, 김건 외 지음,《나는 복지국가에 산다》, 꾸리에, 2013.

박노자 지음,《좌우는 있어도 위아래는 없다》, 한겨레출판, 2002.

박두영 지음,《노벨과 교육의 나라 스웨덴》, 북콘서트, 2008.

박선민 지음,《스웨덴을 가다》, 후마니타스, 2012.

박원근 지음,《오후 5시에 와도 하루 품삯을 받는 나라》, 쿰란출판사, 2011.

변광수 지음,《북유럽사》, 대한교과서, 2006.

신필균 지음,《복지국가 스웨덴》, 후마니타스, 2011.

오연호 지음,《우리도 행복할 수 있을까》, 오마이북, 2014.

유모토 켄지 · 사토 요시히로 지음, 박선영 옮김,《스웨덴 패러독스》, 김영사, 2011.

일까 따이팔레 엮음, 조정주 옮김,《핀란드가 말하는 핀란드 경쟁력 100》, 비아북, 2010.

정도상 지음,《북유럽의 외로운 늑대! 핀란드》, 언어과학, 2011.

최연혁 지음,《우리가 만나야 할 미래》, 쌤앤파커스, 2012.

토니 그리피스 지음, 차혁 옮김,《스칸디나비아》, 미래의창, 2006.

하수정 지음,《올로프 팔메》(개정), 후마니타스, 2013.

영화 (연도순)

'모니카의 여름', 잉마르 베리만 감독, 1953.

'제7의 봉인', 잉마르 베리만 감독, 1957.

'페르소나', 잉마르 베리만 감독, 1966.

'가을 소나타', 잉마르 베리만 감독, 1978.

'정복자 펠레', 빌레 아우구스트 감독, 1987.

'카모메 식당', 오기가미 나오코 감독, 2006.

'로얄 어페어', 니콜라이 아르셀 감독, 2012.

'더 헌트', 토마스 빈터베르 감독, 2012.

'팔메', 모드 나칸더·크리스티나 린드스트롬 감독, 2012.

'월터의 상상은 현실이 된다', 벤 스틸러 감독, 2013.